북오션은 책에 관한 아이디어와 원고를 설레는 마음으로 기다리고 있습니다. 책으로 만들고 싶은 아이디어가 있으신 분은 이메일(bookrose@naver.com)로 간단한 개요와 취지, 연락처 등을 보내주세요. 머뭇거리지 말고 문을 두드리세요. 길이 열릴 것입니다.

ⓒ 유해님, 2013

**초판 1쇄 인쇄** | 2013년 4월 25일
**초판 1쇄 발행** | 2013년 4월 30일

**지은이** | 유해님
**펴낸이** | 박영욱
**펴낸곳** | 북오션

**경영총괄** | 정희숙
**편집** | 이상모 · 임은희
**마케팅** | 최석진
**표지 및 본문 디자인** | 서정희
**법률자문** | 법무법인 명율 대표 변호사 **안성용**

**주   소** | 서울시 마포구 서교동 468-2번지
**이메일** | bookrose@naver.com
**트위터** | @BOOK_ocean
**페이스북** | bookocean
**카   페** | http://cafe.naver.com/bookrose
**전   화** | 편집문의 : 02-325-5352    영업문의 : 02-322-6709
**팩   스** | 02-3143-3964

**출판신고번호** | 제313-2007-000197호

ISBN 978-89-6799-012-1 (03810)

*이 도서의 국립중앙도서관 출판시도서목록(CIP)은 e-CIP홈페이지(http://www.nl.go.kr/ecip) 와 국가자료공동목록시스템(http://www.nl.go.kr/kolisnet)에서 이용하실 수 있습니다. (CIP제어번호 : CIP2013001795)

*이 책은 북오션이 저작권자와의 계약에 따라 발행한 것이므로 이 책의 내용의 일부 또는 전부를 이용하려면 반드시 양측의 서면 동의를 받아야 합니다.
*책값은 뒤표지에 있습니다.
*잘못 만들어진 책은 구입하신 서점에서 교환해 드립니다.

# 청춘,
## 도전은 지치지 않는다

유해님 지음

북오션

프롤로그

## 평범딸, 엄친딸에 도전장 내밀다

나는 어릴 적 신문에서 성공한 사람의 이야기를 읽으면 짜증이 폭발했다. 특히 내 또래라면 더욱. '공부해라' 'TV 그만 봐라' 같은 말은 전혀 안 하신 아버지였지만, 그런 기사만은 가끔씩 슬쩍 내미셨다. 롤 모델을 소개해 주시려는 아빠의 마음을 알면서도, 자존심 강하고 욕심 많았던 나는 괜히 질투와 심술이 앞섰다. 어떤 때는 자책감과 우울함까지 찾아왔다. 나는 엄친딸들을 꽤나 얄미워하는, 평범딸이다.

그런 내가 이런 책을 쓰고 있다니…… 그럼 나도 세상 모든 평범딸들을 배신하고 엄친딸 대열에 합류한 것일까?

나는 잠을 줄여 가며 '열공'하는 것이 익숙하지도 않고, 기본적으로 놀기 위해 사는 사람이다. 끈기나 의지가 특출나게 강한 것도 아니어서 늘 동기 부여가 될 자기계발서를 끼고 다니는 비겁한 면도 있다.

게으름은 또 얼마나 심한지…… 낯가림도 있어서 네트워킹 모임이나 수업 중 토론 시간은 싫어하고, 동료들에게 어디 가나 주목 받는 인기녀도 아니다. 극심한 가난과 굶주림을 이겨내며 성장한 것도 아니지만, 로열패밀리와도 거리가 멀다. 학비와 생활비를 마련하기 위해 아르바이트와 장학금, 학생 융자금은 물론이고 소장품을 판 적도 있다.

물론 자랑할 만한 것들은 아니다. 하지만 그럼에도 불구하고 나는 대학 생활이라는 생애 단 한 번뿐인 짜릿한 질주를 4년간 3개국, 4개의 도시에서 후회 없이, 실속 있게 펼칠 수 있었다. 미국, 일본, 한국의 명문대를 다녔고, 영어, 한국어, 일본어와 중국어를 구사한다. 대학교 3학년 때는 미국 국무부 외교관 양성 프로그램[피커링 장학생]에 합격해서 대학원 학비와 취업까지 해결됐다. 외교관이라는 꿈을 21세에 이루어 준 기적이 찾아온 것이다.

열심히 살지 않았는데 이 모든 행운을 누렸다는 자랑을 하는 것이 아니다. 분명 나는 도전의 기회가 다가왔을 때 최선을 다했고, 성공만큼 실패와 좌절도 배 이상으로 많이 경험했다.

머리부터 발끝까지 잘난 엄친딸이 아닌, 그냥 마주치면 인사하는 옆집 딸 정도였다는 뜻이다. 흔한 말로 '돈, 연줄, 정보' 따윈 일체 없었다.

하지만 비록 환경이나 상황은 평범했어도 마음가짐 하나만은 특별

하지 않은 적이 없었다. 남들에게 보이는 나의 모습은 평범했어도, 나는 늘 나 자신을 평범치 않은 멋진 사람이라고 믿어 왔다. 우리 모두에게 똑같이 적용될 수 있는 행복 레시피는 없겠지만, 나와 같이 평범한 누군가에게 꼭 추천하고 싶은 비결이 있다면 바로 이 마음가짐일 것이다.

미국에서 태어나서 자란 내가 한국어 표현과 맞춤법을 검색해 가며 공들여 쓴 이 책, 그리고 평범딸인 나의 이야기를 통해 전하고 싶은 것이 있다.

약 올라서 읽던 신문 기사에 나올 법한 성공담은 아주 특별한 사람들만의 것이 아니라는 것. 그런 승리는 엄친딸들을 질투했던 평범딸들에게도 찾아온다는 것. 그리고 그런 성공을 향해 땀 흘리며 뛰고 있으면서도 놀이가 주는 여유와 즐거움을 품을 수 있고, 반드시 그래야만 진정한 승리로 인정받을 수 있다는 메시지를 전하고 싶다.

싱가포르 국무총리 리셴룽이 독립기념일을 축하하는 중요한 연설에서 극성 부모에 대한 날카로운 시선을 피력하며 국제 사회의 주목을 받았다. 그는 '제발 자녀들의 어린 시절을 뺏어 가지 말라'며 '균형 있고 행복하게 자라기보다는 시야가 좁고 노이로제에 시달리는 사람으로 성장하기 쉽다'라고 주장했다. 또 '숙제가 없는 것은 나쁜 것이 아닙니다. 어린아이들이 신나게 놀면서 그 속에서 무언가를 배우는 것은 좋은 현상입니다'라고 연설했다.

세계적인 잡지 〈이코노미스트〉는 이런 발언에 대해, 위협받고 있는 싱가포르의 지식-경제적 경쟁력이 그런 잘못된 교육 방식에서 비롯되었다는 우려의 표현이라고 분석했다. 창의력과 혁신력이 갈수록 더 절실하게 필요해지는 21세기. 한국은 어떤가? 리셴룽의 지적을 받은 '타이거 마더<sup>세계 곳곳의 극성 중국계 엄마를 뜻하는 닉네임</sup>'의 사촌격인 강남 엄마의 위력이 흔들릴 때도 오지 않을까?

'공부'라는 멋진 '핑계'를 대고 나는 신나게 놀았다. 그 과정에서 어떤 수업에서보다 많은 것을 배웠고, 비싼 학비에 걸맞은 값진 경험들을 얻었다. 그리고 열심히 세상을 향해 질주하고 나니 외교관 취직이라는 행운까지 기다리고 있었다. 그게 바로 《청춘, 도전은 지치지 않는다》의 매력 만점 효과이다. 공부법에 관한 책은 넘쳐나고 노트 정리법의 대가들 또한 블로그를 통해 쉽게 만날 수 있다. 하지만 공부를 핑계 삼아 교환 유학생이 되어 장학금으로 세계를 누비고, 더욱 즐거운 내일을 향해 노력하는 과정의 기록이 이 책의 매력이라고 겁 없이 우겨 본다.

그 어떤 강요나 미래에 대한 불안보다 훨씬 강력한 동기 부여는 행복에 대한 갈망이다. 대학 생활이 이렇게 재미있고 가능성이 무궁무진한 시절이라는 것을 좀 더 일찍 구체적으로 알았더라면, 고딩 시절

유해님은 '조금 더 열심히, 그리고 훨씬 더 즐겁고 보람 있게 입시 준비를 하지 않았을까' 라는 생각이 든다. 그래서 나는 공부법 대신 다양한 문화 체험을, 노트 정리법 대신 설레는 유람기를 곁들여 소개하려고 한다.

이 책이 입시나 유학은 물론, '변화'라는 큰 도전을 앞두고 있는 분들에게 현실적인 안내서가 될 수 있었으면 좋겠다. 너무 당연한 말이지만, 학교든 인생 목표든 무엇을 원하고 지향하려면 먼저 부딪쳐 봐야 알 수 있다. '아, 이건 내가 추구하고 싶은 삶이구나' 라고. 나도 고등학교 때 우연히 방문하게 된 게이오대학 캠퍼스를 떠올리며 일본 유학에 도전했고, 대학 때 잠깐 들러 본 적 있는 워싱턴 DC의 대학원에 다니게 됐다. 하지만 현실적으로 직접 가볼 수 없던 적이 더 많았다. 그래서 한 발자국도 안 움직이고, 비싼 비행기표를 사지 않아도 이 책을 통해 3개의 대학, 2개의 대학원, 5개의 인턴십, 그리고 5개의 도시를 앉은 자리에서 맘껏 둘러볼 수 있기를 바란다. 어차피 마음을 움직일 만한 곳도 아닌데 괜히 비싼 돈을 들여 가본 후에야 안다면, 혹은 입학한 후에야 느낀다면, 너무 안타깝지 않은가.

쓸쓸하고 별 볼일 없는 나날로부터 나를 지구 여기저기, 역사 곳곳으로 데려다준 '책'이라는 위대한 매체의 힘을 빌려 보련다.

지금 당장은 유학이나 해외여행이 어처구니없게 들릴지라도, 명문대와 외교관 같은 것은 남의 세상일이라 생각되어도, 여기 당신 손에 펼쳐져 있는 세상을 통해 나와 함께 '매직 카펫 라이드'를 타지 않겠는가?

2013년 4월 워싱턴DC에서

유 해 님

차례

프롤로그
　평범딸, 엄친딸에 도전장 내밀다 · 4

## Part 1 Los Angeles, USA
### UCLA 18세, 우클라에 입학하다

　대학 입학과 동시 재벌가 딸(?)이 되다 · 14
　5성급 기숙사, 최고급 뷔페 메뉴 · 23

**명문대로 가는 길 ❶** 학비가 부족하다면 과감히 유학을 떠나라?! · 31

　흔해져 버린 스타와의 만남 · 34
　피 튀기는(?) 수강 신청, 그리고 수업 · 43
　비벌리 힐스 90210? UCLA 90095 · 52
　샌드위치로 오바마를 따라잡다 · 58

**명문대로 가는 길 ❷** 10개 이상의 클럽에서 활동하다 · 64

　매주 목요일은 전용 버스가 기다리고 있다 · 68
　하버드는 검도 명문대 · 76
　워싱턴 DC에서 인턴으로 살아남기 · 82
　박정현은 선배님, 티파니는 이웃 주민 · 93

## Part 2 Tokyo, Japan : Keio University
### 드디어 도쿄 주민이 되다, 게이오대학

입학시험 면제, 초엘리트 '게이오 보이'의 마성 · 100

**명문대로 가는 길 ❸** 입시에 대한 후회 몇 가지 · 108

챔피언들과의 동침, 조금 특별한 기숙사 생활 · 113
짜증나는 그 이름, 취.업.활.동. · 122

**국무부로 가는 길 ❶** 포기하지 않고 美 국무부 짝사랑하기 · 129

〈테니스의 왕자〉는 애주가 · 134
도쿄 대학생 놀이, 그들이 막차를 놓치는 므훗한 이유 · 141
의외인걸! 게이오 강의실 엿보기 · 150
GRE를 보려면 도쿄행 비행기를 타라 · 158
흔들리는 도쿄, 2011년 3월 11일 · 163


## Part 3 Seoul, Korea : Yonsei University
### 수능 없이 SKY를 넘보다

최강희한테 속았다, 서울은 달콤하지 않다 · 172
아저씨는 연세$^{Yonsei}$…… 가 어떻게 되세요? · 178
불안하니까…… 청춘이다 · 184

**국무부로 가는 길 ❷** 피커링 장학금의 기적 _ 소녀, 외교관 되다 · 194

한류 열풍과 호떡 프린스 1호점 · 201
카우보이와 사무라이의 서울 답사기 · 212

## Part 4 Washington DC: USA
### 아메리칸 외교관으로 변신하다

존스 홉킨스Johns Hopkins 석사학위 어때? · 224
명문대는 이제 그만⋯⋯ 랭킹 2위 대학원 자퇴하다 · 234
좁은 문 쫓기: 스펙 없는 학교로 갈아타라 · 243
나는 미국 외교관이로소이다 · 251
톱 시크릿(?) 근무 실황 · 259
힐러리 클린턴을 만나다, 존 케리를 말하다 · 270

### 에필로그 Bangkok, Thailand
세계를 무대 삼는 '이 빠진 동그라미' · 276

*This book was written by the author in her private capacity. The views expressed are solely those of the author and not necessarily those of the U.S. Department of State or the U.S. Government.
이 책의 내용은 저자의 개인적인 관점에서 서술된 것이며, 미국 국무부나 미국 정부의 입장이 아님을 알려드립니다.

Part 1

Los Angeles, USA
UCLA 18세, 우클라에 입학하다

/
# 대학 입학과 동시
# 재벌가 딸(?)이 되다
/

나 유해님은 대학 입학과 동시에 재벌가의 딸(?)이 되었다. 아침은 늘 전용 요리사가 만들어 주는 오믈렛으로 시작했고, 아플 때는 미국 대통령이 다니는 병원이 대기하고 있었다. 때로는 공부의 지루함을 달래 주기 위해 올림픽 선수들이 경기를 펼쳐 주었고, 가끔은 산책 삼아 안젤리나 졸리의 영화 시사회를 방문하곤 했다. 찌질하게 피로에 쩔어 보낸 고등학교 4년. UCLA에 입학함으로써 나는, 마치 어느 날 송승헌이 찾아와 '사실 당신은 프린세스'라고 알려주듯, 하룻밤 사이에 추리닝 일상에서 레드카펫을 밟는 라이프스타일로 변신하였다.

### 미국 최고 명문 UCLA, 우클라로 명명되다

내 눈에 좋은 것은 남의 눈에도 좋게 보이는 법. UCLA<sup>University of</sup>

California, Los Angeles는 미국에서 가장 인기 있는 대학이다. 지난 10년 간 한 해도 놓치지 않고 미국 전역에서 가장 많은 지원서를 받았다. 작년에는 약 10만 개의 지원서를 받아서 학교 역사상 가장 많은 지원 기록을 세웠다. 심지어 모든 부모의 로망, 하버드대학교보다도 인지도가 높은 학교로 UCLA가 선정되었다는

UCLA 전경

통계도 있다. 일본 신주쿠에서 직접 목격한 UCLA 바$^{bar}$와 뉴델리의 거리 풍경을 담은 사진 속에도 UCLA 캡 모자를 쓴 아저씨가 있는 것을 보면 그럴 수 있다는 생각이 든다. 한국 예능 프로그램에 특별 출연하는 경우도 종종 있다. 개그맨 지상렬의 충격적인 철자 읽기를 접한 후, 나도 UCLA를 '우클라' 라고 부르기를 좋아한다.

### 인터넷의 탄생지, 브리트니 스피어스 아들의 탄생지

대학교도 예능 프로처럼 '이상형 월드컵' 이 있다면, 1919년 설립된 우클라는 아마 이상형 종결자로 몇 번이나 우승했을 것이다. FiatLux는 'Let there be light' 라는 뜻을 가진 UCLA 표어의 라틴어

표현이다. '빛이 있으라'라는 의미의 이 문구는 하나님이 세상을 창조하실 때에 가장 먼저 사용하신 명령이자, 세상의 시작을 상징한다. 대학교라는 새로운 세상을 열어가는 학생들에게 적합한 문구인 것은 분명하다. 하지만 내가 떠올린 것 하나 더. 'Let there be light'는 특히 UCLA에 너무나도 잘 어울린다. 400에이커<sup>약 49만 평</sup>가 넘는 공원 같은 캠퍼스와 따뜻한 캘리포니아 선샤인, 그리고 옆 동네 샌타모니카 해변에서 불어오는 시원한 바다 바람을 느낄 때면, 왜 Fiat Lux이고, 왜 학교 색깔이 하늘색과 노란색인지가 와 닿는다. 지혜와 깨달음을 뜻하는 'enlightenment'에도 'light'가 들어가는 것 또한 우연이 아니다. 어릴 적 즐겨 보던 단순한 만화 영화들에서 새로운 아이디어가 떠오를 때마다 전구의 불이 번쩍번쩍 켜진 것도 같은 맥락 아닐까.

날씨이든, 지적 깨달음이든, 우클라에서 보내는 4년은 빛 속에서 지내는 화려한 일상이다. 나는 뭐니 뭐니 해도 먹기 위해 사는 듯 음식에 민감하다. UCLA의 기숙사 음식은 미국에서 두 번째로 맛있다는 평가를 받는다<sup>가장 맛있다는 표현보다 두 번째라는 말이, 조금 더 실감나지 않는가? '제일 맛있다는 해기다</sup>. 또 스포츠는 전국에서 1위를 놓치지 않은 지 오래되었고, 서부에서 가장 으뜸가는 '로널드 레이건 UCLA 메디컬 센터'는 대통령 전용으로 지정된 병원으로 캠퍼스 내에 있다. 마이클 잭슨의 죽음이 발표된 병원이기도 하고 브리트니 스피어스가 출산한 곳이기도 하다. 물론 학업 면에서도 명문대인 것은 널리 알려진 사실이다. 연구 대학으로서의 위력을 단번에 말해 주는 것이 있다면, 바로 1969년 '아파넷<sup>ARPANET, 미국 국방부의 고등연구계획국(Advanced Research Project Agency)의 주도하에 만들어진 세계 최초의 패킷 스위칭 네트워크로 인터넷의 원형으로 알려져 있다</sup>'이라고 불렸던 초기 인터넷의 탄생지 또한 UCLA라는 점이다. 인류의 첫 인터넷 접속이 이루어진 곳이라니…… 과연 대단하다.

### UCLA의 비하인드 스토리 개봉 박두

하.지.만. 먼저 UCLA라는 그곳에 관심이 있는 모든 이들에게 경고 한마디를 남기고 싶다. 부디 저주 받은 계단은 반드시 피할 것이며, 벌거벗은 채 캠퍼스를 누비는 학생들에게 놀라지 말기를 권한다. 쓰고 나니 마치 디즈니랜드의 인디애나 존스 놀이기구에 타기 전, 분위기 잡으려고 틀어 주는 멘트랑 흡사한 것 같기도 하다. 차이가 있다면? 조언의 실체를 확인하러 몇 시간씩 줄 서고 기다리지 않아도 된다는 점이다. 지금부터 내가 신입생 시절, 오리엔테이션에서 전수 받은 톱 시크릿 UCLA 비하인드 스토리, 개봉 박두이다.

### 저주 받은 계단과 벌거벗은 학생들

우클라 캠퍼스 중심지에 위치한 잔디 언덕에는 널찍한 계단이 자리

케네디 대통령과 마틴 루터 킹 목사가 연설했던 젠스 계단<sup>Janss steps</sup>

잡고 있다. '젠스 스텝<sup>Janss steps</sup>'이라고 불리는 이곳을 올라가려면 다리 힘이 엄청 필요하다. 특히 수업에 지각한 날 아침, 계단을 뛰어 올라가거나 두 개씩 밟고 올라갈 때면, 종아리가 불타오르는 듯하다. 하지만 계단의 끝, 언덕 위에서 기다리고 있는 풍경은 매일 봐도 질리지 않을, 살아 있는 엽서 그 자체이다. 아래로 펼쳐지는 계단, 그리고 양쪽을 장식하고 있는 넓은 잔디 언덕과 나무…… 앞으로 펼쳐지는 캠퍼스와 야외 경기장, 멀리 보이는 언덕 위 기숙사까지. 멋진 풍경 덕분인지, 1960년대에는 바로 여기 젠스 스텝에서 케네디 대통령과 마틴 루터 킹 목사<sup>Martin Luther King, Jr.</sup>가 연설을 했었다. 하지만 이 웅장한 계단에 저주가 있으리란…… 상상하기 어렵지만, 학생들은 모두 알고 있는 괴담이다. 젠스 스텝의 여섯 번째 계단은 저주 받은 계단으로 불린다. 유심히 관찰해 보면, 그 위를 의도적으로 밟지 않고 피해서 지나가는 학생들도 꽤 있다. 오리엔테이션에서 들은 바로는, 그 아래에 시체가 묻혀 있다고 한다. 계단을 디자인한 젠스 형제 중 한 명이라는 것이다. 그리고 학생들 사이에 수년간 내려온 전설의 코드는? 여섯 번째 계단을 밟고 지나가는 학생은 저주를 받아 졸업이 1년 미뤄진다는 것이다. 또 계단 위에 위치한 분수에 발을 담그면 졸업이 한 학기씩 미뤄진다는 소문도 있어서, 졸업식 날에야 물에 발을 담그는 학생들로 바글바글하다. 물론 나는 저주를 물리친 생존자$^{survivor}$다. 여섯 번째 계단을 안 밟았다가 계단에서 구를까 봐 매번 밟았고, 날씨가 더우면 분수에 발도 담갔다. 그래도 멀쩡히 4년 만에 졸업만 잘하더라.

### 시험 스트레스 날리는 '속옷만 입고 달리기'

두 번째, 벌거벗고 미친 듯이 뛰어다니는 학생들은? 정말로 UCLA에 그런 '또라이(?)' 학생들이 존재한다는 말인가?! 존재한다. 그것도 아주 많이. 학기가 끝날 무렵, 지긋지긋한 시험들을 앞두고 우클라 학생들이 택하는 스트레스 퇴치법은 바로 홀딱 벗기이다. 속옷만 입은 채 수백 명의 학생들이 캠퍼스를 뛰어다니면서 소리를 지르고 춤을 추며 잠시나마 시원~하게(?) 시험 걱정을 떨쳐 버린다. 몇몇 하드코어 하신 분들 때문에 트라우마가 남는 일이 벌어지기도 한다. 어떤 해에는 프리즈비$^{frisbee, 플라스틱 원반}$를 투명 테이프로 붙인 후 몸의 중요

부위만 가린 여학생이 있었고, 간혹 너무 많은 것을 보여 주며 신나게 뛰어 다니는 남학생들도 있다. 그래서인지, UCLA는 최근에 '언디런<sup>Undie run, 속옷만 입고 달리기</sup>'이라 불리는 이 전통을 중지시켰다. 학생이 아닌 외부인들이 소문을 듣고 참여하면서 범죄 발생 위험이 있다는 판단이었다. 하지만 UCLA 학생들은 각종 캠페인을 펼치며 열심히 'Undie run'의 부활을 재촉하고 있다. 'Undie run'을 되살리겠다는 공약으로 학생 회장 선거에 출마하는 후보도 있었다. UC 버클리에서도 비슷한 관습이 있다고 친구에게 전해들은 적이 있다. 버클리에서는 한술 더 떠서, 아예 누드로 캠퍼스 곳곳을 뛰어다니는 학생들도 있다고 한다. 내 불쌍한 친구는 도서관에서 공부를 하다 그만 보지 않아도 될 부위들을 목격해 버리고 말았다는 에피소드도 있다.

### 자정 벨소리가 울리면 들리는 비명 소리

 나 또한 한창 기말고사 때문에 인상 찌푸리며 공부하고 있는 중에 기묘한 경험을 한 적이 있다. 투덜거리며 페이지를 넘기는데 시계가 밤 12시를 가리켰다. 그런데 그때 갑자기 멀리서 비명 소리가 들렸다. 그후 잇따라 들리는 비명 소리는 점점 가까워졌다. 무슨 일이 벌어졌나, 궁금증을 참지 못한 나는 그만 블라인드 너머 창문 밖을 살며시 봤다. 하지만 아무것도 이상한 점을 발견할 수 없었다. 그저 늦은 밤까지 공부하는 학생들 숙소 창문에 불이 들어와 있을 뿐. 몇 분

후 약속이라도 한 듯 비명 소리들은 멈추었고, 나는 현관문을 잘 잠 갔는지 한번 더 확인하고 나서야 다시 공부를 시작했다. 다음 날 친구에게 아무래도 아파트 기숙사를 옮겨야겠다고 걱정을 하니, 친구가 빵 터졌다. UCLA 학생들은 기말고사 기간 동안 밤 12시가 되면 모두 힘껏 소리를 지르는 전통이 있단다. 밖에 나가지도 못하고 열심히 공부하며 쌓인 답답함을 '악!' 소리를 지르면서 날려 버린다는 것이다. 'Midnight yell'을 몰랐던 나 혼자 호들갑 떨었던 것이다.

### 아주 특별한 오리엔테이션…… 그리고 다람쥐

18세, 대학 생활을 시작하기 불과 며칠 전. 오리엔테이션에서 캠퍼스 투어를 할 때 겁먹었던 경험이 기억난다. 바로 '전설의 다람쥐' 때문이다. 투어를 이끄는 선배가 진지한 얼굴로 UCLA에는 나무들 사이를 날아다니는 힘 센 다람쥐들이 있으니, 머리 위를 조심하라는 것이다. 특히 밤에. UCLA 캠퍼스에서만 발견되는 종자이니 아마도 처음 보는 형태를 띠고 있을 거라는 경고까지 했다. 투어가 끝날 무렵, 선배는 우리들을 모아 놓고 이제 중요한 말을 해야 하니 잘 들으라고 했다. 자신이 지금까지 한 이야기들 중, 하나의 거짓말이 있다고 밝혔다. 배신감을 느끼긴 했지만 그래도 수많은 이야기 중 무엇이 거짓말일까 나름 고민해 봤다. 그때 세상에 믿을 사람 없다는 사실을 먼저 파악한 학생이 답을 외쳤다. '방금 전에 한 그 말, 그거요!' 알고 보니 지금까지 들은 이야기는 모두 꾸며 낸 전설이었다. 물론 날아다니는 다람쥐 얘기까지도.

이렇게 순진한 우리들에게 거짓말을 한 나쁜 선배들의 심보는 과연 무엇이기에 거짓말까지 만들어 들려준 것인가? 바로 우리 우클라 학생들이 모두 공감할 수 있는 경험을 쌓고, 함께 킥킥거릴 수 있는 우리들만의 공통된 이야기 보따리를 선물해 준 것이다. 그리고 나아가서, 49만 평이 넘는 캠퍼스의 다양한 빌딩들을 기억에 새겨 넣어주는 용도도 있다고 한다. 정말이지 그 넓은 캠퍼스에서 수업 첫날 강의실을 찾아가는 것은 보물찾기에 해당한다. 이럴 때 쓸데없을 것만 같았던 어이없는 전설을 떠올리며 '아, 맞아 그 건물이 헬리콥터로 몇 센티 움직인 번치홀$^{Bunche\ Hall}$이지!' 하며 간신히 수업 시간에 맞춰 도착하곤 한다. 물론 한 학기만 지나도 신입생들이 지도를 들고 헤매는 광경에 여유롭게 웃을 수 있게 되지만 말이다.

저주 받은 계단과 벌거벗은 학생들, 그리고 미드나이트 비명의 비하인드 스토리는 모두 실존하는 UCLA 학생 문화의 일부이다. 그래도 전설의 다람쥐와 선배님들의 창의성을 존중하는 차원에서 나 또한 거짓말 하나를 공개하겠다. 초반에 환상을 깨서 미안하지만, 나는 앞서 말한 것처럼 진짜 재벌가의 딸이 아니다. 하지만 추리닝 일상에서 레드카펫 라이프스타일로 변신한 것은 100% 사실이다. 기대해도 좋은 그 화려한 스토리를 공개한다$^{UCLA를\ 3분\ 30초만\ 투자해서\ 투어하고\ 싶다면?\ 이곳\ 유투브를\ 확인해\ 보기\ 바란다\ http://youtu.be/g1e1IIsrSvw}$.

# 5성급 기숙사,
# 최고급 뷔페 메뉴

영원히 잊지 못할 것이다. UCLA를 다니기로 결정한 후 나의 집이 될 기숙사를 둘러보던 날. 2층 로비에서 내려다본 그 웅장한 광경…… 끝이 보이지 않는 뷔페. 창문 너머로 보이는 드넓은 공간에 진열돼 있는 과일과 케이크, 푸짐한 파스타와 스테이크, 그리고 거대한 샐러드 바. 그 위를 캘리포니아 햇살이 반짝반짝 비추고 있었다. 처음에는 이해가 안 됐다. 왜 기숙사에 이런 뷔페가 있지. 기숙사가 아니고, 학교의 중요한 손님들을 위한 시설일까? 하긴, UCLA 정도라면 유명 인사들도 자주 방문하니까. 내가 고등학교 선배들로부

UCLA 드네브 De Neve 기숙사 단지와 뷔페식 기숙사 식당 입구

터 전해 들은 학생 식당이란, 다 식은 피자와 물이 섞인 콜라로 가난한 학생의 배를 채우는 곳이었다. 그런데 그 선배들과는 전혀 차별화된, 이렇게 호화스러운 기숙사 생활을 하게 되다니 믿기지 않았다. 내가 공부를 더 잘해서도 아니고, 부모님께 용돈을 많이 받아서도 아니다. UCLA를 택했다는 이유 하나가 나를 식은 피자 인생에서 하겐다즈 운명으로 변신시켜 준 것이다.

나를 놀라게 한 'De Neve Dining Hall'을 비롯해 뷔페 형식의 학생 식당은 기숙사 단지 안에만 4개였다. 물론 살고 있는 기숙사 건물에서 가장 가까운 식당을 자주 찾게 되지만, 매일 메뉴가 웹사이트에 소개되어 있으니 먹고 싶은 메뉴에 따라 뷔페를 고르기만 하면 된다. 스시를 만들어 주는 헤드릭홀$^{Hedrick\ Hall}$도 맛있었고, 코벨 커먼스$^{Covel\ Commons}$에서 장작 오븐으로 구워 낸 피자는 UCLA 기숙사 대표 별미였다. 절대 채식주의자$^{Vegan}$나 일반채식주의자$^{vegetarian}$인 학생들을 위한 메뉴도 늘 포함되어 있었다.

### +7kg를 부르는 짐승남의 아이스크림

미국 대학생들 사이에는 'Freshman 15'이라는 표현이 있다. 대학 1학년이 되어서 기숙사 생활을 하면 체중이 15파운드$^{약\ 7kg}$나 늘어난다는 뜻이다. UCLA 기숙사에서 생활하는 여학생에게는 심각한 고민거리가 아닐 수 없다. 특히 체중 관리를 하려는 학생들에게 내려진 큰 재앙이자 유혹의 늪이 하나 있었다. 바로 뷔페의 마지막 코스인 디저트 바. 어김없이 디저트 바에는 최소한 6가지 종류의 케이크와 페이스트리가 있었고, 그 옆에는 따끈따끈한 초콜릿이 녹여져 있는 브라우니와 쿠키, 컵케이크, 그리고 양껏 뽑아 먹을 수 있는 소프트 아이스크림 머신이 짜릿한 유혹의 소나타를 불러댄다.

젤라토와 파니니 샌드위치를 맛볼 수 있는 기숙사 카페, 'Cafe 1919'

하지만 뭐니 뭐니 해도 아이스크림은 하겐다즈가 최고 아닌가. 게다가 뜨거운 로스앤젤레스의 태양 아래, 시원한 하겐다즈 아이스크림 한 스푼이 입 안에서 사르르 녹는 것보다 더 황홀한 것이 하나 더 있었다. 그 하겐다즈 아이스크림을 퍼주는 사람이 그을린 피부의 '짐승남'인 경우. 짧은 소매의 검정색 폴로셔츠 아래로 보이는 팔은 반복된 아이스크림 퍼내기로 인해 근육이 장난 아니었다. 갈 때마다 침을 꼴깍 삼키게 되는 것은 아마도 바닐라 아이스크림 때문만은 아니었던 것 같다.

UCLA 기숙사 단지에는 4개의 뷔페 식당 외에도 4개의 캐주얼 다이닝 공간이 있다. 내가 짝사랑한 짐승남 선배가 바로 이 4개의 캐주얼 다이닝 공간 중 '퍼즐스$^{Puzzles}$'라는 카페에서 하겐다즈를 퍼주는 아르바이트를 했었다. 학생들은 맛을 선택한 후 야구공만 한 하겐다즈

뭉치를 두 개씩 받아서 각종 토핑으로 장식했다. 아이스크림이 먹고 싶지 않은 쌀쌀한 밤에도 괜히 그 선배를 보기 위해 커다란 아이스크림 컵을 받아 온 적이 한두 번이 아니었다. 아예 나도 그 카페에서 '아르바이트를 해볼까' 고려해 본 적도 있지만 결국 멕시칸 음식인 '부리토 말기' 알바에 정착하게 되었다.<sup>온몸에 정체불명 타코벨 향기(?)를 풀씬 풍기던 그때를 떠올리면 다시는 타코를 먹고 싶지 않을 정도지만</sup>.

후에 일본 교환 학생 유학에서 돌아온 후 UCLA 기숙사를 다시 방문하니, 추억의 퍼즐스는 그만 'Cafe 1919'<sup>UCLA가 설립된 1919년에서 영감을 받은 듯하다</sup> 이라는 스타일리시한 이름 아래 새단장을 맘껏 뽐내고 있었다. 이제는 하겐다즈가 아닌 이탈리언 젤라토를 선사했고, 파니니 샌드위치와 카프레체 샐러드, 그리고 펠레그리노 탄산수가 메뉴를 장악했다. 야외 테이블과 스피커에서 흘러나오는 음악은 유럽의 멋스러운 비스트로 느낌을 풍겼지만, 나는 문득 짐승남 선배가 있던 대학교 1학년 때의 퍼즐스가 그리워졌다. 'Cafe 1919' 외에도 'Bruin Cafe'<sup>Bruin은 젊은 곰을 뜻하며, UCLA의 마스코트이기도 하다</sup> 라는 기숙사 카페에서는 '커피빈'<sup>The Coffee Bean & Tea Leaf</sup>, 음료와 샌드위치, 샐러드 등을 먹을 수 있고, '랑데부'<sup>Rendevous</sup> 에서는 중국 요리를 비롯한 아시안 음식과 멕시칸 메뉴를 즐길 수 있다. 'Late Night De Neve'에서는 피자 한 판과 치킨윙을 시켜 스터디 그룹과 야식을 즐기기에 안성맞춤이었다.

매년 봄 학기가 되면 UCLA 기숙사에서 열리는 댄스 파티 포스터 '스프링 포멀Spring Formal'

기숙사보다는 휴양지의 콘도 같은 느낌의 선셋 빌리지 기숙사 단지

### 기숙사 단지? NO! 작은 도시라고 불러줘

이 많은 먹거리들은 모두 다 UCLA 기숙사 단지 내에 위치하고 있다. 단지라고 표현하지만, 풀장, 테니스 코트, 소극장, 컴퓨터 A/S센터, 과외 교실, 편의점 그리고 다양한 형태의 기숙사 건물을 지니고 있는 작은 도시라고 해도 과언이 아니다. 대형 아파트 건물부터 아늑한 타운홈까지, 기숙사 유형도 천차만별이다. 비록 3학년이나 4학년부터는 대부분의 학생들이 캠퍼스 근처 아파트를 구해 기숙사를 떠나지만, 미국의 대학 캠퍼스는 학생들의 제2의 안식처이다. 연세대와 게이오대를 다니며 느낀 가장 큰 차이점 중 하나는 바로 많은 학생들이 부모님과 함께 살면서 통학한다는 점이었다. 나도 부모님이 로스앤젤레스 근처에 사셨지만 만약 통학을 했다면 차로 왕복 3시간 정도의 시간이 걸렸을 것이다. 특히 로스앤젤레스는 대중교통이 발

달되어 있지 않고 교통 체증도 심해 통학이 더욱 어렵다. 넓고 넓은 LA 지역에서 자가용이 없으면 꽤나 고생한다. 오죽하면 친구 넷이 모여 점심을 먹을 때도 차가 4대나 모인다는 앤젤리노들<sup>로스앤젤레스 주민들</sup>의 농담까지 있다.

기숙사에 얽힌 추억들은 이외에도 많다. 기말고사 기간이 될 때면 거리에는 온통 파자마와 트레이닝복 차림의 부스스한 학생들이 넘쳤고, 할로윈 때는 텔레토비와 배트맨이 학생 식당에서 열심히 고기를 썰고 있던 모습도 생생하다. 기숙사 주민들을 위해 열리는 일종에 '프롬<sup>Prom, 미국이나 캐나다의 고등학교 학년 마지막에 열리는 공식 댄스 파티</sup>' 파티 같은 '스프링 포멀<sup>Spring Formal</sup>'이라는 이벤트도 있었다. 고등학교를 졸업하고 다시는 프롬이나 '홈커밍<sup>Homecoming, 미국의 고등학교 가을 학기 초에 열리는 환영 파티</sup>' 파티를 갈 수 없다는 아쉬움이 남은 초보 대학생들이 다시 한 번 프롬을 떠올릴 수 있는 기회이다. 나도 친한 친구들과 며칠 전부터 드레스를 고르고 서로 헤어 스타일링을 해준 뒤 멋진 신사복으로 차려입은 파트너를 만난 것도 코벨<sup>Covel</sup> 기숙사 앞이었다.

기숙사별 팀을 짜서 친선 스포츠 경기를 벌이거나 퀴즈 대결을 하는 이벤트도 자주 있다. 어떤 기숙사들은 건물 이름과 살고 있는 층의 숫자를 따서 그룹 티셔츠까지 제작했는데, 이런 셔츠를 꽤나 자부심 있게 입고 다니는 학생도 많았다. 다른 기숙사들에 비해 높은 언덕 위에 있어 '다리 힘이 세다'는 문구였나 뭐였나.

### 테마 기숙사부터 악어구이와 김치 샐러드까지

'친환경적인 생활'이나 '글로벌 건강과 위생' 등, 정해진 테마 위주의 기숙사도 있다. 기숙사 지원 시 특정 테마 기숙사에 적극적인 관심을 표하면 원하는 커뮤니티로 배정될 확률이 높아진다. 해마다 테마는 약간씩 바뀌니 비슷한 관심사를 가진 친구들을 사귀고 싶다면 한번 고려해 볼 만하다. 가끔은 기숙사 뷔페에서도 테마를 정해 특별 식당을 꾸미고 어울리는 음식을 선보인다. 이중 루지애나풍 악어구이가 가장 흥미로운 메뉴였던 것 같다.

악어구이는 그럭저럭 먹음직스러웠다. 하지만 김치…… 샐러드?! 미국에서 태어나고 자란 나이지만 '이건 또 무슨 시추에이션?' 하는 생각을 떨쳐내기 어려웠다. 잘게 자른 양배추를 당근과 칠리소스 같은 액체에 버무린, 난생처음 보는 창작품이었다. 그 희한한 맛은 굳이 더 설명하지 않아도 충분히 느껴질 것이라 믿는다. 비록 해석이 너무 자유로웠지만 이렇게 김치나 갈비, 비빔밥 등의 한식 메뉴가 기숙사 식당에 꽤나 자주 등장했다. 그리고 아예 랑데부에서는 한때 고정 메뉴에 김치볶음밥이 있었다. 계란 프라이 토핑까지 완벽했던 그 김치볶음밥은 정말 환상이었다. 샐러드와 파스타가 지겨워질 무렵 먹는 김치볶음밥이란, 정말 꿀맛이었다. 물론 한국계 학생이 적지 않게 있다는 점을 고려했겠지만 다양한 문화의 음식을 자연스레 접할 수 있는 기회를 제공하는 데 노력을 기울인다는 점은 모교가 뿌듯한 이유 중 하나이다.

모교. 나는 정말 우클라를 떠올릴 때면 엄마의 따뜻한 품이 생각난다. 그리고 내가 마음껏 성장하고 즐길 수 있도록 너그럽게 감싸줬던 따뜻한 캘리포니아의 태양이 떠오른다. 물론 재학 중에는 이것저것 불만이 끊이지 않았다. 오죽하면 4년 안에 3번씩이나 교환 학생으로 유학을 떠났을까. 하지만 햇빛과 자유 가득한 우클라의 캠퍼스가 늘 기다리고 있었기에 든든하게 외출할 수 있지 않았을까라는 생각도 든다. 미국에서는 〈프린스턴 리뷰 Princeton Review〉나 〈U.S. World & News Report〉에서 매년 출판하는 학교 랭킹에 학생들과 학부모들이 지나친 관심을 보인다. 공부, 그리고 명성. 물론 중요하다. 하지만 가족의 품을 떠나 홀로 설계하는 인생의 첫걸음인 대학 생활은 훨씬 더 큰 의미가 있다고 본다. 4년 동안 가장 많은 시간을 보내는 곳, 사회에 나가 첫 번째 집이 되는 곳. 그곳이 전국에서 두 번째로 맛있는 기숙사 음식을 제공하고 첫 번째는 자체에 요리 학교가 있는 코넬대학이라고 한다, 대통령이 서부에 있을 때에 사고가 생기면 이송되는 최고의 병원이 있는, 든든한 생활을 보장해 주는 UCLA여서 감사하다.

### 명문대로 가는 길 ❶

## 학비가 부족하다면
## 과감히 유학을 떠나라?!

　주어진 삶의 배경이나 경제적인 측면에서 나는 지극히 평범하다. 엄청난 가난과 어려움을 겪은 것도 아니지만, 앞서 말했듯, 나만의 길을 개척해 나가는 과정에서 '돈, 연줄, 정보, 로열패밀리'라는 배경 '따윈' 없었다. SAT<sup>미국의 대학 입학을 위한 수학능력시험</sup>나 GRE<sup>미국의 대학원에 입학하려는 학생들을 평가하는 시험</sup> 진학을 위한 이 같은 시험 준비이든, 미국에서도 제법 판치는 과외 수업이든, 학원은 절대 다니지 않았다. 이민자 부모님에게 도움을 줄 만한 미국 주류 사회의 인맥은 당연히 없었다. 그래서 유용한 입시 정보를 가져다주는 친구 엄마들이 늘 부러웠다. 우리 엄마는 늘 일로 바쁘셨기에 내가 지원했던 대학들의 이름을 아는 것만으로도 만족했다.

　하지만 장학금과 학자금 융자 없이는 대학을 다닐 수 없었던 나는, 역발상을 시도해 과감히 유학을 떠났다. 그렇다. 빈털터리 대학생 주제에 경제적인 부담이 큰 유학을 말이다. 뜻이 있으면 길이 열린다. 대부분의 학생은 한 번도 시도하지 않는 교환 유학. 너무 하고 싶어서 여러 번 그 길을 찾았다. 국가별 외국인 학생들을 위한 장학금, 그리고 교환 학생들을 지원하기 위한 미국 정부 장학금, 심지어 UCLA가 있는 캘리포니아를 떠나 워싱턴 DC에서 보낸 한 학기 특별 장학금까지……. 내가 모교에서 지내며 받을 수 있는 장학금보다 유학하면서 받을 수 있는 장학금이 훨씬 더 다양하고 많았던 것이다. 결국 나는 일본 유학을 떠날 때 5개 장학금을 받은 덕분에 그 물가 비싼 도쿄에서 살아남을 돈을 마련할 수 있었고, 그 장학금 중 하나인 '피커링 펠로십'으로 외교관의 꿈까지 이루게 되었다. 오히려 돈이 절실히 필요했다는 점이 나를 도운 셈이다. 뒤에서 누군가 따라와야 잘 뛰는 법! 더욱 열심히 기회를 찾아나서야 한다는 중요한 동기 부여가 되었다.

한국인 부모님에 의해 미국에서 태어난 나는 시애틀, 샌프란시스코, 로스앤젤레스에서 유년 시절을 보냈다. 그런 유리한(?) 조건에서 자랐으니 쉽고 평탄하게 미국 명문대에 입학해 국무부 취직까지 가능했다고 생각할 수도 있다. 하지만 고교 시절 동급생 중 두 명씩이나 자살 시도를 했을 정도로 치열한 대입 준비와 경쟁을 뚫고 UCLA에 입학했고, 대학 시절도 끊임없는 도전으로 내가 갈망하는 길 위에 설 수 있었다. 모국을 떠나 이민자로 살아오신 부모님의 희생과 아픔도 컸다. 이 책을 쓰게 되기까지, 결코 쉽지만은 않았다. 그리고 몇백 페이지가 되는 이 책을 한국어로 쓰는 것 자체가 나에겐 큰 도전이었다.

나는 고등학교 시절 베스트 프렌드 캐서린에게 드라마 같은 인생을 살고야 말겠다고 말한 적이 있다. 드라마 속 주인공들처럼 호텔 커피숍에서 억울하게 물세례를 받는 한이 있더라도 한번 사는 인생, 밋밋한 것은 질색이라고. 미국 속담 중에 'be careful what you wish for' 라는 말이 있다. '이루어져 버릴 수도 있으니 무엇을 바라는지 조심하라' 는 뜻이다. 그래서일까. 나는 지난 5년간 굴곡진 가족사란 무엇인지, 아침 연속극 대본에서 베껴 온 듯한 순간들을 경험했다. 미국 사회에선 생명줄과도 같은 신용 기록 하나 없던 어린 나이에, 부모님의 도움을 받지 못해 살 곳을 마련하지 못할 뻔한 일. 범죄가 잦은 지역의 모텔 방에서 추위와 불안에 떨며 혼자 감기 몸살을 앓았던 겨울. 멀쩡했던 하루가 가족의 전화 한 통으로 갑자기 엉망진창이 되어 버린 날들…… 어둡고 지긋지긋한 순간들이 셀 수 없을 만큼 많았던 것도 사실이지만, 드라마 속 발랄한 여주인공이 된 듯한 경험들 또한 LA, 워싱턴 DC, 도쿄, 서울, 방콕이라는 멋진 무대를 로케이션 삼아 만끽할 수 있었다.

 고생 자랑은 여기서 그만. 이 책은 내 고생 자랑이 되어서는 안 된다. 고생 자랑해서 생색나고 덕 보는 사람은 물론 나이다. 하지만 나는 이 책을 쓸 수 있게 된 것만으로도 충분히 덕을 봤다고 생각한다. 그래서 이제 덕 봐야 하는 사람은 바로 이 글을 읽어 주는 독자들이 되었음 한다. 따라서 나는 좋고, 멋지고, 따뜻한, 영양가 있는 얘기들을 풀어낼 것이다. 얼마나 큰 고생을 견디고 성공했는지 구구절절 소개하는 이야기가 아닌, 재미있고 실용적인 내용으로 가득한, 나누지 않으면 아까운 경험과 정보 말이다.

/
## 흔해져 버린
## 스타와의 만남
/

사람들이 로스앤젤레스에 산다고 하면 늘 묻는 질문이 있다.

"그럼 진짜로 스타들 많이 봐요?"

그 질문에 나는 늘 약간 비뚤어진 대답을 떠올린다.

"그럼 서울 가면 거리에서 김하늘이랑 마주치고, 도쿄에서는 다마키 히로시랑 미스터 도넛 나눠 먹겠네요."

샌프란시스코에서 이사 온 후 중학교, 고등학교를 모두 남가주에서 지냈지만, 결코 스타를 보거나 만난 적은 없었다. 우클라를 입학하기 전까지는.

**연예계 브레인 종결자, 〈스파이더맨〉에 출연한 제임스 프랭코?**

UCLA에서 스타를 만나고 싶다면 공부를 열심히 해야 한다. 무엇보다 출석이 중요하다. 어느 날 내 옆자리에 앉은 사람이 그래미상을 몇 번씩 수상한 가수일지도 모르니까. 얼마 전 여름 학기에는 〈Hips Don't Lie〉로 유명한 가수 샤키라가 '서양 문명<sup>Western Civilization: Ancient Civilizations from Prehistory to Circa A.D. 843</sup>'이라는 긴~ 이름의 역사 수업을 들었다고 알려졌다. 모자를 쓴 이 소박한 학생이 '세계적인 디바'라고는 교수조차 몰랐다고 한다. 수업 도중 만난 적은 없지만, 나와 함께 학생 생활을 한 셀러브리티가 또 있다. 바로 영화 〈스파이더맨〉에서 해리 오스본 역을 맡았던 제임스 프랭코이다. '수업에 갔더니 몇 자리 떨어져서 제임스 프랭코가 앉아 있더라' '자고 일어난 것 같은 부스스한 모습으로 수업에 왔었다' 등 여기저기서 프랭코 목격담이 한창 유행했었다. 심지어 그가 수업 도중 고개를 뒤로 하고 입을 벌린 채 졸고 있는 지극히 평범한 대학생다운(?) 사진까지 돌았던 적도 있다.

나도 하루는 쉬는 시간에 그를 본 적이 있다. 수업과 수업 사이 쉬는 시간에 신문을 펼쳐 놓고 때우고 있는 중이었다. 맛없는 커피 한 잔을 시켜 놓고 야외에 있는 테이블에 앉아 있었다. 읽고 있던 기사가 지루해져 고개를 들었다. 앞자리에 나와 똑같이 학생 신문을 펼쳐 놓은 채 멍 때리고(?) 있는 사람이 바로 제임스 프랭코였다. 나름 영화의 한 장면 같다고 생각하며 뿌듯하게 커

제임스 프랭코와 마주쳤던 캠퍼스 카페

피를 한 모금 마셨다. 그날따라 맛없는 커피가 다행히 나를 달콤한 착각으로부터 깨워 주었지만, 오스카 시상식에서 MC를 맡을 정도로 유명한 연예인이 그렇게 수수하다니, 놀라웠다. 정말 하나도 눈에 띄지 않을 만큼 평범 그 자체였다. 후에 알게 되었지만 그는 결코 평범하지 않았다. 그는 한 학기에 60학점을 듣고 있었다고 한다. 60학점? UCLA의 평균 수업은 3학점이니…… 그럼 수업 20개를 들었다는 말인가. 일반 학생들이 한 학기에 3개나 4개의 수업을 듣는 것을 감안하면 약간 말이 안 되는 감도 있지만, 아무튼 UCLA의 공식 입장이다. 그리고 그는 졸업 후 컬럼비아대학에서 석사를 받고, 지금은 배우 생활을 겸하면서 예일대에서 영문학 박사 과정을 밟고 있다고 한다. 심지어 지난가을에는 NYU<sup>New York University</sup>에서 대학원 강의까지 맡았단다. 이 정도면 연예계의 브레인 종결자가 아닌가?

## 김태희부터 레알 마드리드까지…… UCLA를 누볐던 스타들

UCLA를 거쳐 간 스타 학생들은 전설의 아이콘, 제임스 딘<sup>James Dean</sup>부터 홍콩의 톱 배우 금성무까지, 다양하고 화려하다. 크리스티아누 호날두를 포함한 레알 마드리드 선수단도 UCLA에서 연습을 했고, 라이언 고즐링은 학생 피트니스 센터에서 종종 런닝머신<sup>treadmill</sup>을 사용한다고 들었다. 코비 브라이언트를 비롯한 레이커즈 선수들의 농구 연습을 우연히 엿보게 된 친구도 있었다. 사인을 받으러 갔다가 조던 파머라는 UCLA 출신 선수한테 운동화 한 켤레를 선물 받고 돌아온 운 좋은 친구다.

최첨단 운동 시설을 편리한 위치에서 이용하러 오는 유명인들도 있지만, 촬영차 캠퍼스를 찾는 배우들 또한

12월에도 잔디가 푸르기만 한 UCLA의 공원 같은 캠퍼스

많다. 특히 영화나 드라마 속에서 유명한 하버드대학으로 등장하는 세트는 거의 UCLA라고 해도 과장이 아니다. 미드<sup>미국 드라마</sup> 〈길모어 걸스<sup>Gilmore Girls</sup>〉의 주인공 로리가 다니는 하버드도, 〈금발은 너무해〉의 엘우즈가 무대 삼는 그 하버드도, 모두 UCLA에서 촬영되었다. 그리고 바로 한국 드라마 〈러브스토리 인 하버드〉의 김태희가 김래원을 만난 곳도, 보스턴의 하버드가 아닌 캘리포니아 UCLA에서 촬영되었다. 첫 회에서 김태희가 아르바이트를 하는 곳으로 등장하는 웨스트우드의 바, 그리고 자전거를 타고 누비는 캠퍼스 모습을 보며 너무 반가웠다. 그러나 한편으로는 한국의 시청자들이 UCLA의 공원 같은 캠퍼스를 보며 하버드에 대한 꿈을 품을 것이 안타깝기도 했다. 아무튼 김태희와는 나름 인연(?)이라고 생각한다. 한국을 잠깐 방문했을 때 드라마 〈아이리스〉를 시청한 적이 있다. 그런데 바로 내가 매일 연세대에서 수업을 들었던 건물들이 나오는 것이 아닌가. 아이고 태희 언니, 저 좀 그만 따라다녀요~ <sup>이러다가 대한민국의 모든 남자들에게 미움 받는 것 아닌지 모르겠다</sup>

## 웨스트우드만의 볼거리, 레드카펫

할리우드 스타들이 자주 찾는 'Diddy Riese'의 쿠키들

　UCLA 캠퍼스가 위치한 동네를 '웨스트우드 빌리지'라고 부른다. 캠퍼스 앞 웨스트우드 상점가에서 친구들과 자주 가던 '미스터 누들'이란 아시안 음식점이 있다. 그날도 단골 메뉴인 'Beef Pad See Ew' 국수를 맛있게 먹고 나왔다. 웨스트우드의 전통이자 할리우드 스타들까지 자주 찾는 옆 가게 'Diddy Riese'에서 아이스크림 샌드위치를 먹으려고 하는데, 눈부신 조명이 나를 비췄다. 물론 실망스럽게도 나를 비추려고 한 것은 아니었다. '아이고, 오늘 또 시사회가 있구먼' 하며 귀찮아하는 친구의 시선을 따라가 보니, 바로 '미스터 누들' 앞길에 레드카펫이 펼쳐져 있고, 수많은 조명 스탠드 뒤에는 파파라치들이 엄청난 장비들을 갖추고 모여 있었다. 그날은 아이스크림 샌드위치를 포기해야 했지만, 우연히 할리우드 스타 제니퍼 애니스턴과 오웬 윌슨이 인터뷰하는 모습을 몇 뺨 떨어진 거리에서 보는 행운을 갖게 되었다.

　몇 블록 사이에 극장만 여섯 개가 넘는 웨스트우드에서 시사회가 열리는 것은 다반사이다. 한번은 세계적으로 열렬한 팬층을 가진 〈트와일라잇[Twilight]〉 영화 시사회가 주말에 있을 것이라는 정보를 듣고 웨스트우드를 피한 적도 있다. 며칠 전부터 타주에서 〈트와일라잇〉의 스타들을 보러 온 팬들이 길거리에서 텐트를 친 채 자리를 잡고 있었기 때문이다. 결국 시사회 당일은 웨스트우드가 마비되었다고 한다.

UCLA 캠퍼스나 웨스트우드에서 할리우드 스타들을 보게 되는 것은 어쩌면 당연한 일인지도 모른다. 하지만 비행기로 반나절이나 떨어진 한국의 연예인들까지 보게 될

할리우드 스타 제니퍼 애니스턴[2]과 오웬 윌슨[3]의 인터뷰 장면

줄은 꿈에도 몰랐다. 근처에 있는 야외 쇼핑몰에서 당당한 걸음과 디바 포스로 쇼핑했던 이효리부터 할리우드에서 만난 YG 패밀리의 양현석 대표와 지누까지…… 에스컬레이터를 타는 둥, 점심을 먹으러 가는 둥, 평범한 모습의 스타들을 예상치도 못한 곳에서 목격하니 흥미로웠다.

아마도 가장 기억에 남은 것은 세븐과 이정진이 아닐까 싶다. 수업이 끝나고 친구랑 기숙사로 돌아가는 중이었다. 이제는 레드카펫이 보여도 별로 놀랍지도 않을 무렵이었다. 캠퍼스에서 영화를 많이 찍으니 걸어 다니는 학생들을 엑스트라로 캐스팅하는 경우도 꽤 있다. 우리도 그날 레드카펫을 그냥 지나치려는데 인원이 필요하다며 레드카펫 옆에 서지 않겠냐는 제안을 받았다. 우리가 해야 할 일은 오직

한 가지, 소리 지르기였다. 스타가 레드카펫에 등장하면 환호성을 지르는 것이었다. 재미 삼아 참가한 우리는 레드카펫에 한국 스타들이 등장할 것이라고는 상상도 못했다. 하지만 그때 등장한 사람이 바로 가수 세븐. 한창 미국 데뷔를 앞두고 준비하던 시기였다. 아직 미국 앨범 발매도 안 된 상황이었지만 어떻게 알고 왔는지 세븐의 팬들이 열렬한 반응을 보였다. 이날 행사는 'Asian Excellence Awards'라고 불리는 미국이나 국제 무대에서 활약하고 있는 동양계 연예인들을 위한 시상식이었다. 미국 진출을 준비하고 있었던 세븐이 참석한 것은 이해가 갔지만, 이정진의 등장은 의외였다. 한국에서 온 배우라는 설명과 함께 멋진 턱시도 차림으로 등장했지만, 미국 학생들에게는 아직 알려지지 않았던 것 같다. 〈피에타〉라는 김기덕 감독의 작품으로 베니스국제영화제라는 더 큰 무대에 서게 됐다고 들었다.

### 세계의 대통령 반기문 UN 사무총장을 만나다

뭐니 뭐니 해도 내가 UCLA에서 만난 최고의 유명 인사는 반기문 UN 사무총장이었다. 반기문 사무총장이 UCLA를 방문할 것이란 뉴스를 접하고 바로 초대장에 회답을 보냈다. 그리고 이벤트 당일, 너무 신나 버린 나머지 새벽 일찍 일어나 반 사무총장이 도착하기 2시간 전부터 학교 행사장 앞에 서서 기다렸다. 그날 반 사무총장이 전할 연설을 듣기 위한 자리는 매우 한정되어 있었고, 좌석 또한 선착

세계의 대통령 반기문 UN 사무총장의 UCLA 연설

순으로 정해졌기 때문이다. 분명히 벌써 많은 학생들이 줄을 서고 있을 것이라 생각해 발걸음을 재촉했다.

하지만 졸린 눈을 아무리 비비고 봐도 나 외에 다른 학생 한 명만이 기다리고 있었다. 덕분에 나는 두 번째로 들어가 아주 가까이서 연설을 듣고 사무총장님과 악수까지 할 수 있었지만, 꽤나 쇼크를 받았다. 어떻게 세계의 대통령이라고 불리는 UN 사무총장이 방문했음에도 불구하고 학생들은 자리조차 신경 쓰지 않고 여유롭게 참석할 수 있는 것일까? 물론 반기문 사무총장에 대한 존경이나 관심이 적어서는 절대 아니었다. 내가 느낀 점은 워낙 많은 유명 인사들이 방문하다 보니 학생들은 이런 특별한 기회에도 덤덤해지고, 무엇보다 아침잠을 너무 중요시한다는 것이었다. 오죽하면 늦은 아침까지 매일 캠퍼스가 고요할 정도이다. 아니면 2시간씩이나 일찍 가 있었던 내가 오버한 것일 수도 있다. 나보다 미리 도착한 그 학생은 'UCLA Model UN<sup>모의 유엔</sup>' 팀 캡틴이었으니 말이다. Model UN 활동도 안 하면서 들뜬 내가 이상한 것인가······.

# 피 튀기는(?) 수강 신청, 그리고 수업

5. 4. 3. 2. 1. 클릭!

드디어 수강 신청이라는 전쟁이 시작되었다. 쿵쾅 쿵쾅 뛰는 심장을 고도의 집중력으로 진정시키고, 준비해 놓은 수업 등록 번호를 입력했다. 클릭 클릭. 몇 초 후 모든 게 끝났다. 수강 신청 확인서가 스크린에 뜨고, 나는 휴~ 하고 한시름 놓았다. 다음 학기까지는 마음을 안 졸여도 되겠군.

UCLA의 학생 인구는 4만 명에 가깝다. 그중 대략 2만 7,000명이 학부생이니까, 1년에 3번, 1:27,000으로 수강 신청 혈투(?)를 펼쳐야 하는 셈이다. 들어야 하는 수업을 제때에 신청하지 못하면 졸업 스케줄이 밀리고 다른 수업도 지장을 받으니, 정말 피 튀기는 경쟁이 아닐 수 없다. 필수 과목 두 개가 같은 시간에 겹치는 경우, 이번 학기를 놓치면 졸업 전에 다시 수강 기회가 없는 수업, 꼭 들어야 하는 강의인데 20명밖에 신청 못하는 핫한 한정 강의 등…… 요리조리 꼼꼼히 스케줄을 맞추고 정리하는 일도 매 학기마다 겪어야 하는 숙제이다. 나는 학기마다 이런 시나리오, 저런 스케줄을 고려해 보며 몇 시간씩 보냈다. UCLA에 있는 동안 타코 벨, 커피숍, 법률 사무소 등 다양한 곳에서 아르바이트를 했는데, 수강 신청을 할 때면 물론 알바 스케줄과 인턴십이나 동아리 활동도 고려해야 했다.

어느 학교에서든 4년 계획이라는 틀 안에서 각종 변수를 염두에 두며 다음 학기 스케줄을 구성하는 것은 결코 쉽지 않은 일이다. 특히 대학 생활의 절반을 교환 학생으로 메인 캠퍼스 밖에서 보내며 제때에 졸업한다는 것은 때로는 내 담당 카운셀러에겐 악몽이었다. 그래도 다시 하라면 연세대, 게이오대, 그리고 워싱턴 DC뿐이 아닌, '한 곳 정도 더 도전해 볼까?'라는 욕심이 든다. 한국에서는 역마살이라고 하는 것 같은데 영어로는 같은 의미의 참 예쁜 말이 있다. 바로 '방랑벽wanderlust'. 내가 가장 좋아하는 단어 중 하나이자 한마디로 자기소개를 끝마쳐 주는 마법 주문이다.

### 수강 신청 한발 앞서가기 노하우

여기서 노하우 하나를 살짝쿵 공개할까 한다. 바로 남들보다 빨리 원하는 강의를 신청할 수 있는 방법이다. UCLA에서는 그동안 학생이 수강한 학점에 따라서 기록상 학년이 자동으로 정해진다. 예를 들어 학점을 많이 들은 학생이라면 실제로는 2학년이라도 기록상 3학년인 경우도 있다. 그리고 학년이 높을수록, 학점이 많을수록, 지정되는 수강 신청 날짜와 시간이 앞당겨진다. 그래서 3, 4학년이 되면 좀 더 수월하게 수강 신청을 할 수 있다. 그런데 여기서 1, 2학년 학생이 고학년처럼 수강 신청 혜택을 받을 수 있는 길이 있다. 바로 대학을 입학하기 전에 받아 놓은 학점을 UCLA에서 인정받는 경우이다.

미국 고등학교에서는 AP$^{Advanced\ Placement}$라는 일종의 '월반 수업'이 있다. AP 수업을 패스하면, 대학교 학점으로 인정해 주는 시스템이다. 화학에서 미술사와 외국어까지, AP 과목의 종류는 다양하지만 각 학교마다 수강 가능한 수업은 약간씩 다르다. 학기말에 전국에서 진행되는 AP 시험을 통과하면 대학교 학점을 취득한다. 이 AP 학점으로 대학교에서 졸업 필수 과목을 면제 받을 수도 있고, UCLA 같은 경우에는 수강 신청에도 유리하다. AP 수업 외에도, 동네에 있는 커뮤니티 대학$^{community\ college}$에서 수업을 들었다면, 학점으로 인정받을 수 있다. 미리 받아 놓은 학점이 없다고 해도 길은 있다. 특정한 우등생 협회나 스포츠팀 멤버라면 일반 학생들보다 먼저 수강 신청할 수 있는 특권이 주어지기도 한다.

### 노벨상 수상 경력의 화려한 교수진과 친해지기

UCLA는 몇 안 되는 미국 최고의 연구 대학교 중 하나이다. 그리고 엘리트 명문대로서는 드물게 20세기에 설립되어 비교적 젊은 공립학교에 속한다. 100년 넘는 건물에 수염처럼 자라고 있는 아이비 넝쿨은 없지만 UCLA만의 확실한 강점들이 있다. 새로운 발상과 시도를 부르는 창의력, 그리고 변화해 가는 시대에 걸맞은 유연함. 1969년 최초로 UCLA 연구진이 인터넷을 탄생시킨 혁신적 사고가 바로 이런 배경에서 나오지 않았을까. UCLA 교수진은 노벨상 수상자들과 퓰리처상을 받은 세계적인 학자들로 이루어져 있다. '연구에만 치중한다' '타고난 학자이지 교육자가 아니어서 강의 실력이 부족하다' 등등…… 이렇게 어메이징한 분들과 함께할 수 있는 기회도 시각에 따라 의견이 다르다. 100명이 앉아 있는 수업이라서 교수님과 대화하기 어렵거나, 무심하게도 강의만 끝내고 휙 떠나는 교수도 있지만, '내 인생에 언제 다시 이런 분들과 대화를 해보지?' 하는 열정만 있다면 언제나 가까운 곳에서 그분들을 만날 수 있다.

UCLA 같은 대형 학교에서 영양가 섭취를 위한 필수 과정이 '오피스 아워 office hours'이다. 모든 교수는 규칙상 자신의 수업을 듣고 있는 학생들을 위해 1주일에 몇 시간씩 꼭 스케줄을 비워 둔다. 요일과 시간은 주로 수업 계획서 syllabus, 수업 스케줄과 진도 계획, 도서 목록 등이 담긴 파일에 표시되어 있다. 교수님의 사무실에서 이루어지는 이 시간을 '오피스 아워'라고 부른다. 그리고 혹여 교수가 정해 놓은 시간에 방문이 어렵다면 이메일로 약속을 조율하면 된다. 아무리 바쁜 세계 정상급 연구 교수님이라도, 학생이 이렇게까지 만나고 싶어 하는데 뿌리칠 분은 정말 몇 안 된다고 믿는다.

그런데 신기하게도 이 시간을 활용하는 학생은 극소수이다. 때문에 용기를 내어 교수실의 문을 두드린다면, 효과는 매우 크다. 이해가 안 되는 과제부터 진로 상담과 추천서 부탁까지, 이 시간을 통해 배울 수 있는 것은 매우 많다. 그것을 알면서도 그 몹쓸 귀차니즘과 쓸데없는 쑥스러움 때문에 스스로 포기한 적도 수없이 많다. 하지만 한 번, 두 번 교수님들과 대화의 경험이 쌓이면서 이 시간이 얼마나 소중한지 실감했다. 때로는 그 어떤 유익한 강의보다도 더 큰 배움이 있었다. 4년 동안 이런 대화와 관계 속에서 나는 가장 많이 성장했다고 자부한다.

오피스 아워가 아니더라도 기회는 많다. 대학원생처럼 자신의 연구 관심 분야에 적합한 지도 교수에게 인도를 받으며 논문이나 프로젝트를 완성하는 독립 스터디 과정을 수업 대신 듣는 제도도 있다. 교수님과 자주 만나고 대화하면서 자신이 선택한 토픽에 관한 연구를 자유롭게 빚어 나갈 수 있는 좋은 기회이다. 또 따로 수업에 가지 않아도 되니, 땡땡이치는 마음으로 캠퍼스 곳곳에 있는 도서관에서 이것저것 뒤지며 재미있는 시간을 보낸 기억 또한 새록새록하다. 학기말 리포트 제출 마감일을 몇 시간 남겨 놓고 다 써놓은 45쪽 논문이 삭제되는 끔찍한 일도 있었다. 기억력과 노트 몇 페이지로 45페이지를 다시 쓰려니 눈앞이 캄캄했다. 다시는 돌아가고 싶지 않은 아찔한 몇 시간이었지만, '독립 스터디'를 통해 내가 호기심을 가지고 있던 동아시아에 대해 맘껏 파헤쳐 볼 수 있어서 기뻤다. 〈Declaring Pacchigi! in Hallyuwood: Juxtaposing Zainichi Masculinity to the Male Icons of the Korean Wave〉라는 긴 제목의 논문은 케이스 스터디$^{case-study}$ 방식을 이용해 일본 대중문화에서 표현되는 한국인과 한국계 일본인$^{자이니치-재일교포}$의 모습을 비교해 보는 연구였다.

각국에서 모인 교수님들이 '19세기 조선'을 재현한 시뮬레이션 토론 수업을 하고 있다
종이로 만든 관모는 필자가 직접 수작업한 것이다

## UCLA 교실에서 펼쳐진 19세기 조선 수업

특히 기억에 남는 수업이 있다. 매주 몇 시간씩 19세기 말 조선으로 점핑한 세미나였다. 역사적인 인물을 롤플레잉$^{role-playing}$하며 갑오개혁을 구축하는 방식의 수업이었다. 고종은 물론, 김홍집과 유길준 등, 당시 개혁을 시도했던 인물들을 미국 대학생들이 몰입해 가며 영어로 토론을 벌이다니…… 너무 재미있는 경험이었다. 교수님이 다음해에 이 수업을 1학년들을 위한 세미나로 만드셨는데, 3학년이었던 나를 조교로 써주셨다. 학생들이 개혁을 논하는 도중 쓸 궁중 모자를 만들기 위해 불태웠던 풀칠이 아직도 생생하다.

전통적인 강의와 시험의 틀을 벗어난 이런 시뮬레이션 수업은 미국 전역으로 관심이 증폭되고 있다. 교수님들 덕분에 나도 함께 참석했던 'Reacting to the Past' 컨퍼런스는 매년 봄마다 뉴욕 컬럼비아대학교 캠퍼스에서 열린다. 벌써 12주년을 맞이하는 이 컨퍼런스에서는 세계 각국의 교수들이 모여 갑오개혁과 같은 시뮬레이션 수업을 직접 해보고 피드백을 주고받으며 개발해 나간다. Ph.D. 박사 과정을 밟고 있는 대학원생도 아닌 내가 감히 교수님들과 함께 이런 컨퍼런스를 참석할 수 있었다는 것은 참으로 소중하고 감사한 경험이었다.

UCLA에서 좋은 교수님들과 큰 배움을 체험한 강의는 이외에도 많았다. 하지만 특히 이 갑오개혁 시뮬레이션 수업, 그리고 뉴욕까지 데리고 가주신 제니퍼 정-김[Jennifer Jung-Kim] 교수님과 존 던컨[John Duncan] 교수님에게 너무 감사하다.

### 김연아의 금메달이 탐나요, 교수님!

2010년 동계올림픽, 김연아는 대한민국 대표 헤로인이자 세계적 피겨 퀸으로 등극했다. 링크 위로 올려진 태극기와 울려 퍼지는 애국가, 그리고 그녀의 볼을 적시는 뜨거운 눈물은 수많은 이들을 감동시키기 충분했다. 나도 UCLA 앞 아파트에서 컴퓨터 모니터만 한 TV 앞에 쪼그려 앉아 그녀의 경기를 관람했다. 그리고 다음 날 곧바로 던컨 교수님에게 달려갔다.

"교수님, 저는 금메달을 어떻게 하면 딸 수 있을까요? 저의 금메달 순간은 어떤 형태로 올까요?"

너무 어린아이다운 질문이었는지도 모르겠다. 하지만 교수님은 너그럽게 나의 궁금증과 답답함을 풀어 주셨다. 당시 나는 동아시아학을 공부하는 것이 너무 재미있었다. 그래서 학술적 연구를 맘껏 할 수 있는 교수의 길에 도전해 보느냐, 아니면 더 직접적으로 영향력을 발휘할 수 있는 동아시아 외교 정치 분야로 뛰어드느냐 하는 고민에 빠져 있었다. 김연아가 선사했던 감동과 기쁨 같은 긍정적 영향력을 나 또한 널리 끼칠 수 있는 길을 애타게 찾고 있었다. 하지만 무엇 하나 특출나지 않은 평범한 나에게 그럴 수 있는 길이 있을까 하는 좌절 섞인 고민을 할 수밖에 없었다. 수업에 관한 이슈뿐만 아니라, 역사와 문학부터 진로 고민까지, 정-김 교수님과 던컨 교수님은 다양한 정보와 경험을 들려주시며 신선한 자극과 새로운 시각을 제시해 주셨다. 지금의 내가 있을 수 있도록 키워 주신 고마운 분들이다.

무엇보다 정-김 교수님은 나의 수많은 도전들에 직접적으로 함께해 주셨다. 1학년 2학기, 교수님의 수업을 처음 들은 이후로 내가 지원했던 수많은 인턴십, 유학 프로그램, 장학금에 큰 도움이 된 추천서를 써 주셨다. 늘 근질근질해서 이것저것 도전도 참 많이 했던 나를 위해 바쁘신 와중에도 추천서 부탁을 흔쾌히 여러 번 받아 주셨다. 그리고 결국 김연아가 밴쿠버에서 우승을 하고 3개월이 채 지나지 않았을 무렵, 나는 피커링 장학생*Pickering Fellowship, 미국무부 외교관 양성 프로그램* 이라는 메달을 목에 걸 수 있었다. 물론 나는 지금도 또 다른 우승을 준비하며 쇼트 프로그램과 롱 프로그램을 짬짬이 준비 중이다.

나는 마음이 통하는 사람들과 대화하는 것을 아주 좋아한다. 하지만 처음 만나는 사람과 대화하려면 늘 쑥스러움부터 극복해야 했고, 때로는 낯도 많이 가리는 편이다. 그래도 이를 악 물고 두들겼던 교수님들과의 교류와 수줍음을 뿌리치고 불쑥 찾아간 동아리 모임이, 후회 없는 대학 생활을 선물해 주었다고 확신한다.

UCLA는 대형 공립학교라서 학생수가 훨씬 적은 작은 사립 예술대들이 가지고 있는 장점이 부족하다. 100명이 넘는 학생이 함께 듣는 강의도 있고, 원하는 수업이 꽉 차서 못 들을 수도 있다. 무엇보다 학부생만 2만 8,000명이라서 학교가 학생 한 명 한 명의 학업적 목표나 진로 향상에 관심을 기울여 주기 어렵다. 그렇기 때문에 나에게는 더 좋았다. 스스로 기회를 찾아내고 장점을 알아볼 수 있는 능력, 쉽지 않은 경쟁 사회에서 자신의 목표를 이루는 연습, 그리고 이 모든 일을 하며 여유를 잃지 않는 것의 중요성을 깨닫게 해주는 낙원 같은 환경…… 나는 UCLA에서 진정한 홀로서기를 배웠다.

왜 프로듀서들이 미국의 캠퍼스 장면을 UCLA에서 많이 찍는지 이해가 간다. 물론 할리우드와 가까운 위치인 것이 가장 큰 이유겠지만, 그렇다면 근처의 USC$^{남가주대학}$나 칼 스테이트$^{Cal\ State}$ 캠퍼스들, 아님 오바마 대통령이 한때 다녔던 Occidental College도 있을 것이다. 무엇보다 UCLA는 생김새도, 학교의 정신도, 가장 미국적인 대학교다. 독립성을 존중하고, 개척 정신을 높이 사는 아메리칸 스타일에 풍덩 빠져 보고 싶은 이들에게 우클라$^{UCLA}$를 강력 추천한다.

# 비벌리 힐스 90210?
# UCLA 90095

　　　　　　　　　기숙사 길 건너 동네는 비벌리 힐스와 벨에어. 앞바다는 샌타모니카. 몇 분이면 도착하는 로데오 거리와 할리우드. 그야말로 최고의 로케이션을 자랑하는 UCLA이다.

　'커다란 파란색 버스 $^{Big\ Blue\ Bus}$'를 타고 넓고 파란 바다를 향해 떠나는 마음이란…… 샌타모니카 시에서 운영하는 Big Blue Bus는 UCLA 학생이라면 누구나 단돈 25센트에 탈 수 있다. 버스 정거장도 UCLA 캠퍼스와 웨스트우드 빌리지 곳곳에 있다. 샌타모니카, 베니스 비치, 카레랑 슈크림이 맛있는 소텔$^{Sawtelle}$…… 모두 이 버스를 타고 쉽게 갈 수 있는 곳들이다. 수업이 일찍 끝난 오후, 뭉게구름까지 완벽한 맑은 하늘을 만끽하며 버스를 기다릴 때의 기분이란, 지금 생각해도 당장 LA행 비행기를 타고 싶은 충동을 일으킨다.

　기분 좋은 일이 있거나 오랜만에 휴일이 생기면 나는 종종 베니스 비치를 찾았다. 자유로움의 대명사 베니스 비치에서 흥겨운 해변가

UCLA 학생들이 애용하는 '빅 블루 버스'　　　샌타모니카의 길거리 뮤지션

뮤지션들과 각종 공예품을 뽐내고 있는 아티스트들의 창의적 에너지를 만끽하고, 해가 질 무렵엔 늘 단골 가게로 향했다. 산책 후 'C&O Trattoria'<sup>파스타 전문 이탈리안 레스토랑</sup> 에서 배가 터지도록 먹는 파스타와 무제한 '킬러' 마늘롤<sup>마늘빵을 동그랗게 말아 만든 것</sup>은 그야말로 꿀맛이다. 한국에 '마약 김밥'이 있다면, 베니스 비치엔 넣자마자 살살 녹아 버리는 따끈따끈한 '킬러 마늘롤'이 도전장을 내민다. 밤마다 어이없는 가사의 칸초네를 종업원과 손님 모두 한목소리로 부르는 이곳은, 며칠간 나를 괴롭히던 두통을 날려 버리는 매직 타이레놀 역할을 종종 해줬다.

캠퍼스에서 몇 분만 걸어 내려가면 만날 수 있는 웨스트우드에도 만만치 않게 재미있는 곳들이 여기저기 숨어 있다. 내가 좋아하는 유기농 마켓 'Trader Joe's'와 'Whole Foods'도 있고, 만화 〈심슨 The Simpsons〉에 나오는 핑크색 도넛을 만들기로 유명한 '스탠스 도넛

23인치 초대형 피자

Stan's Doughnuts'도 웨스트우드에 위치하고 있다. 23인치 초대형 피자를 먹을 수 있는 동네 가게 냄새를 물씬 풍기는 '엔조스 피자리아 Enzo's Pizzeria'는 친구들이 서프라이즈 파티를 열어 줬던 추억의 장소이다. 그 밖에도 영화 시사회가 자주 열리는 웨스트우드에는 상영관이 하나뿐인 화려한 빈티지 할리우드 극장들이 한 블록에 몇 개씩 있고, 주로 스타들이 쇼핑하는 패셔너블한 옷 가게도 많다. 한번은 친구가 'Whole Foods' 마켓에서 리즈 위더스푼이 장 보는 모습을 목격했다고 한다. 웨스트우드는 벨에어와 비벌리 힐스에서 가장 가까운 상점가이다 보니 어쩌면 당연한 일인지도 모른다.

## 빌딩 140개, 419에이커 캠퍼스

90210은 비벌리 힐스의 우편번호이다. 90년대에 한창 인기 있었던 〈Beverly Hills 90210〉이라는 미드가 있는데 최근에는 21세기 버전으로 〈90210〉이라는 드라마가 새로 나왔다. 비벌리 힐스 청소년들의 파란만장한 스토리를 그린 드라마이다. 만약 UCLA 버전이 있다면 '90095'일 것이다. 정확히 419에이커[약 51만 평]나 되는 캠퍼스에 140

개의 빌딩이 있는 UCLA는 하나의 작은 도시라고 해도 과언이 아니다. 따라서 UCLA만의 우편번호가 별도로 있을 정도다. 바로 90095.

이 넓은 캠퍼스를 몇 년간 걸어 다니다 보면, 다리에 근육이 저절로 붙는다. 자전거로 이동하는 학생들도 있지만, 이제는 아예 스쿠터를 타고 수업에 가는 학생들도 적지 않다. 경찰서, 대형 피트니스센터, 전력 발전소, 쇼핑센터, 병원, 영화관, 콘서트홀, 조각 공원과 식물원까지. 과연 작은 도시라는 표현이 딱 어울린다. 거기에 좋은 날씨까지 더해지니, 야외에서 할 수 있는 활동 또한 넘쳐난다. UCLA 학생들이 흔히 쓰는 표현을 빌리자면 1년 365일 중 320일은 완벽한 날씨를 보장하는 캠퍼스다. 캠퍼스와 기숙사 곳곳에 있는 시원한 풀장에서 수영을 즐기든 잔디에 누워 선탠을 하든, 오죽하면 어떤 잡지는 UCLA 학생들은 실내로 들어갈 이유가 없다고 보도했을 정도다. 그리고 이 모든 여가 활동이 피곤해지면 〈프린스턴 리뷰Princeton Review〉에서 1위로 지정한 학생의료센터에서 침을 맞거나 테라피 마사지를 받으며 피로를 풀면 된다.

### UCLA 캠퍼스의 남북전쟁

심지어 별도의 우편번호까지 있는 작은 도시에는 남북전쟁(?)도 있을 정도이다. 인문학 계열의 학생들이 수업을 듣는 북쪽 캠퍼스와 이과 학생들이 주로 공부하는 남쪽 캠퍼스의 라이벌 의식은 볼 만하다.

내가 속해 있었던 북쪽 캠퍼스는 인문대학, 미대, 음대, 법대, 그리고 UCLA의 유명한 'School of Film & Television'이 있는 곳이다. 학교에서 가장 오래된 건물들과 UCLA의 상징이 되어 버린 로이스홀 Royce Hall 또한 북캠퍼스에 있다.

### 누가 더 인류 발전에 기여하며 세상을 바꾸는가 놓고 혈전

남쪽으로 내려가면 과학, 수학, 심리학, 엔지니어링 등을 공부하는 학생들의 세상이 펼쳐진다. 남쪽 캠퍼스의 학생들은 북쪽에서 공부하는 우리들을 보고 쉬운 전공을 택해 '놀고먹는다'고 장난삼아 놀릴 때도 있다. 마찬가지로 우리들은 최첨단 건축물이지만 분위기 없는 남쪽 캠퍼스 빌딩들을 가리키며, 회색 숲에서 잔디나 제대로 볼 기회가 있겠냐며 비아냥거리기도 한다. 스케이트보드를 타고 다니는 자유로운 문과 계열 학생들이 인류의 발전을 위해 더욱 필요한 공부를 하고 있는가, 아니면 남쪽에서 밖에도 나가지 않으며 쥐를 관찰하고 있는 이과 학생들이 세상을 바꿀 것인가에 대해 친구들과도 침 튀기며 논쟁했던 적이 수없이 많다. 마치 하나의 국가라도 되는 양 남북 갈등까지 일으키다니…… 과연 흥미로운 UCLA 왕국이다.

바다면 바다, 산이면 산. 화려한 쇼핑부터 여유 있는 산책까지. 이 판타스틱한 로케이션은 내가 다시 고등학생이 되는 끔찍한(?) 해프닝이 발생한다 해도 또다시 UCLA를 택할 이유 중 하나이다. 샌타모니

UCLA 북캠퍼스의 상징적 건물 '로이스홀'

카 피어$^{pier}$에서 핑크색 솜사탕을 들고 범퍼카를 탔던 재밌었던 데이트와 북캠퍼스 나무 그늘 아래서 읽었던 《건축학개론》 교과서. 내가 얼마나 축복 받은 환경에서 꿈 같은 시간을 보냈는지를 졸업하고 나서야 깨닫는 일은 세상 모든 청춘들의 운명적인 한계일까?

# 샌드위치로
# 오바마를 따라잡다

뉴욕 맨해튼. 훤칠한 키의 한 남자는 독일에서 온 금융인들과 회의를 마치고 엘리베이터를 향해 걷는다. 그리고 반짝반짝 광이 나도록 닦여져 있는 엘리베이터 문에 비친 자신의 모습을 힐끗 보게 된다. 깔끔한 슈트와 넥타이, 그리고 손에 든 서류 가방. 컬럼비아대학을 갓 졸업한, 엘리트 신입 사원의 모습이다. 청년은 상상을 한다. 힘찬 목소리로 명령을 내리고, 막중한 딜을 성사시키는 꽤나 '폼 나는' 자신의 미래 모습을. 하지만 뉴욕 재계에서 앞날이 밝은 듯했던 이 청년은 불과 몇 개월 후 일터를 옮긴다. 그것도 연봉 1만 달러[1,000만 원]가 채 안 되는 곳으로 말이다.

이 청년은 '배스킨 라빈스'에서 아르바이트를 한 후로는 아이스크림이라면 질색하고, 농구를 즐기며, 지금은 결혼을 해 두 딸의 아빠가 돼서 '흰색집'에 살고 있다. 바로 버락 오바마 대통령이다. 1984년쯤, 낮은 연봉에도 불구하고 오바마 같은 인재를 채용할 수 있었던 곳은 바로 '공익연구그룹[Public Interest Research Group, 줄여서 PIRG]' 뉴욕 브랜치이다. 컬럼비아대학 졸업 이후 '커뮤니티 오거나이저<sup>community organizer, 지역 사회 조직가</sup>'의 꿈을 품고 있었던 오바마는 다국적 기업들에 연구와 조언을 제공하는 첫 직장을 떠나, 할렘으로 향했다. 그후 몇 개월간 오바마는 할렘의 '시티 칼리지<sup>City College</sup>'에서 풀타임<sup>full-time organizer</sup>으로 활동했다. 이곳에서 오바마는 학생들 스스로가 사회와 환경 문제 등, 다양한 이슈들에 보다 적극적인 관심을 가지고 참여토록 유도했다고 한다.

## 청년 오바마의 발자취를 벤치마킹하다

80년대의 오바마는 어떤 모습으로 학생들에게 다가갔을지 궁금하지만, UCLA에서 내가 만난 '캘리포니아 공익연구그룹<sup>줄여서 CALPIRG</sup>'의 오거나이저는 늘 현대판 히피에 가까운 차림이었다. 친환경적이라서 <sup>아님 낮은 연봉 탓에</sup> 마크<sup>Mark</sup>는 어디든 자전거로 다녔다. 공익연구그룹<sup>PIRG</sup>의 이미지랑 아주 어울리는 오거나이저였다. 내가 한때 참여했던 캘리포니아 연구그룹은 오바마가 맨해튼 직장을 그만두고 처음 커뮤니티 오거나이저로 일했던 뉴욕 공익연구그룹<sup>NYPIRG</sup>과 동일한 비영리 단체이다. 아마 청년 오바마도, 대학교 2학년의 나도 지역 사회 문제를 해결해 가는 노력에 어떻게든 기여하고 싶다는 열정에 이끌려 PIRG를 찾지 않았을까 싶다.

PIRG 오거나이저들과 학생 자원 봉사자들은 미국 전 대학 캠퍼스 곳곳에 있다. 이들은 주로 환경 보존이나 교육 정책 같은 이슈에 관하여 학생들의 관심과 참여를 모으는 캠페인을 펼친다. 나 또한 UCLA 캠퍼스에서 자원 봉사로 '빈곤과 홈리스$^{Hunger\ \&\ Homelessness}$'와 '세계 수준의 대중교통$^{World\ Class\ Public\ Transit}$' 캠페인을 담당했었다.

## 가난과 굶주림에 도전장을 내밀다

최근 내가 접한 좌우명 중에 참 마음에 와 닿는 표현이 있다. 'Make all you can, save all you can, give all you can – 벌 수 있는 만큼 다 벌고, 저금할 수 있는 만큼 다 저금하고, 나눌 수 있는 만큼 다 나누어라' 라는 뜻이다. 우리가 사는 세상에서 돈과 영향력은 분명히 중요하며 소위 말하는 '출세'를 지향하는 것이 당연하다. 억만장자이든 빈털터리 학생이든, 이런 현실 속에서 우리가 적용할 수 있는 '나눔'에 대한 현실적이고 파워풀한 좌우명인 것 같다.

할리우드 옆동네에 걸맞은 선남선녀들과 세계 최고 조건의 모든 것을 갖춘 UCLA 캠퍼스에서는 느끼기 어려울 수도 있지만, 가난과 굶주림은 늘 가까운 곳에 있었다. 한 번만 뒤돌아보면 보이는 곳에. 스타들이 쇼핑하는 오가닉$^{organic}$ 마켓과 같은 거리에 노숙자들이 살고 있었고, UCLA 학생 중에도 홈리스 생활을 하면서 공부하는 이들이 있다고 들었다. 전국, 아니 전 세계 어디에나 존재하는 굶주림과 가난을 한방에 속 시원하게 물리치는 해결책은 없다. 하지만 누군가는 아주 작은 노력일지라도 해야 한다는 생각에 몇 개월간 모금 활동을 하고 팀을 이끌면서 '빈곤 퇴치$^{Hunger\ Cleanup}$'라는 전국적 캠페인에 참여한 적이 있다.

UCLA의 라이벌 학교인 USC$^{University\ of\ Southern\ California,\ 남가주\ 대학}$의 캠페인 리더가 훨씬 많은 돈을 모았고, 지역 정치인들까지 섭외해서 행사에 동원했다. 경쟁심이 적지 않은 나는 그녀의 능력이 탐났지만, 한편으로는 그래도 그냥 좋았다. 라이벌 학교와 함께 손을 잡고 행사를 성공적으로 마쳤고, 무엇보다 한 명, 한 명 가난과 굶주림에 맞서 싸워 보겠다며 제 발로 찾아와서 몇 개월간 함께 고생한 팀원들과 너무나도 따뜻한 하루를 보낼 수 있어서 좋았다. 그날 우리는 직접 샌드위치를 만들어 평생 처음 가보는 LA의 슬럼가 스키드로$^{Skid\ Row}$에 도착했다. 이곳은 노숙자가 많이 군집해 사는 곳으로 알려져 있다. 차에서 내리자마자 마리화나 연기와 각종 정체 모를 냄새들이 코를 찔렀다. UCLA라는 온실을 벗어난 지 얼마 되지 않은 우리들은 솔직히 조금 위축되었다. 하지만 5분도 채 지나지 않을 무렵, 어느새 팀원들은 노숙자들과 가족들에게 샌드위치를 나누어 주며 대화를 하고 있었다. 그것도 활짝 웃으면서. 내 주위를 둘러본 그 순간, 팀원들이 얼마나 자랑스러웠는지 평생 잊지 못할 것이다.

이런 천사 같은 학생들에 관하여 어떤 기대를 했을지는 모르겠지만, 그날 이후 지속적으로 '빈곤과 홈리스$^{Hunger\ \&\ Homelessness}$' 캠페인에 남아서 일을 한 학생은 나를 제외한 한 명이었다. 나조차도 3학년 때 워싱턴 DC로 가게 되면서 활동을 멈췄다. 놀이든 공부든 대학 생활을 후회 없이 열심히 하려는 학생들에게 시간은 다이아몬드보다 귀하다. 다시는 안 돌아올 그 시간을 한번이라도 투자해서 몇 개월간, 또는 온전한 하루, 우리의 손으로 가난과 싸워 보는 경험을 함께해 준 이들에게 감사한다. 그리고 존경한다. 우리는 천사도 아니고, 시도 때도 없이 세계 평화만을 고민하고 있는 열혈 군자도 아니다. 또 바쁠 때는 신경을 덜 쓰게 되는 그저 평범한 젊은이들이다. 하지만 우리의 현장 참여는 그 어떤 다이아몬드와도 바꿀 수 없을 만큼 값진 경험이다.

## PIRG 후에 남는 것들

PIRG는 워싱턴 DC에 로비스트도 배치해서 다양한 정책을 지지하거나 반대한다. 아쉬운 일이지만, PIRG의 활동을 모두 검토해 본다면 이 단체에 시간이나 돈을 기부한 학생의 의견과 단체의 입장이 일치하지 않을 때도 분명 있을 것이다. 하지만 중요한 것은 이런 활동을 계기로 단 한 명의 학생이라도 평소에 관심 없던 사회적 이슈에 대해 생각해 보게 된 것 아닐까. 더 나아가서는, 단 한 시간이라도 자신이 중요하다고 느끼게 된 이슈에 관하여, 방안을 찾아 모색해 보는 데 참여해 본 소중한 경험을 얻는 것이라고 생각한다. 바로 이런 이유들이 무슨 단체가 어떤 정책을 펼치든, 청년들의 관심과 참여를 끌아내는 노력의 변함없는 가치를 입증해 준다.

창피함을 무릅쓰고 수없이 많은 낯선 이들에게 말을 걸어 봤고, 더 많은 이들에게 퇴짜를 받았다. 여자 친구가 기다리고 있거나, 시험공부를 해야 하는데 난데없이 환경을 함께 보존해 보지 않겠냐고 들이대는 여자를 좋아할 사람은 당연히 없다는 것, 나도 잘 알고 있다. 금요일 밤에, 청춘 남녀가 할 일도 없이 남들 학비 걱정하려고 회의까지 참석하느냐고, 나도 자주 불평해 봤다. 솔직히, 매주 이렇게 시간 내서 팀을 이끌고, 동기 부여하고, 목표와 역할을 정해 실행하도록 하는 것이 귀찮은 적도 많았다. 하지만 너무나 많은 것을 배운 시간이었다. 많이 서툴렀지만, 회의는 어떻게 리드하고, 계획과 목표는 어떤 방식으로 접근하며, 또 사람들의 지지는 어떻게 이끌어 내는지 등…… 실질적인 스킬을 많이 얻었다. 지금의 나, 그리고 10년, 20년 후의 내 의견이 PIRG의 입장이나 정책과 일치할는지는 전혀 보장할 수 없다. 하지만 이 활동을 통해 얻을 수 있었던 배움과 경험들은 언제나 내 맘속 깊은 곳에서 빛날 것이다.

2004년 민주당 전당대회에서 오바마는 진 칼핀스키 전국 U.S.PIRG의 집행 이사$^{executive\ director}$를 만났다고 한다. 〈뉴욕 타임스〉 보도에 따르면 그는 칼핀스키에게 이렇게 말했다고 한다.

"저도 한때 PIRG 가이였어요. 저를 참 잘 훈련시켜 주셨네요."

명문대로 가는 길 ❷

## 10개 이상의 클럽에서
## 활동하다

고등학생이 된 지 몇 개월이 지나지 않았던 때다. 학교에서 몇 개월에 한 번씩은 전교생이 실내 운동장에 모여서 '어셈블리$^{assembly, 모임·집회}$'라는 공연을 봤다. 학기의 시작이나 겨울 방학을 앞둔 크리스마스 테마로 선생님들의 지도 아래 각종 학생 그룹들이 펼치는 일종의 쇼이다. 초등학교 때부터 봐온 어셈블리였지만, 우리 고등학교의 어셈블리는 차원이 달랐다. 치어리더들이 공중에 던져졌고, 화려한 춤사위의 모던 댄스 그룹이 관객을 사로잡았다. 미국 드라마 〈Glee〉에 나올 법한 뮤지컬 합창단은 반짝이 구두가 부각되는 군무를 펼쳤고, 당시 대통령이었던 조지 부시의 취임 퍼레이드에서 공연한 명성 있는 마칭 밴드가 웅장한 공연을 선사했다. 당시 고등학교 1학년인 나는 충격을 받았다. 4,000명에 가까웠던 학생 전원이 실내 운동장에 앉을 수 없기에 두 번으로 나누어 했던 어셈블리. 나는 관객석의 그 몇천 명의 학생들 중 하나에 불과하다는 게 너무 분했다. '아싸~ 오늘은 어셈블리 덕에 수업이 짧아지겠네'라는 생각이나 하는 내 모습이 슬펐다.

### 멈추지 않아, 치어 리더가 될 때까지

하지만 당시 나는 할 줄 아는 게 없었다. 어마어마한 학생수와 학구열이 넘치는 부모들이 점령하고 있는 학교여서일까. 우리 고등학교에서는 어떤 그룹 활동을 하고 싶어도 치열한 경쟁을 뚫고 서류 심사와 면접, 실기 시험을 패스해야 했다. 예를 들어 치어리딩이나 무용 그룹에 지원하는 학생들은 다섯 살 때부터 발레를 배운 아이들이 수두룩했다. 오케스트라에는 전국 작곡 콩쿠르를 수상한 아이도 있었고, 축구나 육상 같은 스포츠 팀은 몇 년 후 체육 장학생으로 대학 입학할 친구들이 꽤 있었다. 방목형을 선호하는 부모님의 너무 자유로운(?) 교육 방식 덕에 나는 악보를 읽을 수도 없었고, 스포츠를 배운 적도 없었다. 그렇다고 그 치열한 경쟁의 분위기에서 패배자로 고등 4년을 보내자니 나답지 않았다. 그래서 한때 샌타모니카에 있는 자그마한 예술고등학교로 옮길까 생각도 해보았지만, 비싼 사립학교를 다닐 형편이 아니었다. 그래서 내가 할 수 있는 최선을 찾고야 말겠다고 결심했다.

생각을 바꾸고 나니 해답이 보였다. 그룹이나 팀에 붙을 수 없다면, 만들면 되는 거야. 그러던 중 아이디어 하나가 떠올랐다. 대학 입시에 도움이 될 만한 봉사 활동 클럽, 정치적 리더십이나 학업 위주의 동아리는 많았지만, 정작 스트레스 많은 고딩 생활에서 즐거움을 줄 놀이 클럽은 없는 것이다. 그래서 나는 1학년 주제에 '필름클럽'을 설립했다. 부회장과 서기, 총무를 맡아 줄 친구들을 찾고 클럽에 관심 있는 학생들의 서명을 모은 뒤 학교를 통해 허락을 받아냈다. 1주일에 한 번씩 점심시간에 모여서 아무 부담 없이 영화를 즐기는 모임으로 만들어 나갔다. 슈퍼걸 의상을 만들어서 입고, 친구들은 해리포터나 오즈의 마법사 등의 분장을 시켜서 홍보에 나서기도 했다. 결국 100명이 넘는 학생들이 가입하는 전설(?)도 만들어 낼 수 있었다. '필름클럽' 회장으로 시작해서, 4년 동안 나는 모의 UN팀 부회장, 졸업 앨범 편집부, 창의력 올림피아드팀 캡틴, 논술팀, 퀴즈 경연팀, 학교 대표 봉사팀 등 10개가 넘는 활동으로 대학생 못지않게 바빴다. 치어리딩까지 도전해서 드디어 어셈블리 무대에 설 수 있었고 몇 개월 동안 미식축구 경기의 응원도 했다. 영화 〈Mean Girls〉를 연상시키는 질투쟁이 팀 멤버들이 지겨워서 결국 학기 중 그만두는 바람에 〈브링 잇 온$^{Bring\ it\ on}$〉에 나오는 전국 대회는 참가하지 못했다. 그래도 평생 고등학교 때 치어리더였다고 자랑(?)할 수 있으니까 만족한다. 미국에서는 아직도 은근히 고등학교 미식축구 선수나 치어리더에 대한 환상이 있는 것 같다. 불행히도 고등학교 때 내 모습은 그 환상을 무자비하게 깨는 효과가 있지만 말이다.

  바빴던 고등학교 생활을 통해 내가 얻은 배움과 성장의 계기는 수도 없이 많지만, 지금까지 남아 있는 확실한 보물 네 가지가 있다.

  첫째는 멀티태스킹 능력. 동시에 여러 가지 일을 소화할 수 있는 스킬이자, 그런 상황에 당황하지 않는 노련한 태도이다.

  두 번째는 어딜 가나 나와 함께하는 플래너$^{planner}$. 나의 베프이자 애완견 같은 어마어마한 존재감을 지닌 플래너가 어쩌다가 없어지기라도 하면 하늘이 노랗게 보일 정도이다. 특별한 공부법은 없어도 변치 않는 습관이 있다면 바로 플래너 사용하기이다. 1년에 한 번씩 앞으로 다가올 해에 활용할 플래너를 고르는 것은 나의 가장 큰 낙 중 하나이다 참고로 나는 한 달이 한눈에 보이고 어디 가나 들고 다니기에 편리한 가볍고 얇은 월별 스타일 플래너를 강추한다.

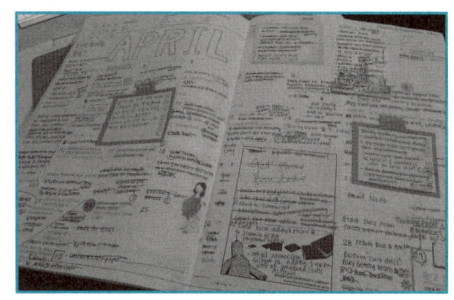

어딜 가나 나와 함께하는 플래너

세 번째는 호기심과 도전 정신이다. 혹시 '나를 기다리고 있는 멋진 기회가 있지 않을까' 하는 마음에 열심히 살펴본 학교 게시판과 시간을 내어 찾아간 설명회들이 뭐 하나 자랑할 만한 특기 없던 고등학생 시절부터 지금까지 나를 이끌어 주었다. 눈코 뜰 새 없이 바빴던 고등학교 생활이 내게 남긴 마지막 선물은? 알록달록 치어리딩 유니폼. 맞춤 제작된 나만을 위한 유니폼인데 몇 개월밖에 안 입게 되어 너무 아까웠다. 그래서 가끔은 할로윈데이만 되면 치어리더 유니폼을 꺼내 입는다.

/
## 매주 목요일은
## 전용 버스가 기다리고 있다
/

　　　　　　　　　　　한국에 오빠 부대가 있다면 UCLA
에는 '소시지 부대'가 있다. 소시지 부대를 목격하고 싶다면, 목요일
밤 7시쯤, 학생들을 웨스트우드 상점가로 이어 주는 게일리$^{Gayley}$ 거리
로 향하라.

　어김없이 그날도 소시지 부대의 압도적인 물결을 헤쳐 나가야만
집에 갈 수 있었다. 빨강, 파랑, 검정, 그리고 가끔은 하이라이터를
연상시키는 네온 옐로까지. 형형색색 소시지를 연상시키는 쫙~ 달라
붙는 짧은 미니 드레스를 입은 여학생들. 한껏 치장을 하고 어디론가
바쁘게 향한다. 3학년 2학기, 게일리가의 스튜디오 아파트에서 살던
때였다. 매주 목요일에는 모두 같은 방향으로 이 거리를 내려오는 인
파를 뚫고 아파트로 향해야 했다. 미라클 마일$^{Miracle\ Mile}$에서 인턴십을
마치고 버스에서 내리면, 마치 알람이라도 해놓은 양 배가 꼬르륵~
하고 울었다. 설상가상으로 하이힐이라도 신고 갔던 날이면 발까지
너무 아팠다. 1초라도 빨리 아파트에 도착해서 신발을 벗어던지고,

비밀 '건어물녀' 버전으로 변신하고 싶었다. 특유의 축지법(?)을 한창 발휘하고 있는 중, 빨간 신호등을 만나면 횡단보도 건너편에서 왁자지껄 수다를 떨며 기다리고 있는 소시지녀들과 마주 보게 된다. 짙은 아이섀도의 스모키 메이크업, 고대기로 한껏 멋을 낸 웨이브 머리. 그리고 빼놓을 수 없는 아찔한 킬힐까지. 화려한 밤을 앞두고 완전무장한 그녀들. 젊음의 불씨를 화끈하게 태우고 있는 그녀들을 보고 있으면 내 자신이 초라한 공부벌레로 느껴질 때가 한두 번이 아니었다. 하지만 나도 나름 추종 받는 존재였다는 것을 잊지 말자. 집에서 애를 태우며 나만을 기다리고 있는 것이 있었으니, 바로 숙제였다. 내가 다음 날 제출해야 하는 리포트를 향해 걸어가는 동안, 그녀들은 과연 어디로 향하는 것이었을까?

바로 전용 버스이다. 학교 근처에 살고 있는 학생들을 파티 현장으로 데려다줄 대형 버스들이 목요일마다 게일리가에 몇 대씩 대기하고 있었다. 할리우드의 핫한 클럽이든, 파티를 위해 빌린 장소이든, 학생들은 이 버스를 타고 밤을 즐기러 웨스트우드를 떠난다. 반쯤 차 있는 버스 옆을 걸어서 지나갈 때면, 신나게 노래 부르고 들뜬 수다를 떨며 출발을 기다리고 있는 학생들의 소리가 들리곤 했다. 하지만 이렇게 버스까지 동원해 가며 웨스트우드를 떠나는 이유는 젊음의 열기를 해소하기 위해서만은 아니었다.

UCLA 근처에는 술집이 없다. 식사와 함께 칵테일을 파는 레스토랑이나 한두 개의 바는 있어도, 학생들이 자주 가는 분위기는 아니었다. 불야성 같은 신촌에 비하면 너무나도 고요한 웨스트우드이다. 물론 연세대 학생들도 홍대나 강남에서 클럽 문화를 즐기고, 게이오대 학생들은 시부야나 신주쿠로 향하는 것과 비슷하다. 하지만 신촌이나 미타<sup>三田</sup>의 상점가와 비교하면 웨스트우드는 귀뚜라미 소리라도 들릴 지경이었다.

여기서 잠깐. 왜 하필 목요일인가? 파티라면 금요일이나 토요일 밤이 정석 아닌가? Friday night을 언급하는 수많은 곡들과 존 트라볼타의 〈Saturday Night Fever〉, 최근에 한국까지 진출한 〈Saturday Night Live〉까지. 손담비도 '토요일 밤에~'를 외치지 않았던가? 그 어디에도 Thursday night은 찾을 수 없는데 말이다. 고등학생 시절, 한창 대학교 생활에 관심이 가던 무렵 친구에게 들은 얘기가 있다. 대학생이 되면 진짜 파티는 매주 목요일 밤에 벌어진다고. 검증된 사실인지는 모르겠지만, 아무튼 목요일은 고딩이나 사회인이 참여하기 어려운 날이기 때문이라 한다. 오후 수업, 또는 아예 금요일에는 수업이 없는, 비교적 여유로운 스케줄을 지닌 대학생들만의 파티를 즐기기 위해서라고 말이다.

### 파티는 우리가 책임진다! 남학생 동아리 & 여학생 동아리

소시지 부대와 그녀들을 쫓는 남학생들을 끌어 모을 화끈한 파티를 여는 것은 주로 '프래터니티<sup>fraternity</sup>'와 '소로리티<sup>sorority</sup>'의 몫이다.

UCLA 캠퍼스 옆에 자리 잡고 있는 남학생 동아리 프래터니티 하우스들, 멤버들의 숙소이자 뜨거운 파티의 현장이기도 하다

최근에 장만한 전자 사전에서 찾아보니, 한국어로 프래터니티는 '미국 대학교의 남학생 동아리'이고 소로리티는 '여학생 동아리'란다. 하지만 동아리나 클럽 같은 단어로 설명하기에는 영 부족한 감이 있다.[fraternity와 sorority에 대해 더욱 자세히 알고 싶다면? http://www.greeklife.ucla.edu] 대학교를 배경으로 한 미국 코미디 영화는 거의 반드시 frat 보이나 sorority 걸 캐릭터가 등장한다. 그들은 그리스 문자에서 이름을 딴 이 단체들의 회원이 되기 위해 엄청난 노력을 한 학생들이다.

UCLA에는 약 68개의 프래터니티나 소로리티 단체들이 있고, 전체 학생 인구의 15%가 가입되어 있다. 이들은 러시[rush]라고 불리는 몇 주간의 과정을 통하여 자신의 의지와 매력을 기존 멤버들에게 어필한 뒤, 그해의 신규 회원으로 뽑히길 간절히 기다린다. 삭발을 강요하든, 다른 지원자들과 함께 공포 체험이나 창피한 경험을 겪도록 하는 등, 러시 기간엔 파티를 넘어선 어려운 요구 사항들로 꽉 짜여 있다.

이중 안 좋은 모습을 보이거나 주어진 핀을 매일 착용하지 않는 등, 미션을 어기게 되면 즉시 탈락이다. 최종 선택을 받지 못한 여학생이 친구들에게 하소연하며 기숙사 앞에서 펑펑 우는 모습을 목격한 기억도 있다. 선정된 이후에도 결코 화려한 파티로 향하는 비단길이 기다리고 있지는 않다. 이런 단체들의 신고식은 혹독하기로 유명하다. 물론 어떤 일들이 벌어지는지는 몇십 년 동안 지켜진 멤버들만의 비밀이다.

프래터니티와 소로리티 단체들은 전국의 대학 캠퍼스마다 존재한다. UCLA에서는 1920년대 초에 설립되었고, 파티와 사교 문화뿐이 아닌 공대생들을 위한 프래터니티나 기독교 소로리티, 또는 특정 인종의 멤버들이 가입하는 단체들도 있다. 아시안계 학생들을 위한 모임도 몇 개씩 있다. 나도 한때 다문화 여성 동아리에 아주 짧게 참여한 적이 있다. 소로리티 멤버들은 서로 자매라고 부르는데, 가입 후 느끼는 소속감과 결속력이 가장 큰 장점이었다. 매주 엄청난 양의 시간을 요구하는 활동 때문에 가입한 지 몇 주 안 돼 결국 포기해 버렸지만, 좋은 경험이었다. 단체의 이름이 새겨진 옷을 입고, 멤버들끼리 합숙 생활을 하는 등, 약간 배타적인 느낌의 활동보다는 더 많은 학생들이 함께 즐길 수 있는 전통들도 많다. 한때 로널드 레이건 전 대통령이 MC를 봤던, 매년 열리는 스프링 싱$^{\text{Spring Sing}}$이라는 음악 축제도 있고, 스포츠 동아리들이 팀별로 행진하는 퍼레이드도 있다. 하지만 UCLA 학생들에게 가장 인상 깊은 것은 바로 옆동네 USC$^{\text{University of Southern California , 남가주대학}}$와의 라이벌 경쟁이다.

## UCLA vs USC······ 앙숙들의 짓궂은 응원 퍼레이드

한국에는 연고전<sup>아님 고연전?</sup>이 있고, 일본에는 와세다와 게이오의 라이벌전인 케이소전<sup>慶早戰, 또는 소케이전</sup>이 있는 날이면 게이오대학의 수업도 취소된다. 비슷한 맥락으로 UCLA와 USC의 미식축구 경기는 피 튀기는 응원의 현장이다. 하지만 뭇 학교들 모두에게 그렇듯 라이벌 의식은 스포츠 경기를 초월하는 하나의 문화로 자리 잡고 있다. UCLA를 다니는 학생이라면 한 명도 빠지지 않고 비교적 들어가기 쉬운(?) USC에도 붙었다는 농담은 물론이고, 사립학교를 다니는 USC 학생들은 부모님의 돈으로 다닌다는 뉘앙스의 'U$C'라는 디자인 셔츠도 한창 인기 있었다. 빨간색이 학교 색깔인 USC와 경기를 앞두고 몸속의 '붉은색을 빼자'라는 'Get the red out' 헌혈 캠페인을 펼치기도 한다. 또 라이벌로서 벌이는 장난이 얼마나 심한지, 중요한 경기를 앞두고는 각자의 마스코트<sup>UCLA는 불곰인 브루인 베어, USC는 토미 트로잔</sup> 동상을 천으로 덮고 며칠간 24시간 경비를 하기도 한다. 한 해는 UCLA 학생들이 이 경비를 뚫고 토미 트로잔<sup>Tommy Trojan, 트로이 전사</sup> 동상에 장난을 치러 영향력 있는 졸업생들까지 동원해서 헬리콥터를 띄운 적도 있다고 한다.

나 또한 한때 파란색 피가 몸속에 흐르고 있다고 단언

UCLA의 마스코트 브루인 베어<sup>Bruin Bear, 불곰</sup>

붉은 악마(?)로 가득한 로즈볼 경기장

UCLA-USC 미식축구 응원전

했던 'True Bruin'<sup>학교 사랑이 듬뿍 자리 잡고 있는, 바람직한 UCLA 학생을 뜻하는 닉네임</sup>'이다. 하지만 인정한다. 솔직히 미식축구는 USC가 더 잘한다. 그래서인지 UCLA-USC 미식축구 경기를 관람할 때면 로즈볼<sup>Rose Bowl</sup> 경기장이 붉은 악마(?)들로 가득 찬다. 그들의 붉은 물결은 정말이지 한국의 월드컵 시즌으로 착각할 지경이다. 하지만 다행히 미식축구는 하나의 종목에 불과하다. UCLA는 그 유명한 존 우든<sup>John Wooden</sup> 코치가 활동했던 곳으로, 농구가 무척 강하다. 그뿐인가. 전국의 대학교 중 가장 먼저 100개의 챔피언십을 달성한 영예도 UCLA가 차지했다. 물론 지금은 100개를 넘어, 계속해서 각 스포츠 종목의 선두주자로 힘차게 달리고 있다. 미국의 김연아에 해당하는 미셸 콴<sup>Michelle Kwan</sup>도 UCLA를 다닌 적이 있고, 2012년 런던올림픽에는 총 32명에 달하는 UCLA 선수와 코치가 참가했다.

'애커맨<sup>Ackerman</sup>' 학생 회관에 볼링장이 있던 시절은 옛이야기가 돼

버렸지만, 학생들의 레저 생활을 둘러싼 전통들은 수년이 지난 지금도 꿋꿋이 살아 숨 쉬고 있다. 열심히 공부하고 열심히 놀자는 'work hard, play hard'의 가치관을 격려하며 학생들의 여가 생활에 관심을 기울이는 UCLA의 운영 방침이 학업적 명성만큼 자랑스럽다. 자신에게 행복과 재미를 가져다 줄 소중한 놀이를 찾는 것은 어쩌면 성적을 끌어 올리는 것보다 중요하고 어려운 과제일 수도 있다. 하지만 꿈을 향해 열심히 다가가는 모든 학생의 필요 사항이기도 하다. 한창 한국에서 베스트셀러 순위를 지배했던 김정운 교수의 《노는 만큼 성공한다》가 떠오른다. 나를 비롯한 수많은 UCLA 졸업생들은 4년 동안 '놀이학' 하나만큼은 확실히 마스터했다고 당당히 말하고 싶지만, 어떻게 놀아야 하는가는 평생을 두고 즐거운 마음으로 풀어 나가야 할 과제가 아닐까.

/
# 하버드는
# 검도 명문대
/

　　　　　　　　　세계적인 베스트셀러 소설가 무라카미 하루키의 소설은 미국 어느 책방을 가도 몇 권씩은 꼭 진열되어 있다. 그의 작품들은 42개국 언어로 번역되어 있고, 일본과 미국은 물론, 한국에서도 대단한 인기를 자랑한다. 워낙 이 책 곳곳에도 무라카미를 등장시켜서 어쩌면 눈치를 챘을지도 모른다. 너무 상투적일지 모르겠지만, 나는 엄청난 무라카미 마니아다. 썩 마음에 드는 각색은 아니었지만 영화판 〈노르웨이의 숲<sub>또는 〈상실의 시대〉</sub>〉을 극장에서 몇 번씩 봤고, 특별히 좋아하는 소설들은 영어뿐이 아닌, 한국어와 일본어 버전으로 다시 읽고 모은다. 물론 소설도 재미있지만, 무라카미의 수필집과 인터뷰 모음 또한 별미이다. 마라톤부터 클래식 음악과 위스키까지. 무라카미의 소설은 싫어도, 그만의 독특한 시각으로 다양한 세계를 펼쳐 보여 주는 에세이집들은 꼭 읽는다는 일본인 친구들도 있었다. 일상의 평범함이 나를 괴롭힐 때 무라카미의 글은 의자에 앉아서 여행을 떠날 수 있게 부추겨 주었고, 사소한 공감을 통해 나를 치유해 줬다. 혼자 소심한 생각하기부터 레코드 모으기와 60년대에 대한 로망까지, 우리는 취미와 관심사까지 비슷하다. 물론 나는 그와 비교하기도 민망한 엉터리 컬렉터이자 러너이지만 말이다. 그리고 우리에겐 비슷한 점이 하나 더 있다. 보스턴을 사랑한다는 점.

샘 애댐스 맥주와 아침으로 먹는 던킨 도너츠가 그의 글에 등장하는 이유도 여기에 있다. 사실 무라카미는 하버드대학에서 작가이자 연구자로 지냈던 적이 있다. 물론 그는 영어를 잘한다. 심지어 그는 틈틈이 번역가로도 활약한다. 영어 작품들을 일본어로 번역하고 MIT에서 연설을 할 정도로 그의 영어 솜씨는 훌륭하다. 무라카미가 보스턴에서 지내는 동안 혹시라도 검도 대회를 보러 오지 않았을까 상상해 본다. 뭐니 뭐니 해도 하버드는 검도 명문대이기 때문이다.

### 전국 챔피언쯤이야…… 무시무시한 UCLA 검도부

UCLA의 880개를 넘는 클럽들 중에는 검도부도 있다. 한때는 전국 1위를 몇 년간 놓치지 않았던, 강력한 팀 파워를 자랑하는 검도부이다. 나 또한 고등학교 때 검도를 시작해서 UCLA를 다니는 동안에도 계속 수련했다. 물론 솜씨는 만년 초보생이다. 절대 겸손이 아닌, 100% 사실이니, 만약 나를 어두운 골목에서 만난다면, 꼭 지켜 주길

고등학교 때부터 시작한 검도 연습

바란다. 아무튼 미국에서 검도부가 있는 대학교들은 1년에 한 번, 이틀간 '쇼류하이(昇龍杯, 미국 대학생 검도 대회)'라는 챔피언십 경기를 펼친다. 우승하는 팀은 1년 동안 멋진 우승컵을 간직하게 된다. 대회의 역사는 벌써 20년을 향하고 있고, 우승컵은 전직 일본 총리 하시모토 류타로가 기증한 것이다. 아슬아슬한 신섬 승부가 펼쳐진 쇼류하이의 무대는 다름 아닌 하버드대학이다. 공부만 잘하는 줄 알았더니…… 역시 만만치 않은 분들이다.

그래도 우승을 가장 많이 한 팀은 무려 다섯 번이나 1등을 차지한 자랑스러운 UCLA 검도부이다. 그래서인지 서부에서는 UCLA가 매년 '유히하이(雄飛杯)'라는 검도 대회를 주최한다. 한창 클럽의 홍보 담당으로 활동하던 무렵, 잡지와 라디오 인터뷰 등 각종 미디어 매체에 아직은 어린 '유히하이 대회'를 알렸던 기억이 난다. 이제는 하도 연습을 안 해서 죽도나 제대로 잡을 수 있는지 장담 못하지만, 한때는 검도부 대표팀으로 하버드 경기에 출전하는 것이 꿈이었다. 몇 박 며칠 보스턴을 구경하며 UCLA가 새겨진 멋진 유니폼을 입고 팀원들과 단합하는 경험. 꼭 해보고 싶었지만 안타깝게도 나는 운동 실력이 제로이다. 다행히도 다른 계기로 보스턴을 방문하게 되었는데, 홀딱 반해 버렸다. 붉은 벽돌과 겨자색 낙엽들의 유혹이란. 지금도 가끔 '특별 세일하는 비행기표가 있을 수도 있어' '확 이번 주말에 다녀와?' 생각하며 저가 항공사 사이트를 뒤지곤 한다.

## 쉘 위 댄스? 가지각색 스포츠 클럽 활동

검도부 외에도 UCLA에는 다양한 스포츠 동아리들이 있다. 축구나 농구 같은 인기 종목들은 물론이고, 요트 클럽이나 무에 타이 동호회 같은 특색 있는 모임 등 다양하다. 댄스 스포츠 또한 학생들 사이에서 꽤나 인기가 있다. 방과 후 힙합전사로 변신하는 공부벌레 학생들을 목격할 때면 늘 신선한 충격이었다. UCLA의 마스코트인 불곰 동상 앞에서는 매주 살사를 추는 남녀 학생들이 멋진 춤사위를 선사한다. 근처에 책가방을 던져 놓고 팔과 허리를 흔들며 열정 가득한 춤을 추는 그들은 너무나도 강렬해 보였다. 캠퍼스에서 가장 번잡한 길에서 누가 쳐다보든 말든, 밀린 숙제가 태산이든, 그 순간만의 여유를 즐길 줄 아는 그들. 그리고 그 여유의 중요성을 깨닫고 매주 춤을 찾는 그 학생들을 보고 있으면, 나도 모르게 입꼬리가 올라가 있었다. 끈적한 살사는 솔직히 소화할 수 있을지 의심이 가지만, 나도 언젠가는 왈츠를 배우겠다고 결심했던 적이 있다. 그래서 몇 번씩 월요일 밤 시간을 비워 두었지만, 쉽사리 낯선 파트너의 품을 향해서 발이 떨어지지 않았다. 디즈니 공주만큼 우아하지는 못하더라도, 언젠가는 꼭 영화 〈쉘 위 댄스〉의 샐러리맨 아저씨만큼은 열심히 배워 보고 싶다.

## 1년에 한 번, 일본 취업생들은 보스턴으로 향한다

다시 보스턴 얘기로 돌아가자. 무라카미, 검도, 그리고 취업까지. 신기하게도 보스턴은 유난히 일본과 인연이 많은 것 같다. 매년 검도대회가 열릴 뿐 아니라, 전미에 있는 일본인 취업생들을 위한 커리어 포럼도 보스턴에서 열린다. 골드만 삭스, 미쓰비시, 구글, 소니, 그리고 일본 외무성까지…… 쟁쟁한 기업과 기관들이 일어와 영어가 능통한 인재들을 고용하기 위해 매년 보스턴에 모인다. 지원서 제출에서 면접까지, 취직의 기본 과정은 3일간 열리는 이 커리어 포럼에서 모두 진행된다. 시작은 백조였으나, 끝은 0자가 수두룩한 연봉을 약속받은 엘리트 신입 사원이 되는 절호의 찬스다. 전 세계에서 열리는 일어-영어 취업 이벤트 중, 보스턴 커리어 포럼이 가장 규모가 크다. 하지만 이와 같은 취업 포럼이 최근에는 로스앤젤레스에서도 열리고, 유럽을 겨냥해 런던에서도 주최된다. 이와 같이 한인 학생이나 한국에 관심이 있는 취업생들을 위한 이런 스케일의 취업 포럼이 있다면, 양국에서 보다 많은 인재들을 발굴할 수 있지 않을까 생각해본다.

/
# 워싱턴 DC에서
# 인턴으로 살아남기
/

공교롭게도 '워싱턴 DC'와 '인턴'을 떠올리면 꼭 한 번쯤은 거론되는 인물이 있다. 한때 전 세계를 떠들썩하게 만들었던 그녀, 모니카 르윈스키다. 내가 워싱턴에서 인턴십을 하게 됐다고 말하면 꼭 친구 중 한 명은 히죽히죽 웃어 가며 '아시안 르윈스키가 되지 않도록 명심하라고~'라는 유치한 멘트를 날리곤 했다. 철지난 르윈스키 농담이 아닌, 'DC 인턴십'을 떠올릴 때면 바로 생각나야 할 사람은 단 한 명이다. 나 자신. 그리고 내가 '언제, 어떻게 워싱턴에 갈 것인가'이다.

### 공기에서조차 권력이 흐르는 야망의 도시, 워싱턴

워싱턴 DC에서는 공기에서조차 권력이 흐른다고 한다. 조깅하다 보니 백악관 앞이고, 점심 길에 IMF$^{\text{International Monetary Fund, 국제통화기금}}$와

FBI<sup>Federal Bureau of Investigation, 미국연방 수사국</sup>를 지나다니, 각종 국제 기관 본부와 200개 가까이 있는 대사관, 그리고 세계은 행<sup>The World Bank</sup>까지. 워싱턴의 거리를 걸을 때면 세계의 중심에 와 있는 기분이 든다. 때

워싱턴의 세계은행

문에 1년에 수만 명의 인턴들이 워싱턴을 찾는 것은 어쩌면 당연한 일인지도 모른다. 워싱턴 DC의 인턴들은 대부분 급여 없이 일을 한다. 그것도 치열한 경쟁을 뚫고 얻을 수 있는 자리였기에, 옆 자리에 앉은 인턴보다 탁월한 업무 결과를 보일 수 있도록 호시탐탐 기회를 노리고 있다. 나도 워싱턴에서 인턴십을 하기 위해 수많은 정책 연구소와 기관에 지원했고, 대부분 떨어졌다. 대학교 3학년 때 워싱턴을 가기 전에는 정치나 정책의 '정' 자도 몰랐던 내가 세계적인 기관들에 겁 없이 지원했다니, 정말 'ignorance is bliss<sup>'무지함이 행복이다'로 번역되는, '모르는 게 약'이라는 뜻의 영어 표현</sup>' 라는 표현을 떠올릴 수밖에 없다.

### 인턴십의 부록, 해피 아워의 워싱토니언 네트워킹

인턴이나 신입 사원의 업무는 정시 퇴근에서 끝나지 않는다. 해피 아워<sup>Happy Hour, 워싱턴에서는 주로 평일 오후 5:30에서 8시 사이</sup>를 통해 네트워킹과 친분 쌓

기는 물론이고, 도시 곳곳에 있는 이벤트를 찾아다니며 명함을 모으고, 돌리고, 얼굴 도장을 찍어야 한다. 재계나 비즈니스 분야의 인턴십과는 다른 점이 바로 여기에 있다. 허름한 숙소와 비행기표를 직접 마련해 가며, 급여도 안 받고 해피 아워를 통해 끼니를 때우는 워싱턴표 인턴들의 충전기이자 목표는 돈이 아닌, 파워이기 때문이다. 하지만 이런 권력이나 정치적 지위를 목표로 삼지 않더라도, 워싱턴 인턴십은 다방면에서 유용하다. 미국 경기가 최악인 상태에도, 취업이 머나먼 꿈일 때도, 워싱턴에서는 늘 새로운 직원들을 고용하고 있으니까. 그리고 이 워싱턴을 움직이는 사람들은 모두 엑스-인턴(?)이나 마찬가지이니, 과연 야망의 도시다운 면모라 하겠다.

### 달라도 너무 다른 동부와 서부의 문화

나는 일본과 한국에서 교환 유학생으로 살았던 경험이 있다. 하지만 내가 가장 유학생처럼 느껴졌던 곳은 외국이 아닌 바로 미국의 수도, 워싱턴 DC였다. 서부에서 동부로 온 것뿐이라고, 내가 평생 함께 했던 문화와 다를 게 없다고 생각했다. 막상 도착해 보니 달라도 너무 달랐다. 5시간의 비행 시간, 그리고 3시간의 시차를 넘어 내가 도착한 곳은 워싱턴 중심지에 위치한 UCLA의 기숙사였다. UCDC, 또는 'UC 워싱턴 센터'라고 불리는 이곳은 아홉 개의 UC 계열 학교를 위한 기숙사이자 행정과 교육 본부이다.

UCLA는 매학기 30명의 학생을 뽑아서 워싱턴 DC로 보낸다. 나도 3학년 가을 학기, 이 '워싱턴 쿼터Quarter in Washington' 프로그램에 참여한 적이 있다. 우리는 UCDC에 머물며 1주일에 한 번씩 연구 세미나 수업을 들었고, 마지막 주에는 25쪽 분량의 논문을 발표했다. 수업 외 시간에는 학생 모두 풀타임 인턴십을 수행했다. 미국 국회의사당Capitol Hill에서 상원위원senator이나 하원의원representative 아래서 인턴을 하는 학생들도 많았고, 미국국제개발처United States Agency for International Development, USAID와 같은 기관에서 일하는 학생들도 있었다. 그리고 워싱턴에 밀집되어 있는 각종 정책 연구소think-tank, 싱크탱크에서 근무하는 학생들도 있었는데, 나는 운 좋게도 UCDC 센터에서 걸어서 10분 거리에 있는 정책 연구소Institute for Policy Studies에 근무했었다.

워싱턴 DC에서 인턴십을 하고 있는 UCLA 학생들을 위한 기숙사 겸 캠퍼스, UC워싱턴 센터

워싱턴은 천국이 될 수도, 지옥이 될 수도 있다. 그것은 모두 자신의 네트워킹 능력에 달려 있다. 그 정책 연구소에서 나는 멋진 슈퍼바이저를 만난 덕택에 여기저기 따라다니며 많은 이벤트에 참석했다. 가는 곳마다 좋은 인연이 될 수 있는 분들을 많이 만나고 소개받았지만, 내 마음은 늘 답답했다. 나는 왜 이렇게 숫기가 없고 사교성

이 부족할까? 나를 다양한 인사들에게 소개시켜 준 상사의 친절에 보답하지 못하는 것 같아 고민이 커져 갔다. 워싱턴 문화에 익숙한 사람들은 네트워킹의 힘을 활용하는 법에 능숙하다. 워싱토니언Washingtonian들은 언제 어디서나 네트워킹을 할 준비가 되어 있고, 마음이 열려 있다는 장점이 있다. 서로가 서로에게 도움이 될 수 있는 좋은 인연의 중요성을 파악하고 있기 때문이고, 반복된 네트워킹 분위기 속에서 단련됐기 때문이다. 끊이지 않는 리셉션과 각종 기관, 연구소, 학교, 그리고 대사관에서 매주 주최하는 넘쳐나는 이벤트. 모두 다이아몬드 같은 기회를 발굴하는 계기가 될 수도, 코너에서 치즈랑 크래커만 부수고 있는 지옥의 몇 시간이 될 수도 있다.

### 꼭 필요한 회복의 기술, 아이스크림

그러나 늘 성공적일 수는 없다. 워싱턴 먹이사슬food chain에서 가장 낮은 카테고리에 속한다는 인턴. 살아남으려면 회복의 기술을 익혀야 한다. 중요한 사람 앞에서 엉뚱한 말을 한다거나, 피곤해서 넋 때리고 있다가 놓친 기회가 뇌리에서 쉽게 지워지지 않는 날. 기숙사로 돌아왔을 때 나를 위로해 준 것은 바로 'Ben & Jerry's Milk & Cookies' 아이스크림이다. 내가 즐겨 보는 미드 〈코버트 어페어스Covert Affairs〉에서도 워싱턴에 사는 주인공이 유난히 힘든 하루를 마치고 집에 돌아와서 언니와 함께 'Ben & Jerry's'를 퍼 먹는 장면이 나온다. 아이스크림을 통째 확 잡아서 덜지도 않은 채 푹푹 떠먹는 시원함은 필시 다이어트를 요하는 행위이고 다음 날 아침 부은 얼굴일지언정 다시 세상과 대면할 힘을 주는 테라피인 것은 확실하다.

피로에 지친 나를 위로해 준 'Ben & Jerry's 아이스크림

　회복의 기술 중 두 번째 법칙은 주말에 확실히 쉬어야만 1주일간 제대로 활약할 수 있다는 것이다. 매주 주말, 나에게 가장 큰 힘이 되었던 곳은 조지타운에 위치한 로우스 극장이다. 쉬고 싶은 날이면 평소에도 혼자서 극장을 자주 찾았지만, 그 극장에서는 영화를 보지 않았다. 매주 일요일 아침 10시에는 극장에 공짜로 들어가서 베이글과 오렌지 주스를 먹으며 재충전할 수 있는 특별한 시간이 있다. 바로 '내셔널 커뮤니티 교회'의 예배 시간이다. 흑심 가득한(?) 나에게는 존 마이어의 목소리로 찬양을 하며 기타를 치는 찬양 인도자가 특히 기억에 남는다. 커다란 영화 스크린으로 듣는 메시지도 신선했다. 무엇보다 내가 그토록 좋아하는 극장에 매주 와서 생음악을 따라 한껏 목소리도 높여 보고, 푹신한 의자에서 베이글을 뜯으며 동기 부여의 응원도 듣고 갈 수 있다니 너무 행복했다. 온갖 고민거리로 가득한 워싱턴에서의 첫 직장 생활을 다시 마주할 힘을 찾는 따뜻한 위로의 시간이었다.

### 미국에서 술 제일 잘 마시는 도시

권력만큼 스트레스가 심하기로 유명한 워싱토니언들. 2011년 NBC 뉴스 보도에 따르면 워싱턴 DC는 알코올 섭취에 의지하고 있는 미국인이 전국에서 가장 많은 도시로 뽑혔다. UCLA 학생 한 명, UC Davis 출신 여학생 한 명, 그리고 나를 제외하고는 그 학기 UCDC 기숙사에 21세 미만인 학생은 없었다.<sup>미국에서 술을 마실 수 있는 나이는 만 21세부터이다</sup> 그래서 주중, 주말을 상관치 않고 나의 룸메이트들은 워싱턴의 수많은 바들을 휩쓸며 다녔고, 늦은 시각까지 아파트에서 파티를 열었다. 신분증 체크가 있으니 술집이나 클럽에 함께 갈 수도 없었고, 처음 써보는 몇십 페이지 분량의 연구 논문을 쓰려면 집중이 필요했지만, 새벽까지 이틀에 한 번 꼴로 시끌벅적한 생활환경이었다. 잠을 못 자는 것은 다반사였고 심지어 불을 끄고 몇 시간 동안 잠을 청하기 위해 뒤척거리고 있는데, 술김에 룸메이트가 갑자기 방에 들어와 불을 켜고 여기저기 돌아다닌 적도 있었다. 생활 리듬이 달라서 그랬지, 그래도 꿈과 정의심 가득한 멋진 아이였다. 옆방에 살며 함께 아파트를 사용했던 룸메이트들도 마찬가지였다.

### 결국 펑펑 울어 버리고 말았다

시끌벅적한 기숙사에서 잠과 싸우랴, 내게는 익숙하지 않은 파티

문화를 즐기고 있는 룸메이트들과 친해지랴, 정신이 없었다. 그 와중에 풀타임 인턴십을 하고, 워싱턴 DC에서의 생활이라는 기회를 충분히 활용해 논문을 쓰려면 때로는 머리가 터질 것만 같았다. 내가 참여한 UCLA의 'CAPPP<sup>Center for American Politics and Public Policy, 미국 정치와 공공 정책 센터</sup>' 워싱턴에서의 학기 프로그램에 합격한 서른 명의 학생은 나와 달리 대다수가 4학년이었고, 국제관계학이나 정치학을 전공하고 있었다. 일본의 《겐지 이야기》를 분석하고 있던 동아시아학 3학년에게 어울릴 분위기는 솔직히 아니었다. 티도 많이 났다. 1주일에 한 번 듣는 세미나 수업의 토론 시간에도, 논문 구도를 잡는 기술적인 면에서도, 인문학이 아닌 정책 위주의 시각을 한꺼번에 습득하려니 쉽지 않았다. 게다가 신빙성 있는 정보를 찾기 힘든 북한이라는 연구 주제를 선택해서 더욱 어려움이 컸다. 교수님과 조교도 나의 시각과 연구 시도를 이해하지 못한 적이 한두 번이 아니었다. 소그룹별로 조교와 만나 연구 진행을 보고하는 미팅에서 창피를 당하기도 했었다.

학기가 한 달밖에 안 남고 논문 마감일이 무섭게 다가오고 있던 무렵이었다. 교수님과 연구에 관한 상담을 하러 '오피스 아워' 시간을 선택해 방문했다. 일부러 의도를 갖고 그러신 건 아니었지만, 나는 교수님의 지적과 대화법에 상처를 받고 나왔다. 길거리는 물론 처음 하는 직장 생활, 심지어 아파트 환경까지, 안 그래도 온 사방이 낯설어서 한껏 예민해져 있던 나. 쉽게 이해하지 못하는 부분에 대해, 정치학 교수와 학생들 사이에 오가는 낯선 표현과 인용들로 그날 교수님과의 대화는 나를 한층 더 위축시켰다. 룸메이트들이 집에 돌아오기 전에 방으로 가 펑펑 울었다. 힘들어, 내가 왜 여기까지 와서 고생을 사서 하지? 내가 좋아하는 동아시아 인문학, 나랑 비슷한 아시안계 미국인들이 있는 LA에서 편히 살걸, 괜히 나한테 안 어울리는 프로그램에 지원해 가지고……

그래도 내 곁에는 따뜻한 상사와 동료들이 있었다. 자유로운 분위기가 매력적인 연구소에서 만난 멋진 연구소장님은 인턴십이 끝난 후에도 나에게 많은 조언과 도움을 주신 고마운 분이다. 연구소장 겸 작가이고, 극작가 겸 배우이신 그분은 여러 면에서 내가 지향하는 라이프스타일을 갖춘 롤 모델이다. 또 그때 만난 좋은 친구 클라크는 워싱턴 인근 버지니아 출신이라서 워싱턴 초보인 나를 여기저기 안내해 줬다. 다음해 국무부 '피커링 장학생[Pickering Fellowship, 외교관 양성 프로그램]의 최종 인터뷰가 끝나고 며칠 더 워싱턴에 머물렀을 때도 클라크네 가족 자택에서 지냈다. 지금은 상하이의 컨설팅 회사에 근무하고 있는 멋쟁이 클라크와도 계속 연락하고 지낸다.

그들 덕분에 나는 마감 몇 시간 전까지 무사히(?) 논문을 완성시킬 수 있었다. 그리고 연구 프로그램 결과를 전교생과 교수님, 조교 앞에서 발표했다. '그들이 어떻게 생각하든, 나만 최선을 다하고 내려오면 돼'라며 마음을 최대한 비우고 시작한 파워포인트 프레젠테이션. 그 끝에 기다리고 있던 뜨거운 박수갈채가 나조차 깜짝 놀라게 했다. 방으로 돌아가는 엘리베이터에서까지 '신선한 연구 방향이었다' '어떻게 프레젠테이션 준비를 했느냐'는 질문 쇄도를 받을 정도로 학생들은 예상치 못한 반응을 보였다. 드디어 워싱턴이라는, 내게 너무 높은 벽이었던 산을, 제대로 도전해 봤다는 느낌을 받았다. 이제야 편안한 마음으로 LA행 비행기를 탈 수 있을 것 같았다. 1년 후 피커링 장학생에 최종 합격했을 때, CAPPP로부터 연락을 받았다. 자랑스러운 '워싱턴 학기' 프로그램 참가자 중 우수 사례로 웹 사이트에 소개하고 싶다는 것이었다. 그 순간, 주눅 들었던 기억들로 가득했던 CAPPP의 고생들이 승리의 빛을 발했다.

### 워싱턴, 너는 내 운명

예상치도 못한 때에 워싱턴은 늘 나를 불렀다. 한 학기에 전 세계를 여행하는 프로그램인 '시메시터앳시Semester at Sea, 유람선 대학이라 칭하는 선상 교육 프로그램' 에 지원하려다가 우연히 강의실 앞에 붙여진 CAPPP '워싱턴 쿼터제' 포스터를 보고 실험 삼아 지원했었고, 또 일본 유학을 위한 장학금을 찾던 중 우연히 지원하게 된 '피커링 장학금' 덕분에 워싱턴 국무부 본부에서 근무하게 됐다. 졸업 후에도 예상 밖으로 워싱턴에 있는 대학원만 4개나 붙는 바람에 지금 이 글을 쓰고 있는 현재도 워싱턴에서 생활하고 있다.

음식은 맛없고 비싸기로 유명하고, 일방통행과 무단 횡보가 난무하고, 도시 곳곳 길거리는 365일 공사 중이지만, 워싱턴은 나에게 소중하고 멋진 곳이다. 여기서는 평범한 대학원생이 부통령과 같은 거리에 살 수 있고, 봄이 되면 도시 전체가 벚꽃으로 뒤덮인다. 또 미국 직장인의 대표적인 런치 메뉴인 샌드위치와 샐러드는 전국에서 가장 맛있다. 무엇보다 누구에게나 꿈을 심어 주는 최고의 도시이다. 7학년<sup>한국식으로 계산하면 중학교 1학년</sup> 견학 여행 때 처음 방문한 워싱턴이, 내 인생을 바꿀 것이라고는 상상조차 못했다. 하지만 내가 미 국무부 외교관이 될 수 있게 된 가장 결정적인 계기는 틀림없이 두 번째 찾은 워싱턴에서 보낸 가을 학기 때문이었다. 그리고 지금도 나처럼 터닝 포인트를 찾아 도전에 나선 전 세계 수만 명의 젊은이들이 매년 어김없이 워싱턴으로 향한다.

/

# 박정현은 선배님,
# 티파니는 이웃 주민

/

"Oh say can you see? By the dawn's early light~."

가수 박정현이 특유의 R&B 음색으로 컬럼비아대학교 졸업식에서 미국 국가를 부르는 유튜브 영상은 50만 조회가 넘는 클릭수를 기록하고 있다. 하지만 많은 사람들이 모르는 사실 중 하나가 박정현이 UCLA 학생이었다는 것이다. 데뷔 전, 박정현은 UCLA를 2년 동안 다닌 적이 있다. 한국에서 집중적으로 가수 활동을 하기 위해 UCLA를 떠났지만, 어렸을 적부터 대학에 대한 꿈이 컸다는 그녀는, 언젠가 꼭 학위를 받으러 돌아올 것이라고 다짐했다고 한다. 비록 박정현은 UCLA가 아닌 컬럼비아에서 학위를 마치고 영문학과 비교문학으로 졸업했지만, 한국계 미국인으로서 아주 공감 가는 인물이다. '리나 파크Lena Park'라는 영어 이름을 지닌 그녀는 나를 비롯한 많은 한국계 미국인처럼 미국에서 태어나 자랐다. 특히 로스앤젤레스에서 자라서 고등학교 졸업 후 UCLA로 진학했다는 점이 나와 같아서 더욱 친근감이 가는 K-pop 스타이다.

'진짜 미국인도 아닌데 미국 국가를 부르다니.'

'기회가 된다면 애국가도 뽐내 주셔~.'

박정현의 동영상에 달린 댓글들은 과연 한국계 미국인은 무엇이고, 또 리나 파크라는 사람이 미국인인지 한국인인지에 대한 논쟁의 흔적으로 빼곡하다. 사실 박정현은 같은 자리는 아니지만 미국의 국가 $^{\text{Star Spangled Banner}}$와 한국의 애국가, 둘 다 부른 적이 있다. 한국 프로농구와 야구 경기에서 애국가를 부른 영상 또한 유튜브에서 감상할 수 있다. 가수로서 어떤 곡을 부를지는 아티스트의 선택이다. 하지만 확실한 것은 '한국계 미국인은 진짜 미국인이 맞다'는 코멘트가 동의를 가장 많이 받은 댓글 중 하나로 사이트 아래를 장식하고 있다는 점이다. Korean-American은 말 그대로 한국계 미국인이다. 성김 주한 미국대사처럼 미국을 대표하는 외교관으로도 활동하는 완전한 미국인이지만, 그렇다고 한국의 문화를 외면해야 한다는 것은 큰 오해이자 글로벌한 21세기에 큰 손해이다.


### 박정현 vs 티파니…… 두 종류의 한국계 미국인

개개인별로 다르고, 지역과 환경의 다양한 영향이 있겠지만, 한국계 미국인은 대략 두 종류로 나뉘어진다. 한국어를 하는 사람과 못하는 사람. 샌프란시스코에서 태어나 내 옆동네 다이아몬드 바$^{\text{Diamond Bar}}$

에서 자란 동갑내기 가수 소녀시대 티파니와 R&B 요정 박정현을 비교해 보자. 둘 다 이민자 부모님 아래서 자란 교포 2세이다. 그리고 둘 다 로스앤젤레스 근처 남가주 지역에서 유년기를 보냈다. 박정현은 UCLA 학생이었으며, 티파니의 꿈의 학교는 USC<sup>남가주 대학</sup>인 것까지 감안하면 전형적인 남가주표 한국계 미국인들이다.

하지만 박정현은 한국에서 가수 활동을 시작하기까지 한국어를 배운 적이 없고, 수년이 지난 지금도 깜찍하게 이국적인 말투와 어감이 남아 있다. 그에 비해 티파니나 소녀시대의 또 다른 교포 멤버 제시카는 비록 활동을 시작할 당시에는 약간의 언어적 어눌함이 있었으나, 지금은 한국 토크쇼와 예능 프로그램에서 재치 있는 멘트와 농담은 물론이고 사회까지 본다. 이 책을 한국어로 쓰고 있는 나 또한 후자에 가까운 편이다. 이것은 어쩌면 세대 차이일 수도 있다. 최근에는 한국어의 중요성을 깨닫고 자녀에게 한국어를 가르치는 이민자 부모와 교포 부모가 부쩍 늘어나고 있다. 그래도 연습생 생활을 처음 시작할 당시, 양식이 그리웠던 티파니는 제시카에게 피자 먹으러 가자고 졸랐다고 한다. 흔히 말하는 '컬처 쇼크<sup>culture shock, 문화적 충격</sup>'를 겪은 것은 자명한 일이다. 문화적 차이 때문에 활발한 성격을 가다듬어야 했다는 티파니는 이제 된장찌개를 잘 먹는다고 자랑한다. 미국의 한 K-Pop 팬 사이트와의 인터뷰에서 한국계 미국인으로서의 한국 활동 경험에 대한 질문에, 티파니와 제시카가 'There's always something different about us!'라고 입을 모은 적이 있다. '남들과 다른 뭔가가 있다'는 공통점을 함께 공유한 셈이다. 재일교포 추성

훈이 떠오른다. 교포는 출생 국가에서도, 부모의 국가에서도 늘 다른 존재인 운명을 지니고 있다. 이것은 큰 장점이기도 하고, 또 때로는 어려움을 주는 요소가 될 수도 있다.

모든 한국계 미국인의 피할 수 없는 공통점이 하나 더 있다. 바로 얼굴. 동양인의 얼굴, 한국인의 얼굴을 하고 있다는 것이다. 일본 유학이 내가 한국계 미국인이라는 것을 실감케 하는 결정적 계기가 되었다. 처음 만나는 사이이거나 자기소개를 하는 도중, 꼭 불필요한 설명을 덧붙여야 하는 부분이 바로 내가 미국인이라는 사실이었다. 내가 미국에서 태어나서 자랐고, 미국 대학교의 교환 학생으로 왔다고 하면, '그래서 어디서 왔다고요?'라고 되묻는다. 나는 그 사람이 듣고 싶어 하는 답을 알고 있었지만 한 번 더 같은 설명을 반복한다. 그러면 '아니, 진짜로 어디서 왔냐고요? 어느 나라에서'라고 재차 물어본다. 마치 내가 가보지도 않은 미국 땅에서 태어났다고 뻥 치는 사람인 것처럼. '제 부모님이 한국인이세요'라고 하면 그제야 '그럼, 당연히 그래야지' 하는 표정을 짓고, 그 후로는 나에게 한국에 관한 얘기만 질문한다. 내가 아무리 한국 문화에 관심이 많고 대학교에서 동아시아학을 전공했다지만, 평생 한국에서 태어나고 자란 사람이나 알 법한 답변을 바랄 때가 많아 곤란한 적이 한두 번이 아니었다. 심지어 나를 앞혀 놓고 미국인도 아닌 백인 친구에게만 미국에 대해 질문하는 일본인도 있었다. 이것은 내가 아시안의 모습을 하고 있기 때문이다. 오해를 부르는(?) 얼굴인 것이다.

## 소수 인종이라는 틀을 넘어서

하지만 '하이픈 미국인<sup>hyphenated American, 하이픈이 미국인이라는 정체성과 조상의 국가를 하나의 단어로 이어 주는 유형의 미국인, 예를 들어 Korean-American, African-American 등등</sup>'들이 요즘은 대세다. 물론 한국 연예계에서 활약하고 있는 한국계 미국인 스타들도 많다. 티파니, 제시카, 박정현을 비롯한 니콜, 크리스탈 등이 있고, 택연이나 한예슬 같은 1.5세 교포 스타들도 있다. 이름이 말해 주듯, Korean-American들은 양국의 언어를 넘어서 문화와 정서까지 이해할 수 있는 특별한 위치에 있다. 그리고 계속 늘어나고 있는 그들은, 점점 자신들만의 제3의 문화, 또 아시안계 미국인으로서의 문화를 자랑스럽게 여기며 미국 사회의 다양한 영역에서 영향력을 넓혀 가고 있다.

UCLA에서도 'KASA<sup>Korean American Student Association</sup>' 라는 한국계 미국인 학생들의 사교 클럽과 '한울림<sup>Hanoolim</sup>' 이라는 사물놀이 패가 있다. 특히 한울림은 사물놀이를 넘어서, 매년 '한국문화의 밤<sup>Korean Culture Night</sup>' 을 주최한다. UCLA의 가장 유명한 공연장, 로이스홀에서 열리는 이 연극은, 화려한 춤과 연기, 그리고 사물놀이를 통해 한국 문화를 관객들에게 알린다. 수십 명의 학생들이 몇 개월 동안 준비를 하고, 자금을 마련하고 홍보까지 해서 해마다 매진 행렬이다. 뒤에서 서서 보는 관객들도 있다. 또 웨스트우드에서는 한국 음식이 인기다. UCLA 학생들에게 꾸준한 사랑을 받고 있는 음식으로는 간편하게 구이 요리를 먹을 수 있는 '구시' 부터 한국 비빔밥 체인 '비비고' 까지 다양하다. 심지어 멕시칸 테이크아웃 식당에서는 코리아타운 스타일 '부리토'가 일품이고, 한국의 닭고기 체인 BBQ가 UCLA 길 건너편에 지점을 오픈했을 정도이다. 물론 이런 현상의 원인은 한국인 유학생 인구가 많은 까닭도 있다. 한국은 인구 대비 미국에 가장 많은 유학생을 보내고 있는 국가이다. 몇 년을 지내는 학생도 있고, 몇 개월만 유학하는 학생들도 있겠지만, 바로 이 학생들이 한국계 미국인들과 함께 브릿지 역할, 또는 윤활유 역할을 훌륭하게 해내는 21세기가 될 것이라 확신한다. 그런 의미에서…… 동갑내기 이웃 주민 티파니도 파이팅! 다음에 피자 먹고 싶을 때는 나한테 연락 줘?!

Part 2

Tokyo, Japan: Keio University
드디어 도쿄 주민이 되다, 게이오대학

## 입학시험 면제, 초엘리트 '게이오 보이'의 마성

"9시 뉴스에 유노윤호였습니다. 안녕히 계십시오."

아이돌이 뉴스 앵커가 됐다. 그렇다. 열혈팬의 상상 속에서만 있을 법한 일이 일본에서는 일어난다. 그리고 그럴 수 있었던 강력한 이유는? 바로 그 의문의 아이돌이 마성의 '게이오 보이<sup>Keio Boy</sup>'였다는 것.

게이오대학은 일본에서는 물론, 전 세계 500개 대기업을 대상으로 조사한 결과 가장 많은 CEO를 배출해 낸 대학 3위에 올랐다. 야스쿠니를 고집해서 한국에서는 미운털이 박힌(?) 전 국무총리 고이즈미 준이치로 역시 통기타와 비틀스가 한창이었던 그 시대에 게이오 캠퍼스를 누볐던 청춘이었고, 도요타, 아사히신문사, 골드만 삭스 재팬을 비롯한 일본의 정치, 기업, 언론과 금융은 게이오 졸업생들의 손 안에서 이루어진다고 해도 과언이 아니다. 그래서일까. 2010년 일본의 TBS 방송국이 시부야 거리에서 300명의 젊은 여성에게 실시한

'이 대학교 학생이 남자 친구였으면 좋겠다' 라는 앙케트 조사에서 1위를 차지한 것도 역시 게이오대학이었다. 하나도 놀랍지 않은 결과였다. 아니, 당연한 정도랄까? 왜냐하면 게이오는 〈꽃보다 남자〉의 F4가 대학생이 되면 분명 다닐 법한, 그런 학교이기 때문이다.

도쿄타워의 야경

### 오샤레한 느낌의 도쿄타워

1858년도에 설립된 게이오대학은 일본에서 가장 오래된 대학이다. 세월이 흐르며 수차례 확장한 덕에 무려 11개의 캠퍼스가 있지만, 내가 교환 학생으로 다닌 곳은 메인 캠퍼스라 할 수 있는 미타三田 캠퍼스였다. 도쿄 한가운데 위치해 있는 덕에 매일 등굣길에 새빨간 도쿄타워를 마주 보았고, 수업이 끝난 오후에는 갈아타지 않고도 시부야나 신주쿠로 열심히 이자카야 문화 체험(?)을 하러 갈 수 있어 편리했다. 도쿄에서는 도쿄타워가 보이는 곳에 살면 무조건 '오샤레オシャレ, 멋스럽다, 세련되다' 하다고 생각한다. 늘 일드일본 드라마의 화려한 주인공들이 '넓은 창문 밖으로 비치는 도쿄타워 바라보기'를 취미로 고집하는 이유도 여기에 있는 듯하다.

도쿄타워가 잘 보이는 '오샤레' 한 동네는 타워가 위치한 미나토구 안에 있는데, 롯뽄기와 아오야마를 포함한 지역으로 도쿄에서 가장 땅값이 비싼 곳 중 하나이다. 미국과 한국을 비롯한 48개국의 대사관 또한 미나토구에 자리 잡고 있다. 그리고 미나토구에 위치한 곳들 중 중요한 곳이 하나 더 있다. 바로 학생 매점이다. 게이오 미타 캠퍼스에서 적응한 지 1주일쯤 지난 비 오는 9월 어느 날, 줄임말로 '세이쿄우 生協, 생활협동조합' 로 불리는 학생 스토어를 둘러보러 계단을 올랐다. 학교를 떠나지 않고 거의 모든 심부름과 쇼핑을 해결할 수 있는 UCLA 학생 스토어보다는 훨씬 작았지만, 오니기리 주먹밥부터 항공권 예약까지 작은 공간에서 많은 것을 해결할 수 있는 곳이었다. 학교 이름과 로고가 그려진 셔츠와 후드티의 다양성 또한 놀랍다. '시즌별로 새로운 디자인을 내놓는 UCLA를 이길 수 없어'라고 모교를 뿌듯해하며 코너를 돈 순간, 나의 눈에 들어온 것은? 진주다. 진주 목걸이. 청춘의 소박함이 대명사인 대학 캠퍼스에서 웬 미키모토 진주 액세서리? 자세히 보니 게이오 마크가 들어가 있는 디자인이었다. 그냥 진주도 아닌, 미스 유니버스 왕관에 쓰이는 그 미키모토였다. 그것뿐인가. 미국에 있는 친구들에게 보낼 선물로 산 쿠키는 알고 보니 일본 황실에 제공되는 최고급 쿠키였다. 감당이 안 돼 앞으로 카레 빵이나 교과서만 사러 오겠노라고 다짐하며 발걸음을 돌렸다.

물론 고가의 진주 목걸이나 넥타이핀은 일반 학생 고객을 위한 것이 아니다. '미타회 三田会'라고 불리는 게이오의 동창회 멤버인 엘리트 졸업생들이 옛 추억을 떠올리며, 또는 은근히 자신을 과시하기 위한 용도로 살 것이라 추측해 본다. 이렇듯 게이오를 졸업한 후에야 비로소 부와 명성이 드러나는 것은 결코 아니다. 진정한 게이오 보이, 즉 일본 여성의 로망이자 미래의 부와 영예를 누릴 도쿄의 왕자들은, 단순히 대학교 1학년 때 '게이오 보이'로 거듭나는 것이 아니다. 게이오대학 부속으로 운영되는 학교는, 초등학교에서부터 고등학교까지 몇 개씩 있다. 심지어 뉴욕에도 '게이오 아카데미'Keio Academy of New York가 있는데, 외국에서 유학하고 있는 귀한 자제분들이 많이 다니신다는 소문이 자자하다. 일본의 치열한 경쟁으로부터 벗어나 있으면서도, 나중에 게이오대학에 들어가기 가장 쉬운 길이라는 의견도 있다.[주]

욕에 있는 Keio Academy의 호화스러운 캠퍼스 사진이 궁금하다면? http://www.keio.edu/english/about/campus

### 일본인들의 로망······ 나이부세이

게이오를 다니는 남학생이라면 누구나 게이오 보이라고 불리는 것이 당연하겠으나, 그들 중의 꽃은 바로 이 게이오 부속 학교를 다니면서 어렸을 적부터 귀하게 자란 '나이부세이'內部生, 부속 학교에서 올라온 학생들이다. 위에 언급한 뉴스 앵커 아이돌 또한 교수 어머니와 일본 정부의 고위 관리인 아버지 사이에서 태어나 게이오 요치샤 초등학교를 다닌 인물로, 인기 그룹 아라시의 래퍼 사쿠라이 쇼이다. 이 사쿠라이 쇼는 아예 미나토구에서 태어났고, 드라마, 예능, 영화와 음악 활동 외에도 올림픽과 선거 보도, 노벨평화상 수상자 고르바초프와의 인터뷰까지…… 뉴스 앵커로도 활약했다는 점이 특이하다. 게이오대학에서 가장 명성 있는 학부인 경제학과를 졸업한 덕도 있겠지만, 이런 그는 입학시험조차 볼 필요 없이 게이오대학에 입학했다. 그렇다고 그가 특혜를 받은 것은 아니다. 모든 나이부세이들은 각각 초등학교, 중학교, 고등학교 입학시험을 거쳐 게이오대학 입학 자격을 확보해 놓는 것뿐이다.

서울을 방문했을 때, 집을 나서는데 엄마에게 전화가 왔다. 10시에 수능 시험이 시작되니 교통이 혼잡할 수도 있다는 얘기였다. 언뜻 몇 년 전에 본 SAT와 최근에 치른 GRE가 생각나서 섬뜩했다. 아, 이 불쌍한 젊은 영혼들이여. 다시는 돌아가고 싶지 않은 그 시간, 바로 비극의 고3 수험생으로서의 생활을 한 번도 겪어 보지 않고 명문대에 입학하다니…… 나이부세이는 얄미워도 너무 얄밉다. 유치원 때 수험생 노릇을 한 번 한 것으로 20년 가까이 편히 살다니. 하지만 그것 또한 화려한 나이부세이의 운명이다. 졸업 후 대기업 취업도 이들에게는 결코 머나먼 꿈이 아니다.

### 막강한 출신 배경에 외모까지 갖춘 초엘리트 그룹

게이오에 있는 동안 친하게 지낸 나이부세이가 있다. 신이치는 모든 방면으로 전형적인 게이오 보이였다. 그는 도쿄 부촌의 외국 대사관 앞에 살며, 초등학교 때 미국 유학을 경험해 완벽한 영어를 구사한다. 역시 게이오 고등학교 출신이어서 대학 입학시험 걱정 없이 농구를 하며 고3 시절을 보냈다. 그의 누나 역시 게이오 졸업생이고, 남동생은 게이오 고등학교에 재학 중이다. 둘째 누나는 미스 재팬 후보로 활약했을 정도이다. 유럽에서 1년간의 교환 학생 생활을 마치고 돌아온 그를 만난 것은 영어로 진행되는 경영학 세미나에서였다. 국제개발학 강의인 다음 수업도 함께 들으면서 자연스레 친해진 우리는 좋아하는 영화, 소설까지 비슷해서 나름 재미있는 추억이 많다. 땡땡이를 치고 미술관에 가기도 하고, 《상실의 시대》에 등장하는 재즈바를 찾아가서 진 토닉과 톰 콜린스를 시켜 놓고 킥킥대며 와타나베와 미도리 흉내를 내기도 했다. 근데 정말이지 이 친구는 영화나 드라마에나 나올 법한 게이오 보이였다. 무라카미 하루키를 대박의 길로 이끌어 준 소설, 《상실의 시대》의 주인공 와타나베보다는 나가사와라는 엘리트 출신 나쁜 남자 캐릭터랑 닮아도 너무 닮았다. 수많은 여자들을 눈물 흘리게 한 경력까지. 게이오 보이 중에서도 눈에 띄는 출중한 외모는 물론, 자원 봉사로 하는 초등학교 농구 코치답게 큰 키와 남자다운 어깨까지 지녔다. 바로 이런 이유 때문에 시부야의 300명 넘는 여자들이 게이오 보이를 주목하는 게 아닐까.

매년 11월이면 뉴스에 나오는 각종 수능 수험생 에피소드가 한국의 또 다른 특징이라는 보도를 최근에 접하게 되었다. 후배들의 화려한 응원부터 부모님의 간절한 기도까지. 정말이지 한국의 수능은 전

국민의 관심사임에 틀림없다. 특히 인상 깊었던 것은 경찰이나 택배 아저씨의 도움을 받아 초조한 마음을 달래며 시험장으로 가는 학생, 그리고 몇 주 전부터 시작되는 떡집의 합격 기원 찹쌀떡 홍보이다. 한국 친구에게 물어보니 시험에 떡처럼 찰싹 붙으라는 의미란다. 문득 생각해 본다. 미국에서도 SAT를 'pass' 하라고 각종 패스를 '행운 아이템 good luck charm' 으로 팔고, 각 분야별 만점 점수인 800점을 받으라고 8자가 들어간 물건들이 인기를 얻는다면? 왠지 그래도 떡만큼 확실한 것은 없을 듯하다.

## 일반인들은 전 세계 어디서나 입시 수험생

일본에서도 대학교 입학시험은 아주 중요한 날인데, 도서관을 들르러 학교에 가는 길에 마침 게이오 입학시험을 보러 가는 어마어마한 교복 부대에 묻힌 적이 있다. 일본 전역에서 시험을 보러 온 학생들. 몇 년 동안 목표로 삼고 몇 개월간 날밤을 지새우며 공부했을 그들에게서 무시할 수 없는 불안감과 기대의 기운이 느껴졌다. 늘 그렇듯이 도쿄타워를 오른쪽으로 두고 길을 건너기 위해 신호를 기다리고 있는데, 갑자기 아주 큰 외침이 평소에는 조용한 일본의 아침 거리를 점령했다. 학교 입구에서 두 남학생이 메가폰을 들고 '힘내라 수험생! 힘내라 수험생!' 이라고 힘차게 외치고 있었다. 옷과 머리띠까지 준비한 후 격렬하게 수험생들을 응원해 주고 있었다. 한국의 수능 응원이 흥겹고 다양하며, 귀여운 후배들의 애교 섞인 격려까지 있어 재미있는 볼거리라면, 준비된 복장과 구호, 절제된 동작으로 이루어진 사뭇 진지한 일본 선배들의 응원 또한 인생의 중요한 순간을 앞둔 수험생들에게 큰 힘을 주는 문화이다.

이런 응원을 받으며 운명을 향해 가던 무리 중 소수의 몇 명은 몇 개월 후 '열심형' 게이오 보이가 될 것이다. 특히 도쿄 밖의 지방에 살면서 입학시험을 우수한 성적으로 합격한 학생들은 각자의 지역에서 소문날 정도로 똑똑한, 장래가 촉망되는 엘리트 우수생들이다. 물론 어렸을 적부터 도련님으로 럭셔리를 익숙하게 즐기는 나이부세이 게이오 완벽남의 매력도 거부할 수 없겠지만, 노력파 게이오 보이의 열정과 도전 또한 그 못지않게 화려하다. 문득 도쿄대생을 상징하는 '토다이 보이'나 라이벌 학교인 와세다의 '와세다 보이'가 없는 이유가 무엇일지 궁금해진다. 우연일까? 아님, 일본 최초 명문대가 가지는 힘일까? 그도 아니면 진정 설명으로는 부족한 게이오 보이의 매력이 존재하는 것일까. 직접 꼭 한번 확인해 보시길.

명문대로 가는 길 ❸

## 입시에 대한 후회 몇 가지

"하버드에 왜 다니고 싶니?"

"음…… 저도 모르겠어요. 한번 다녀 보면서 그렇게 많은 사람들이 갈망하는 하버드의 매력이 뭔지 알아보고 싶은 정도랄까……?"

한창 대학을 지원하던 고등학교 3학년 때 <sup>미국 고등학교는 학교에 따라 3년제와 4년제로 나누어진다. 내가 다닌 학교는 4년제였다</sup> 하버드 졸업생과의 인터뷰였다. 지원자 근처에 살고 있는 하버드 졸업생이 비공식적 형식을 띤 인터뷰를 하고 보스턴에 있는 심사위원들에게 학생에 대해 보고하는 시스템이었다.

### 동부의 대학 캠퍼스 견학을 안 한 점

솔직히 나는 왜 내가 하버드에 지원하는지 몰랐다. 세계에서 가장 알아주는 명문대라는 이유 외에는 나 Grace Yoo가 왜 꼭, 지금 하버드여야 하는지 알 수 없었다. 그래서일까. 지원도 안 해 봤다는 후회를 면하기 위한 선택이었지, 정말 하버드를 다니고 싶다는 간절함은 도무지 생기지 않았다. 그래서 무심코 뱉어 버린 진심, '음…… 저도 모르겠어요'. 다른 학부모들은 아이들을 동부에 있는 대학교 탐방 투어에 보내기도 했다. 몇 년 후 워싱턴 DC에서 인턴십을 하며 보스턴을 방문해 보니, 나도 지원서를 작성하기 전 직접 하버드 캠퍼스를 한 번이라도 보았더라면 싶었다. 그 분위기를 접했다면, 하버드에 대한 욕심 때문에라도 '최선을 다해 도전해 보지 않았을까' 라는 생각이 들긴 했다.

4년 동안 조금 지나치다고 느껴질 정도로 활발한 과외 활동을 하며 좋은 성적까지 유지했지만, 입시 준비에 후회되는 몇 가지가 있다.

### AP 영어를 듣지 않은 점

첫 번째는, 명문대 입학을 지망하는 미국 공립 고등학교 학생이라면 당연히 들어야 하는 'AP$^{Advanced\ Placement}$ English'를 듣지 않았다는 점. 아니, 학기 중에 잘 받고 있던 A 학점을 버리고 일반 수업으로 전환했다는 것이 더 정확한 표현이다. AP 수업은 대학교 수준의 수업을 특정 고등학생들이 들을 수 있는 특별반 코스다. 과목도 다양하고, 고등학교마다 어떤 AP 수업을 실시하고 있는지는 다르지만, 주로 AP English와 AP U.S. History 같은 기본 과목들은 웬만한 공립학교에서는 모두 찾아볼 수 있다. 우등생만 수강이 가능하기 때문에 심사 후에 들을 수 있었던 수업이었지만, 학구열이 엄청나게 강한 우리 고등학교에서는 같은 학년의 웬만한 학생은 다 듣고 있었다. 내 친구들 사이에서도 일반 영어<sup>English, 한국의 국어 과목</sup> 수업을 듣고 있는 사람은 나뿐이었다.

평범한 공립 고등학교 출신 학생이 음악이나 체육에 특출난 재능이 없다면, AP 영어를 듣지 않는 것은 명문대를 포기하는 행위였다. 아마 우리 고등학교에서 나와 같이 UCLA에 입학한 친구들 중에 AP 영어를 듣지 않은 학생은 나뿐일 거다. 나는 고등학교 2학년 시절 그 위대한 AP 영어를 과감히 그만두었다. 엄청난 양의 AP 숙제를 안 풀어도 되는 대신 시간을 확보해서 일본 대학 입학시험 공부를 하기 위해서였다. 하루 빨리 일본에 가서 선교 활동을 하고 싶다는 마음이 불타올랐기 때문이다. 오죽하면 학교도 1주일씩 빠져 가면서 아버지와 일본 대학 캠퍼스를 둘러보러 간 적도 있다. 다시 말하지만 입시에 관한 후회 중 가장 큰 실수는 동부에 있는 대학 캠퍼스를 한 번도 가보지 않았다는 점이었다. 다른 부모들처럼 미국에 있는 동부 학교들은 안 데리고 가셨지만 일본에는 흔쾌히 가주신 부모님. 역시 저널리스트 파파와 디자이너 마마는 특이하시다. 결국 나는 얼마 안 지나서 미국 대학에 지원하는 것이 더 옳은 선택이라고 판단하게 됐지만, 일반 수업으로 옮긴 것을 후회하지는 않았다. 나의 비전을 추구하기 위해 손해를 무릅쓰고 과감한 선택을 하는 능력을 키우게 된 중요한 경험이었다.

아직 길지 않은 인생 경험을 가졌지만, 그후 나는 몇 차례 더 그런 과감한 결정을 내려야 했고, 매번 그 터닝 포인트가 커다란 배움과 발전의 계기가 되었다. 그리고 그때부터 생긴 '일본에 살고 싶다는 소망'이 결국 몇 년 후 나를 게이오로 보내 주었다고 확신한다.

## SAT 준비에 소홀했던 점

 그 외에 진짜 후회되는 일이 있다면, 시험공부를 지독하게 싫어하는 나는 학원도 다니지 않았고 SAT 준비를 다른 학생들에 비해 소홀히 했다는 점이다. 당연히 점수도 특출나지 않았다. 희망하는 대학에 이미 합격한 선배들에게 내가 쓴 지원 에세이를 보낸 후 피드백을 받아야 하는지도 몰랐다. 유리한 입시 전략을 짜러 부모님이 다른 학부모나 학원 선생님에게 조언을 구한 것도 아니었다. 거기다 한창 지원서를 작성하고 학교에 관한 정보를 수집해야 할 무렵, 첫사랑이라는 열병까지 심하게 앓았다. 활발하고 외향적이었던 나를 소심하고 내성적인 성격으로 바꾸어 놓았을 정도로 꽤나 큰 터닝 포인트가 되었던 시기였다. 생각해 보면 그때부터 드라마틱한 연속극 스타일의 삶으로 접어들고 있었던 것 같기도 하다.

 고등학교 시절, 순정 만화에 나올 법한 약간 비극적인 연애를 해볼 수 있어 큰 후회는 없지만, 결국 나는 반 고흐의 오리엔탈리즘과 마티니 잔 속 올리브를 인용하는 '돌−I' 느낌의 에세이로 UCLA대학교를 지원했다. 지긋지긋해진 주변 환경을 떠날 날만을 카운트다운 하며 고등학교의 마지막 해를 나름 불량하게 보냈다. 수학 숙제를 너무 안 해서 졸업을 몇 주 앞두고 C학점을 B$^+$로 끌어올려야 했던 기억도 있다. 정말 죽을힘을 다해 공부한 끝에 다행히 기말고사에서 만점 가까운 성적을 받아냈다. 또 학교를 너무 자주 결석해서 졸업을 안 시켜 줄 거라는 경고까지 받았고, 점심시간에 학교를 탈출(?)해서 슬쩍 땡땡이를 치기도 했다.

고등학교에서 보낸 4년은 내게 치열했던 여름 같은 계절이었다. 어린 나이에 감당하기 어려운 경쟁의 부작용 때문에 동급생 2명이 자살 시도를 했고, 가까운 친구들 중 극심한 스트레스로 인해 정기적으로 자해를 했던 아이들도 몇 있었다. 아직은 어린 우리에게 안 어울리는 매정한 경쟁의 분위기는 마치 영화 〈배틀 로얄〉이나 〈헝거 게임즈〉를 연상시켰지만, 고등학교에서의 4년이 없었더라면 지금의 나도 없었을 것이다. 대형 공립학교에서 나만의 길을 만들어 가고 기회를 발굴해 내는 습관은 UCLA에서 공부하는 데 큰 도움이 됐다. 그 힘은 학원 없이 혼자서 SAT 공부를 치렀듯이 일본 유학 도중 도움 없이 대학원 시험 준비를 할 수 있게 해주었다.

독립성과 성취욕을 불살라 준 고등학교 분위기도 지금까지 열심히 살 수 있는 삶의 습관을 만들어 준 셈이다. 그 어떤 처절한 노력과 전략적 모함도 마음의 여유가 주는 파워를 이길 수 없다는 것을 배웠다. 그리고 가장 중요한 레슨은, 내가 왜 달리고 있는지도 모르는 채 뛴다는 것의 아까움을 깨닫게 해주었다는 것이다. 명문대를 다니고 싶은 이유도 파악하지 못한 채 무조건 악착같이 살아온 고등학교 4년 동안은 에너지 낭비와 스트레스 낭비가 컸다. 몸에도 그렇게 나쁘다는데…… 스트레스를 받더라도 내가 의미 있다고 느끼는 일로 받는 것이 조금이라도 덜 아깝지 않을까?

# 챔피언들과의 동침,
# 조금 특별한 기숙사 생활

'시모다 학생 기숙사<sup>下田学生寮, Shimoda Student Village</sup>'에서 걸어서 5분 정도 떨어진 곳에 데일리 야마자키라는 '콘비니<sup>コンビニ, 편의점</sup>'가 있다. 나는 이 편의점의 열혈팬이다. 거의 매일 들른 덕에 주인아저씨도 나를 알아볼 정도였고, 진정한 마니아(?)답게 새벽 시프트 알바생에게까지 얼굴 도장이 찍혔다. 사실은 처음 기숙사 앞 편의점이 데일리 야마자키인 것을 알고 실망했었다.

"그 흔하디흔한 패밀리 마트도 아니고, 내가 좋아하는 로손도 아니고, 심지어 오뎅이 맛있는 세븐 일레븐도 아니야! 데일리 야마자키가 뭐야~ 어디서 본 적도 없는 체인이잖아······."

"야마자키······ 빵 브랜드 아니야? 뭐 다른 식품 종류도 만들긴 하던데. 나루호도<sup>なるほど, 과연</sup> 콘비니도 하는구나."

일본에 관한 정보라면 자판기처럼 바로 누르면 답이 나온다는, 즉 걸어 다니는 백과사전으로 통하는 대만인 친구도 처음 들어본다는 편의점 '데일리 야마자키'. 촌스러운 빨강과 노랑 로고도 썩 마음에 들지 않았다. 하지만 극도의 귀차니즘과 불면증에 시달린 나에게 오아시스로 급부상한 곳이다. 전철역에서 히요시 중앙 거리를 걸어 올라가는 길에 패밀리 마트가 두 개씩 있었지만 데일리 야마자키에서 사면 짐을 5분만 들어도 되고, 아이스크림도 안 녹는다는 장점이 있었다. 그래도 야마자키의 진가를 보여 주는 결정적인 시간은 바로 새벽 3시. 불면증에 시달려 잠도 못 자고 배는 출출할 때, 멀리 나가기에는 너무 희한한(?) 차림을 하고 있었던 나. 대충 부스스한 머리를 후드로 가리고 설사 누구라도 마주칠까 샌들을 끌며 급한 발걸음을 옮긴 곳은 바로 야마자키의 품이다. 공기가 매서운 새벽, 편의점에서 따뜻한 오뎅 국물을 사들고 아늑한 기숙사 방으로 다시 향할 때의 그 설렘이란. 너무나도 고요한 히요시의 길이 모두 내 것인 양 오롯한 나만의 추억이 되었다.

### 새벽 3시, 꽃미남과 마주치다

가끔 이런 광경을 누군가에게 목격 당하는 당황스러운 일도 있었다. 훤칠한 키에 그을린 피부를 가진 남학생은 〈아름다운 그대에게 $^{花}$ $_{ざかりの君たちへ,\ 2007}$〉에서 나오는 오구리 슌보다 훨씬 더 잘생겼다. 그리고 게이오 트레이닝복을 입은 것을 보니 기숙사에서 나온 게 틀림없었다. 새벽에 이상한 차림을 하고 흐뭇한 미소를 띠우며 오뎅 국물을 들고 있는 나 때문에 몹시 놀란 표정이었다. 완전 창피해서 급히 그

를 지나 기숙사 입구로 향했다. 더듬더듬 바지 주머니를 몇 번이나 확인했지만 카드 키가 방금 전에 넣어둔 곳에 없었다. 순간 눈앞으로 추운 새벽에 밖에서 쪼그리고 앉아 오뎅 국물을 난로 삼아 떨고 있는 내 모습이 떠올랐다. 새벽 3시에 누가 기숙사 문을 열고 나와서 나를 구해 줄 것인가. 'Shoot! 어떻게 하지? What do I do? What do I do?!' 중얼거리고 있는데 자동문이 스르륵 열렸다. 놀라서 뒤돌아보니 그 남학생이 팔을 펼쳐서 자신의 카드로 문을 열어 준 것이었다. 감동, 고마움, 그리고 초라함과 창피함이 동시에 교차된 적은 아마도 그때가 처음이었을 것이다. '아~아리가또우……'를 중얼거리고 급히 기숙사 로비로 들어갔다. 로비 소파에 앉아서 결국 내 카드 키는 찾았지만 그 남학생 생각에 괜히 마음이 두근거렸던 히요시의 새벽이었다.

일본에서 나의 보금자리였던 시모다 학생 기숙사는 특이하게도 외국인 유학생들과 게이오대 운동선수들이 함께 사는 공간이다. 2006년에 게이오 선수들을 위한 기숙사 겸 시설로 설립된 넓은 필드와 체육관을 갖춘, 일본에서는 흔치 않은 기숙사이다. 국제 교류에 뜻을 품은 게이오가 야심차게 외국인 학생들과 일본인 선수들이 함께 살아가는 공간으로 지어진 곳이기도 하다. 게이오대학에서 운영하는 외국인 학생을 위한 기숙사는 몇 개씩 되지만 운 좋게도(?) 나는 훈남 선수들과 더 가까이서 생활할 수 있는 기숙사로 배정되는 행운이 주어졌다.

솔직히 선수들과 함께 기숙사를 쓴다고 했을 때는 걱정이 앞섰다.

UCLA의 선수들을 떠올리면 그다지 함께 생활하고 싶은 생각이 안 들었기 때문이다. 워낙 정상급 스포츠 선수들인 것은 이해했지만, 특별대우를 받고 다른 학생들과는 차별화된 생활을 누리는 그들을 괜히 곱게 볼 수 없었던 나였다. 머리부터 발끝까지 협찬된 옷, 그리고 심지어 mp3 플레이어와 오토바이까지 협찬되었다는 소문도 돌았었던 UCLA의 선수들은 나와는 너무 다른 세계 학생들로만 느껴졌었다. 그리고 무엇보다 그들의 어마어마한 덩치와 키…… 캠퍼스에서 길을 걷다가도 유난히 긴 그림자가 내 앞을 그늘지게 한다면 여지없이 배구 선수들이었다.

그러나 시모다에서 만난 선수들은 다른 학생들과 달리 합숙 생활을 하고 유니폼을 입고는 다녔지만, 다가가기 어렵다는 느낌을 주지는 않았다. 화려하지 않게 열심히 훈련하는, 열정 가득한 친구들이었다. 그리고 그들과 구역은 분리되어 있어도 같은 기숙사에서 생활하다 보니 왠지 게이오 스포츠 경기는 더욱 열심히 시청하게 되었다. 남의 일 같지 않았다고 해야 하나? 아무튼 특별한 것을 좋아하는 나에게 남들과는 조금 다른, 조금 특별한 기숙사 생활을 선물해 준 시모다 기숙사가 고맙다. 로비에서 지폐를 넣고 충전해 사용했던 온수는 여행만 다녀오면 끊겨 있어서 불만을 퍼부으며 얼음물 샤워를 했던 적이 한두 번이 아니지만, 심지어 이제는 그것조차 씩 웃음이 나오는 추억이 됐다(시모다 기숙사의 모습이 궁금하다면? http://www.ic.keio.ac.jp/en/life/housing/picture_shimoda.html).

## 매력적인 도시 히요시

후끈후끈 찜통 같은 도쿄의 콘크리트 숲을 떠나 히요시日吉역으로 향하는 전철을 처음 탔던 9월 어느 오후. 전철이 가끔씩 지하에서 고개를 들 때마다 창밖으로 보이는 도요코선東横線 선상의 주택가는 마치 정교하게 만들어진 장난감 같았다. 도쿄의 압구정 다이칸야마, 요즘 핫하게 뜨고 있는 나카메구로, 고급 주택가 지유가오카와 같이 살고 싶은 동네 0순위인 지역들을 지나 드디어 히요시에 도착. 시부야와 요코하마의 중간 지점쯤 되는 히요시는 게이오대학의 히요시 캠퍼스와 야가미 캠퍼스가 자리 잡고 있는 곳이다. 전철역 건너편에 있는 가로수 길에서부터 시작되는 히요시 캠퍼스는 주로 저학년 학부생들이 수업을 듣는 곳으로 경영 대학원과 디자인 대학원이 위치한 곳이다. 게이오고등학교 또한 이 히요시 캠퍼스에 있다. 히요시 캠퍼스 옆 언덕에 위치한 야가미 캠퍼스는 응용과학과 테크놀로지 분야 학생들의 본부로서, 각종 최첨단 장비를 갖춘 차세대 과학자와 엔지니어들을 위한 공간이다.

'히요시 캠퍼스에서 수업을 듣는다면 통근 걱정 없

게이오대학 '시모다 학생 기숙사'로 향하는 히요시의 동네길

이 정말 편하게 다녔을 텐데……' 라는 생각을 어찌나 자주 했는지. 모든 수업이 도쿄 중심부에 있는 미타 캠퍼스에 있었던 나는, 1시간 거리를 매일 통학해야 했다. 덕분에 도요코선, 메구로선, 그리고 난보쿠선, 미타선과 정이 들었다. 도쿄를 떠나고 가장 많이 그리웠던 것 중 하나가 바로 매일 만났던 나의 베프 전철들이었다. 시부야에서 실컷 쇼핑을 하고 돌아오는 길, 아니면 수업을 마치고 놀고 싶은 마음 가득 안고 내린 히요시역. 늘 역 입구에서 나를 반겼던 거대한 은색 원형 조각의 의미는 아직도 미스터리하지만, 길 건너에서 반짝이던 맥도날드와 미스터 도넛이 기억난다. 우리 미국에서 온 유학생들은 아마도 일본의 맥도날드에서 가장 큰 문화적 쇼크를 받지 않았을까 싶다. 빅맥과 치킨 너겟에만 익숙했던 우리들을 기다리고 있었던 것은 계절따라 바뀌는 특별 버거들과 볼 때마다 신기한 '에비 휠레오 えびフィレオ' 버거! 일본 맥도날드의 마스코트 역할을 하는 새우튀김 퓨전 버거이다. 한국에도 한창 불고기 버거, 쌀 버거 등이 유행했던 적이 있다고 들었다. 내가 도쿄에 있는 동안은 한정 기간만 판매되던 '빅아메리카 버거 시리즈'가 계절마다 출시됐다. 며칠 후면 못 먹게 될 스페셜 메뉴를 먹어 보는 재미도 있었지만, 곧 출시될 특이한 버거를 기다리는 것도 일본 소비자 심리를 자극하는 재밋거리였다. 가장 기억에 남는 것은 '아이다호 버거 Idaho Burger'. 평생 미국에 살았어도 가기 쉽지 않은 아이다호 주의 맛을 일본에서 먹어 볼 수 있다니. 21세기의 우리가 살고 있는 세계란, 아무리 생각해 봐도 재미있는 세상이다.

맥도날드나 미스터 도넛 같은 다국적 기업이 아니더라도 히요시는 나름 매력이 넘쳐나는 상점가를 자랑한다. 주택가의 아늑함을 유지하면서도 대학 동네의 볼거리를 적당히 조합시킨 히요시. 멋진 분위기가 인상적인 장소들이 몇 곳 있다. 먼저 역에서 걸어서 3분조차 걸리지 않는, 너무 작아서 놓치기 쉬운 카레집. 꽉 껴서 앉아 봐야 겨우 다섯 명 정도 앉을 법한 카운터 뒤에서 환상의 카레를 만들어 주시는 할아버지. 다정한 카레 셰프의 등 뒤로는 손글씨 메뉴가 덕지덕지 붙어 있었고, 나의 뒤로는 손님들이 남겨 놓은 명함이 벽면을 덮었다. 아마도 퇴근길에 아저씨 손님들이 간단히 한 끼를 때우러 들르는 아지트인 모양이다. 나는 '내 안에 아저씨 있다'를 자주 외치는 편이므로, 이런 곳을 즐겨 찾아다닌다. 서울 버전으로는, 곱창 플러스 초록병 1차로 시작해서 선지 해장국 브런치로 마무리, 콜?

그리고 친구 미셸과 나한테 '비어 마스터$^{beer\ master}$'로 불리는 신비스러운 주방장 아저씨가 있는 이자카야도 좋다. 그 외에도 미국이 그리워졌을 때 종종 친구들과 함께 찾았던 '야생 돼지$^{Wild\ Boar}$', 그리고 내가 제일 좋아하는 비틀스 노래까지 운명적으로 듣게 된 '캘린더 카페$^{Calendar\ Cafe}$'. 못난이 강아지를 키우며 홀로 가게를 지키는 '펜타곤$^{Pentagon}$'의 사장님 겸 셰프 겸 바텐더 겸 웨이터 아저씨까지. 모두 히요시라는 세상을 꾸며 준 소중한 캐릭터들이다.

### 세계 지도에 살고 싶은 도시 표시하며 꿈 이루기

누구에게나 그렇겠지만, 내게 사는 곳은 엄청나게 중요하다. 무엇이 되고 싶다, 누구와 함께하고 싶다, 이런 일을 해보고 싶다 등, 욕심 많은 나는 미래에 이루고 싶은 소망들이 한가득이다. 하지만 그 어떤 바람보다 강력하게 내 인생을 이끌고 있는 것은 바로 '저기에는 꼭 한번 살아봐야겠다' 라는 다짐이다. 어디 가나 내 책상 앞에는 꽤나 큰 세계 지도가 붙어 있다. 그리고 지도에 표시된 몇 개의 도시 이름 아래에는 크레파스로 그린 줄이 있고 옆에 '#1'과 날짜 하나가 적혀 있다. 바로 내가 살아 보고 싶은 도시들이다. 날짜의 의미는 내 맘 속에 갑자기 들어와 살고 싶은 곳 1위가 되어 버린 날을 기록하기 위해서이다. 그리고 그 꿈이 이루어지기까지 얼마나 걸렸는지 측정하고 싶은 마음에서 비롯되기도 한다. 고등학교 때부터 꼭 살아 보고 싶었던 도쿄였고 짧게나마 주민이 되어서 행복했다. 그리고 나만의 지도에 의하면 2010년 9월에 문득 살고 싶어진 나라는 태국 방콕이다. 작년에 대사관 근무를 위해 찾게 되어 도쿄 이후로 두 번째 주거지 꿈을 이룰 수 있었다. 가장 최근에 밑줄 그어진 도

습관처럼 바라보는 책상 앞 세계 지도

시는 2012년 8월에 추가되었다. 앞으로도 #1들은 계속해서 추가될 것이다. 어려움과 희생이 따르겠지만 내 평생 그 꿈들을 하나하나씩 이루어 나갈 수 있는 방법을 꾸준히 찾아낼 것이다. 힘들어도 나의 행복을 위해 내가

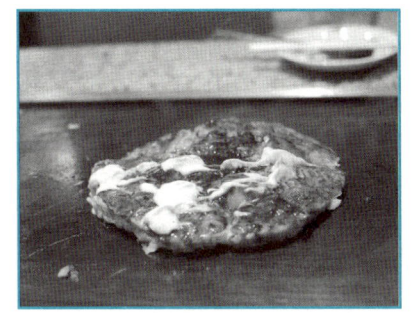

일본의 별식 오코노미야키

할 수 있는 최선의 노력 중 하나이기 때문이다.

　집에 가는 길에 매일 보던 니노미야 화원, 아담한 오코노미야키 집, 100엔으로 간간이 득템했던 중고서점. 그리고 '조만간 꼭 들어가 봐야지' 하고 결국 한 번도 못 가본 기숙사 앞길 이자카야. 한 손에는 편의점에서 산 스낵거리를 들고, 집에 가서 득템한 잡지를 볼 생각을 하며 '초코 모나카 잠보' 아이스크림을 한 입 가득 물고 가던 그 길. 가끔은 그때의 여유와 평안이 사무치게 그립다. 지금은 아니지만, 언젠가 또 저 지도 위 #1 중 한 군데에서 생활하고 있겠지? 그 날을 꿈꾸며 오늘도 열심히 지금 주어진 환경을 만끽하자. 언제 떠남의 선물이 찾아올지 모르니.

# 짜증나는 그 이름,
# 취.업.활.동.

　　　　　　　　　　어느 날 갑자기 연락이 끊겼다. 전화를 해도 받지 않고, 메시지를 남겨도 깜깜 무소식이다. 불안해진 나는 페이스북 담벼락에 호소까지 했다. 무슨 일이냐고. 왜 나를 피하는 거냐고.

　마치 맘 바뀐 애인을 애처롭게 붙잡듯 나로 하여금 이 소란을 피우게 한 범인은 내 절친 로라이다. 2010년 7월 말. 매서운 더위에 목숨을 잃은 노인들에 관한 보도가 끊이지 않던 무렵이었다. 로라와 나, 그리고 삼총사를 완성시켜 준 미셸은 도쿄에서 노인들이 가장 많이 살기로 유명한 스가모에서 만났다. 엔카(演歌, 일본식 트로트) 가게 앞 신호등에서 만난 이후로 쭉 연락을 주고받았던 그녀가 갑자기 자취를 감춘 이유는 하나였다. 바로 짜증나는 그 이름, 취업 활동.

　대학 졸업 후 1년 가까이 취업 활동을 하고 있었던 로라는 자신감을 점점 잃어 갔다. 결국 가장 친한 친구들과의 연락까지도 부담스러워 연락 두절을 한 것이다. 그랬던 그녀는 현재 도쿄에 있는 기업에 멋지게 취직했고, 우리 삼총사는 다시 예전처럼 연락하며 지낸다. 하지만 취직이 확정되어, 솔직한 심정을 털어놓을 수 있게 되기까지 로라의 일상과 고민은, 취업을 준비하는 사람이라면 한번쯤은 겪어 봤을, 공감 가는 암흑의 시간이다.

  암흑의 시간이라니 떠오르는 것이 하나 있다. 커다랗고 매끈한, 아주 단단하게 생긴 검은색 공. 그리고 그 커다란 공 뒤로 창문 너머를 비추는 도쿄의 야경. 일본의 취업 현황을 가장 현실감 있게 묘사한 영화 중 하나인 〈간츠$^{GANTZ,\ 2011}$〉의 장면이다. 검은 가죽 슈트를 입고 레이저 총으로 괴물을 쏘는 취업 준비생을 보고 현실감 운운하다니. 역시 미국에서 자라서 참혹한 취업의 세계를 모른다고 할 수도 있겠다. 하지만 지하철을 기다리며 《성공적인 취업 활동! 취직 시험 면접: 슈퍼 공략》이라는 익살스러운 책에 얼굴을 파묻고 있는 쿠로노 역의 니노미야 카즈나리보다 리얼한 취업 준비생이 있으면 나와 보라 말하고 싶다. 네이비 슈트 차림에 무난한 스트라이프 무늬 넥타이. 밤에는 장래에 대한 걱정, 낮에는 하루 종일 면접과 각종 설명회를 쫓아다닌 탓에 뚜렷이 내려앉은 다크서클. 바로 내가 게이오대학에서 자주 봤던 얼굴들과 너무나도 닮은, 싱크로율 200%의 취업 준비생 모습이다.

### 최고조에 달하는 취업 스트레스

일본인들은 대학 생활을 2년밖에 못 즐긴다. 3, 4학년은 물론, 심지어 2학년 2학기부터 취업 준비에 몰두해야 하기 때문이다. 게이오의 교수들도 3, 4학년 학생이 출석하지 않으면 당연히 취업 활동 때문이라 생각하고, 면접이나 설명회로 인한 결석은 늘 허락해 주었다. 결과는? 나의 클래스메이트들은 강의실 밖에서 훨씬 얼굴 보기가 쉬웠다는 것. 취업을 하기 전엔 면접 때문에, 취직 결정 후에는 마지막 자유를 만끽하기 위해, 고학년 학생들의 결석은 일상다반사였다.

취업 스트레스는 일본이 더 압도적이다. 게이오에서는 수업 첫날 돌아가며 자기소개를 할 때도 3, 4학년 학생들은 늘 취직이 확정된 회사의 이름을 먼저 소개한다. 아직 취업 활동 중이라고 소개하는 학생들도 있었다. 그가 만약 4학년이라면 그 학생을 향한 시선은 동정과 조롱이 섞인, 무거운 눈빛이었다. 게이오의 교실과 꽤나 닮은 강의실에 멍하니 앉아 있던 〈간츠〉의 쿠로노마저도 예외가 아니다. 그의 뒤에서 또래 남학생들이 쿠로노의 잇따른 취업 실패를 비웃으며 쑥덕거리던 장면이 기억에 남는다.

### 대기업부터 길거리 갤러리까지…… 취업생 맞춤 수업

오죽하면 교수들도 가끔은 자신의 강의를 견학 수업으로 대신한다. 하루는 수업 대신 학생들 모두 정장 차림을 하고 고급 메이크업 브랜드 '슈 에무라Shu Uemura' 본사에 들른 적이 있다. 기업의 역사와 비전에 관한 프레젠테이션을 듣고,

인디 작가들의 전시 행사 '아트 링크'

질문을 던지며 슈 에무라의 고위 직원들과 아이디어를 공유했다. 장담하건대 그 기회를 발판 삼았을 학생이 한두 명이 아니었을 것이다. 함께 참석했던 친구 테츠오는 결국 슈 에무라는 아니지만 그 계기로 유명 화장품 회사 '시세이도Shisheido'에서 일하게 되었다.

대기업 취직이 아니더라도 다른 형식으로 미래 설계에 도움을 주는 견학도 있었다. 일본 현대 미술을 주제로 삼은 워크숍 수업에서는 닛포리라는 동네 곳곳에 전시돼 있는 인디 예술 작가들의 작품을 감상하러 떠난 적도 있었다.

'아트 링크Art Link'라는 이름의 전시 행사에 참여하고 있는 갤러리들은 평범한 주택가의 방 한 칸, 꼬불꼬불 뒷길에 위치한 자그마한 공간 같은 곳들이었다. 지도 없이는 절대 즐길 수 없는 특이한 전시가 던져 준 메시지는 오래도록 잔상을 남겼다. 아무리 작은 공간에서 지극히 소수의 관객 앞에 전시되는 작품일지언정, 자신이 할 수 있는 최고의 정성을 다한 후 자랑스럽게 선보이는 아티스트들. 유명하지

도, 돈이 넉넉하지도 않고, 출세를 꿈꿀 처지도 안 되지만, 그들만큼 '직업 활동'을 잘하고 있는 이들도 없다는 생각이 들었다.

내가 좋아하는 인문학자 에드워드 홀$^{Edward\ T.\ Hall}$은 '사람에게 가장 절망적이고 치명적인 것은 자신의 잠재력을 실현시키지 못하는 것' 이라 말했다. 혹시 취업 활동이 짜증나고 지긋지긋하다면 그 이유는 바로 우리의 잠재력을 억누르는 과정의 고통과 그 결과를 향한 첫걸음이라서가 아닐까? 최근 한국의 취업 포털 잡코리아와 알키가 20, 30대를 대상으로 설문조사한 내용을 발표했다. 직장을 선택할 때 가장 중요하게 생각하는 것은 무엇이냐는 질문에 '내가 좋아하는 일을 한다'가 59.4%나 차지했다. 다음으로 높은 지지를 받은 답변은 자신이 '가장 잘하는 일을 해야 한다'였다. 남들의 부러움을 사기 위해 일을 한다는 답변은 2%도 넘지 못했다. 여기까지는 너무 희망적이다. 이렇게 자신의 관심과 잠재력의 중요성을 감지하고 있는 젊은이들이라니. 대한민국의 미래는 밝고도 밝다! 하지만 슬프게도 우리가 추구하는 이상과 현실의 갭은 다음 질문을 통해 명백히 드러나 버렸다. '지금 하고 있는 일이 천직이라 생각하십니까?'에 61%가 '아니다'라고 답했다.

하고 싶은 일을 하는 것의 중요성을 알면서도 '면접 슈퍼 공략'에 얼굴을 파묻고 있는 것이 피할 수 없는 취업 준비생들의 현실이다. 일본에서는 이런 상황을 조용히, 꿋꿋이 거부하는 이들까지 등장했다. 그들은 바로 '니트$^{NEET}$', 그리고 '후리타$^{フリーター}$'들이다. NEET라는 단어는 사실 영국에서 처음 생겼다. 'Not in Education,

Employment or Training'에서 따온 NEET는 '학교나 직장을 다니지 않으며, 트레이닝 과정 또한 밟고 있지 않은 사람'을 가리키는 단어다. NEET 중에서도 후리타라고 불리는 사람들에겐 미세한 차이점이 있는데, 후리타는 학생과 가정주부를 제외한 직업 없는 34세 미만의 일본인을 뜻한다. 후리타들 또한 풀타임 직장을 찾고 있지 않으며, 아르바이트나 프리랜서 일을 하며 삶을 꾸려 나간다. 한때 일본의 마스코트 같았던 '샐러리맨サラリーマン'이 되는 것을 거부하고, 취직할 수 있음에도 불구하고 자신이 원하는 삶을 살고자 취업에 관심을 갖지 않는 젊은이들이 바로 후리타이다. 이들은 현재 일본 사회의 일부로 확실히 자리매김해 가고 있다. 각종 소설이나 드라마의 후리타 캐릭터는 물론, 아예 〈후리타, 집을 사다〉라는 드라마가 20% 가까운 시청률을 기록한 적도 있다 주인공 후리타 역할은 다름 아닌 〈간츠〉에서 취업 준비생 쿠로노 역할을 했던 니노미야 카즈나리. 이 사람, 아무리 봐도 리얼한 실업자의 얼굴을 하고 있나 보다. NEET와 후리타의 인구는 급속도로 늘어나고 있다. 2014년에는 후리타 인구가 1,000만 명으로 늘어날 것이라는 추측도 있다. 일본 정부의 걱정거리가 하나 더 늘어난 셈이지만, 인기 잡지에 자신의 길거리 패션을 소개하며 당당히 '나이-24세, 직업-NEET'라고 말할 수 있다니…… 한국의 패션 잡지에 실린 멋진 길거리 패션의 종결자가 주저 없이 '직업-백조'라고 말할 수 있을지 궁금할 따름이다.

영화 속 쿠로노가 어딜 가나 중얼거리며 연습하는 면접용 답변도 있다.

### 후리타로 대변되는 취업 문제의 심각성

"사람에게는 반드시 각자의 역할이 있으며, 능력을 최대한 발휘할 수 있는 장소가 있다고 생각합니다."

정작 면접에서는 실력을 당당히 발휘하지 못한 쿠로노지만, 이 영화의 주인공이자 히어로 또한 쿠로노. 거대한 괴물들을 물리치고, 친구들의 목숨을 구하는 영웅이자, 면접장에서 침을 꼴깍 삼키며 땀을 비질비질 흘리는 취업 준비생이기도 하다. 결국 그는 사무직 자리는 얻지 못했지만 사람을 구하는 멋진 일에서 재능을 발휘한다. 이를 깨달은 후 자신의 잠재력을 확인하듯 전신 거울을 보며 면접을 위해 준비했던 그 문구를 다시 한 번 새로운 다짐을 담아 읊어 본다.

"사람에게는 반드시 각자의 역할이 있으며, 능력을 최대한 발휘할 수 있는 장소가 있다고 생각합니다."

이 확신을 안고서 그 역할이 무엇이며, 장소가 어디인지 꼭 찾아내서 '지금 하고 있는 일이 천직이라고 생각합니다!' 라고 대답할 수 있는 행복한 39%에 속할 수 있도록, 나는 오늘도 도전 중이다.

## 국무부로 가는 길 ❶

### 포기 하지 않고
### 美 국무부 짝사랑하기

　나는 짝사랑 박사이다. 초등학교 1학년 때 좋아했던 5학년 존 오빠, 스무 살 봄날에 〈신사의 품격〉 속 '메리'를 연상시키는 아저씨 짝사랑하기, 짝사랑 해외 진출을 기념했던 도쿄에서의 크리스마스 고백 등…… 짝사랑은 참 아프다. 드라마 속 짝사랑은 결국 알콩달콩 로맨스로 이어지지만, 나의 짝사랑은 그저 혼자서 견뎌내며 극복의 힘을 단련시켜 주는 트레이너에 더 가까웠다. 그런데 나를 가장 많이 울린 짝사랑 대상은 남자가 아니었다. 바로 미국 국무부였다.

　대학교 1학년 때 참석했던 국무부 설명회에서 나는 외교관이라는 직업에 첫눈에 반했다. 그 후 아주 전형적인 짝사랑이 시작되었다. 나의 관심사는 온통 미국 국무부[U.S. Department of state]였다. 어떻게 하면 빨리 외교관이 될 수 있을까. 스물한 살이 되어야 외무고시를 볼 수 있을 텐데…… 그전에 내가 할 수 있는 준비는 무엇일까. 이렇듯 혼자 짝사랑에 빠진 내 머릿속은 복잡했다. 그래서 나는 국무부 인턴십에 지원하기로 결정했다. 대학교 2학년이 되는 여름부터 일할 수 있도록 일찌감치 지원서를 접수하고 두근거리는 마음으로 기다렸다. 매일매일 이메일을 체크하면서 괜스레 긴장했고, 다른 학생들이 국무부에서 연락을 받았다는 소식을 접할 때면 꿈틀거리는 질투심을 인정할 수밖에 없었다. 하루 종일 넋 나간 표정으로 국무부에서 나를 기다리고 있을 새로운 경험들에 관한 달콤한 상상으로 가득했다. 하지만 봄은 다가오는데 국무부에서의 연락은 없고, 정말 하루하루 마음이 불안해졌다.

### 실망과 좌절의 늪에 온 것을 환영해

드디어 이메일이 도착했다. '국무부 인턴십에 관심을 가져주셔서 감사합니다. 올해는 워낙 많은 지원서를 받아서 아쉽게도……' 로 시작되는 글이었다. 예전에 아무 생각 없이 페이스북을 열었다가 혼자서 수줍게 좋아하던 짝사랑 오빠가 새로 생긴 여친과 찍은 사진을 접한 직후의 기분 같았다. 심장을 보호하고 있던 벽이 무너지고 적군이 들어와서 날카로운 막대기로 마구 찔러대는 그 느낌.

너무나도 바라고 원했던 것이었기에 나는 오랫동안 실망과 좌절의 늪에 빠져 지냈다. 나에게 꼭 맞는 인턴십이라고 확신했는데. 나만의 착각이었던 것인가. 인턴십 결과는 불안을 불러왔다. 고등학교 시절부터 욕심껏 이것저것 지원해 본 나이기에, 낙방 경험이 당연히 처음은 아니었다. 하지만 이번엔 달랐다. 나 자신에 대한 믿음이 깨졌고,

심지어 신앙생활마저 흔들렸다. 새벽 기도를 다니며 많이 졸기도 하고 울기도 했다. 원래 나는 사랑은 많이 해도, 한번 거절당한 사람에게 다시는 마음을 주지 않는다. 사랑에 취약한 내가 지킬 수 있는 마지막 자존심이랄까? 하지만 1년이 지난 후 또다시 국무부 인턴십 접수 기간이 다가왔을 때, 주저 없이 재지원했다. 남자는 잃을 수 있어도, 나의 꿈인 외교관은 포기할 수 없었다. 자존심 빼면 시체인 내가 두 번째로 대시(?)를 했다.

그리고 두 번째도 거절당했다. 이번에는 아예 펑펑 울었다. 그리고 외교관이라는 꿈은 내게 맞는 길이 아닐 수도 있다는 점을 처음으로 심각하게 고려했었다.

시험을 치를 수 있는 스물한 살이 되기 훨씬 전에 주문해 놓은 '미국 외무고시Foreign Service Officer Test, FSOT' 문제집을 훑어보면서 또 한번 갸우뚱했다. 동아시아학 전공으로서 에도시대 일본 문학이나 중국 미술사 같은 과목들만 공부해 온 나에게는 생소한 질문들이 잔뜩 들어 있었다. '경제, 정치, 그리고 시사 등 평소에 더욱 관심을 가질걸. 이런 상태로 미국을 대표하는 외교관이 어떻

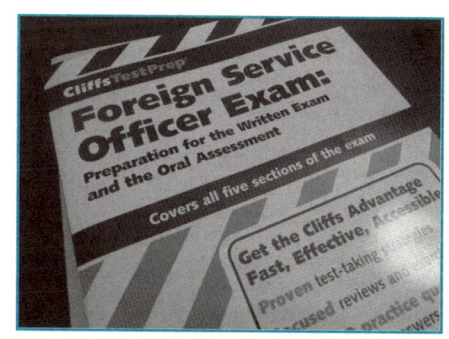

미국의 외무고시FSOT 문제집

게 돼. 그러니까 두 번이나 떨어지지.' 나의 불신은 3학년 가을 학기, 한 학기 동안 UCLA 워싱턴 캠퍼스에서 인턴십을 할 때 더욱 불거졌다. 처음 참석하는 온갖 네트워킹 리셉션, 영어가 모국어인데도 불구하고 못 알아듣겠는 생소한 농담과 이디엄$^{idiom}$. 내게 너무 생소했던 DC의 커뮤니케이션 문화는 나의 퇴근길을 늘 무거운 고민과 한숨으로 채웠다. 이렇게 말주변이 없어서야 외교관은커녕 워싱턴에서 사는 것조차 무리일 듯했다.

### 첫사랑의 위력, 영화와 바람피우다

워싱턴 DC에서의 인턴십 경험을 뒤로 한 채, 나는 외교관이라는 치명적인 꿈의 싹을 만나기 전으로 돌아가 보기로 했다. 나의 다른 꿈들을 검토해 보고 싶었다. 대학교를 지원하며 동아시아학을 택하기 직전까지도 나는 영화를 공부하고 싶었다. 솔직히 내가 세계적인 감독이 될 수 있는 재능이 있는지는 확신이 없었다. 그래서 영화 제작과 배급으로 시선을 돌렸다. 그 일이 내게 더 어울릴 것 같았고, 잘하지 못한다 해도 즐겁게 할 수 있다는 확신만은 들었다. 그래서 나는 워싱턴에서 LA로 돌아온 후, 곧바로 영화와 관련된 인턴십 과정을 찾기 시작했다. 정말 나는 그런 일을 했을 때 행복할까, 스스로 확인해 보고 싶었다. 1학년 때 했던 법률 사무소 알바가 알려주었듯이, 내게 맞지 않는 일이라면 다른 길을 후회 없이 택할 수 있다는 확신

CJ엔터테인먼트아메리카가 위치한 미라클 마일 | 엔터테인먼트 업계에서는 유명한 전문지 〈버라이어티〉 빌딩과 LA의 야자수. CJ엔터테인먼트아메리카와 같이 윌셔대로에 위치하고 있다

이라도 받길 원했다. 그렇게 시작한 것이 'CJ엔터테인먼트아메리카 인턴십'이었다. 정말 시간 가는 줄 모르고 즐겁게 일했다. 수업까지 결석해 가면서 늦게까지 남아 일했고, 주말에도 몇 번씩 나와 일했다. 그런 도중, 몇 개월이면 떠나야 할 일본 유학을 앞두고 더 이상 미룰 수 없는 문제가 슬슬 모습을 드러내기 시작했다. 바로 돈.

일본처럼 물가가 비싼 나라로 교환 유학을 가려면 경제적 부담이 만만하지 않다. 장학금과 정부 보조금, 학생 융자에 의존하며 학교를 다니고 있는 나에게는 기존에 받는 장학금 이상의 돈이 필요했다. 앞서 소개했던 것처럼 다행히 교환 학생을 위한 장학금 제도가 많았다. 그래서 닥치는 대로 지원했고, 열심히 기도했다. 감사하게도 하나, 둘씩 좋은 소식이 들려왔다. 한숨 돌리고 봄학기를 마치고 있을 무렵, '피커링 장학생 최종 인터뷰 초청'이라는 이메일이 도착했다. 내 인생이 바뀐 순간이다.

# 〈테니스의 왕자〉는 애주가

"무조건 테니스 서클은 피해야 해. 큰일 난다고."

미국에서는 클럽, 한국에서는 동아리, 일본 캠퍼스에서는 서클サーク ル이라고 불린다. '겐큐우카이研究会, 연구회'나 '구라부クラブ'라고 불리기도 하는데, 도대체 왜 테니스 서클이 그토록 위험한 건지 오랫동안 나에겐 미스터리였다.

직접 본 적은 없지만, 〈테니스의 왕자〉라는 만화 시리즈가 꽤 인기 있다는 것은 알고 있었다. '이케멘イケメン, 잘생긴 남자, 킹카' 테니스 선수들의 열정이 불 튀기는 신scene으로 가득하다고 들었는데, 테니스가 어느새 내가 모르는 사이 익스트림 위험 스포츠로 분류된 것일까? 일본에서의 학기가 시작될 무렵, 더 이상 궁금해서 잠을 수가 없었다. 함께 캘리포니아에서 교환 학생으로 온 켈리에게 물어보기로 했다.

"혹시 너…… 테니스 서클이 왜 위험한지 알아? 가입하면 큰일 난다던데."

나의 조심스러운 질문에 그녀는 빵 터졌다. 정답은 술이었다. 일본에서 테니스 클럽은 애주가 서클이나 다름없는 것으로 알려져 있다. 이유는 아직도 수수께끼지만, 아무튼 어느 학교에 가든, 테니스 서클 회원들은 유독 '노미카이 飮み会, 여럿이 모이는 술자리'를 즐긴다는 인식이 있단다. 유난히 모범적인(?) 생활을 추구하는 유학생들 사이에는 피해야 할 존재로 입소문이 났을 정도이니 말이다. 정말 소문만큼 주량이 대단한지 확인하지는 못했지만, 그들이 만든 추로스 정도는 먹어 봤다. 때는 52번째 축제 '미타제 三田祭, 미타 캠퍼스에서 열리는 게이오대학 축제'였다.

가을 학기, 게이오 국제 센터는 아주 빈티지적인 방식으로 유학생들에게 서클 활동을 권유했다. '관심이 있는 학생은 센터 사무실을 방문하도록!' 외국인 학생을 환영하는 모든 서클의 이름과 연락처가 인쇄되어 있는 두툼한 종이 패킷 packet을 확인한 뒤, 노트에 적어 가라는 것이었다. 나는 깨알같이 작은 글자를 겨우 읽어내고 몇 개의 연락처를 적었다. 며칠 후 알게 되었지만, 일본 학생들은 인터넷으로 서클에 대한 다양한 정보를 검색한단다. 사이트에는 심지어 특정 서클의 커플 탄생률까지 표시되어 있다고 한다.

켈리와 나는 센터 사무실에 출근하는 것을 포기하고 보다 좋은 방법을 택했다. 바로 다가오는 미타제에서 다양한 동아리들을 둘러보고 회원들과 대화도 나누어 보자는 것이었다. 대학 축제를 미국에선 경험해 보지 못한 우리들의 계획이란…… 역시 무모했다.

### 관광객까지 찾아오는 게이오 축제

4일간 열리는 미타제에는 매년 20만 명이 넘는 인파가 모인다. 도쿄 부근에 있는 10개 캠퍼스의 게이오 학생들은 물론, 그들의 친구들과 외부인, 관광객까지 미타제를 즐기기 위해 방문한다.

매년 미타제 축제 기간과 준비 기간에는 수업도 없다. 그해 전야제로는 일본의 소녀시대라 불리는 'AKB48'이 축하 콘서트를 열었고, 코스프레부터 진지한 연구 발표회와 사진전까지, 미타제의 볼거리는 명성만큼이나 다양했다. 야외 부스에서는 각종 서클들이 스낵을 팔았다. 목이 마르면 캠퍼스 곳곳에서 맥주나 칵테일도 마실 수 있었다. 무엇보다 시끌벅적한 인파 속에서 열심히 작업(?)을 펼치고 있는 남학생들이 곳곳에 많이 보이는 하루였다. 미타제를 보고 싶어 했던 친구들과 함께 방문한 나는 학교 축제란 서클 정보를 얻을 수 있는 곳이 아니라는 것을 뒤늦게 깨달았다. 그래도 우리의 아쉬움을 달래 주기 위해 나타난 것이 있었다. 바로 잊지 못할 남성 치어리더들이다. 나도 한때 고등학교 치어리더였고, 남성 치어리더들을 본 것도 처음은 아니었다. 하지만 미타제에서 목격한 그 쇼는 여태까지 내가 본 남성 치어리더가 아닌, 여성 댄서들과 흡사한 몸동작을 보여 준, 특별한(?) 볼거리였다. 일본에서는 남자 치어리더도 서로를 던지고 들고, 팔과 다리를 높이 치켜 올리며 신나게 구호를 외쳤다. 미스터 게이오 선발 대회 또한 쇼킹했다. 아니, 쇼킹한 만큼 결과는 실망스러웠다. 모두의 예상을 깨고 엉뚱한 후보가 우승을 하자 관객들도 놀

게이오대학의 축제 '미타제' 모습

람을 감추지 못하고 웅성거렸던 기억이 난다.

물론 모두 미타제에 참가하진 않지만, 게이오대학에는 400개 이상의 서클이 있다. 어느 일본 대학에나 있을 법한 꽃꽂이나 다도 서클, 사진부와 미술부는 물론, 그 위험하다는 테니스 클럽만 몇 개씩 있다. 그 외 독특한 서클도 많다. 〈골든 슬럼버〉라는 영화에서 햄버거와 감자튀김 등을 함께 찾아다니며 먹는 패스트푸드연구회도 있다는 것을 보고 놀랐던 적이 있다. 게이오에는 비틀스연구회, 산책동호회, 스누피를사랑하는모임 등 다양한 서클이 있었지만, 가장 관심이 갔던 동아리는 바로 낚시 서클이다. 자연도 많이 접하고 성격도 왠지 온유할 것 같은 젊은이들의 모임 같아 도전해 볼 계획이었다. 하지만 반전이 나를 기다리고 있었다. 물론 책임은 미국에서처럼 아버지들이 어린 아들딸을 데리고 평화롭게 즐기는, 그런 낚시를 상상했던 나에게 있었다. 일본의 낚시 서클은 하드코어했다. 웹 사이트에는 멤버들의 화려한 수상 경력과 프로페셔널한 장비를 갖추고 어마어마한 크기의 물고기를 들고 기뻐하는 사진들로 가득 차 있었다. 초보자가 방해할 분위기는 아니었다.

사실 내가 낚시 서클에 유독 관심을 가진 이유가 또 있긴 하다. 한국에서도 유명한 이와이 슌지 감독의 영화 <4월 이야기>의 영향이 크다. 4월에 도쿄의 대학에 입학한 홋카이도 출신 주인공 우즈키가 처음 가입한 동아리가 바로 낚시 서클이었다. 낚시든, 패스트푸드든, 일본은 역시 '오타쿠<sub>オタク, 특정 취미나 물건 등의 마니아</sub>'의 나라이다. 오타쿠 하면 흔히들 도쿄 아키하바라의 만화 마니아들을 많이 떠올린다. 하지만 상상을 초월할 만큼 다양한 관심사에 열광하는 오타쿠들이 일본 곳곳에 숨어 있다. 전철 모델명과 역 이름 외우기 오타쿠, 공항에서 비행기와 승무원 사진을 찍는 오타쿠, 일본 역사에 푹 빠져 있는 여자를 가리키는 레키조<sub>歷女</sub> 오타쿠. 이런 마니아들을 위한 전철이나 비행기를 연상시키는 레스토랑은 물론, 특정 시대의 의상을 갖춰 입은 웨이터들이 서빙해 주는 카페도 있다고 들었다. 아키하바라가 아닌, 내가 경험한 진짜 오타쿠 천국은 JR<sub>Japan Railways</sub> 중앙선에 위치한 나카노이다. 그곳에는 만화 관련 상품은 물론, 각종 일본 연예인의 굿즈<sub>goods, 상품</sub>를 팔고 있다. 빼곡빼곡 쌓여 있는 아이템들은 10년 전 콘서트에

서 나누어 준 팸플릿부터 전철 안에 있던 광고 포스터까지, 인기 스타의 상품 등 별의별 것이 매우 고가에 팔리고 있었다.

### 우리 모두 오타쿠 한 명쯤은 품고 살자

전 일본 총리 아소 다로마저 자신은 오타쿠라고 밝힌 적이 있다. 오타쿠 정신을 응원해 주는 일본 대학교의 서클 분위기가 놀랍다. 일본의 힘은 바로 오타쿠 정신에서 나온다는 몇몇 학자와 분석가들의 주장이 결코 틀리지만은 않은 것 같다. 몇 주간 전국을 휩쓸고 사라지는 유행이 아닌, 꾸준히 자기만의 색깔을 유지하는 일본인 오타쿠들에게도 배울 점이 있진 않을까? 오늘의 트렌드와 무관한 문화를 즐길 줄 아는 대중, 자신의 개성을 유지하면서도 폐를 끼치지 않는 한 당당할 수 있는 사회인 것 같다.

반대로 한국을 떠올리면 아쉽게도 늘 '지속가능성$^{sustainability}$'에 대한 의문이 든다. 이 유행은 얼마나 갈까? 어차피 조금 지나면 또 다른 무언가가 모두의 관심을 사로잡고 있을 텐데, 지금 내가 무엇을 한들 그리 중요할까? 결코 개인의 성장에 도움이 되는 생각도 아니고, 성숙한 사회의 구조도 아니라고 생각한다. 한류의 지속성, 한류의 유효기간을 많이들 논한다. 하지만 중년을 앞두고도 꾸준히 인기 프로그램을 진행하며 댄스 안무까지 소화해 내는 일본의 SMAP 같은 마라톤 그룹이 생길 수 없는 구조를 갖춘 한류가, 과연 열풍 이상의 기능

나가노 오타쿠 상가에 진열돼 있는 각종 컬렉터 아이템

을 소화할 수 있을까? 환경이든, 사람이든, 영향력이든, 지속성이 최후의 승자를 가른다.

지금의 한국은 어떤 면에서 에도시대의 일본을 닮은 구석이 있다. 물론 수백 년 뒤처져 있다는 말은 절대 아니니, 오해는 하지 않았음 한다. 에도시대의 라이프스타일을 흔히 '우키요浮世'라고 한다. '떠 있는 세상'이라는 뜻의 '우키요'란 가부키 배우, 대중을 위한 소설가, 춤을 추는 게이샤 등이 그 어느 때보다 민중의 일상 속에서 큰 비중을 차지하게 된 때를 표현한다. 환락을 쫓고 깊이가 없는 천박한 면을 지적 받기도 하지만, 뭐니 뭐니 해도 일본의 대중문화를 꽃피운 르네상스와 같은 시기이다. 또 내게는 학술적인 면에서 가장 관심이 가는 역사적 시대이기도 하다. 한국의 한류는 세계가 주목할 만한, 위력 있는 현상이다. 물론 대중의 힘이 가능케 한 열풍이지만, 은은한 깊이를 자랑하는 한국만의 우아함을 21세기에 걸맞은 매력으로 승화시켜 줄 개성 있는 인물이 등장한다면 더할 나위 없지 않을까 싶다. 우리 모두, 직장 동료와 학교 친구들이 모르는, 내 안의 오타쿠 한 명은 품고 살자.

# 도쿄 대학생 놀이,
## 그들이 막차를 놓치는 므흣한 이유

'양배추 롤 남자'를 아십니까?

한국의 쌈과 유사한 '로-루 캬베츠(ロールキャベツ)'는 고기를 양배추로 싼 음식이다. 까도남, 차도녀, 완소남, 엄친딸 등등. 요즘은 다양한 종류의 남녀를 가리키는 온갖 신조어가 등장한다. 그중 1세대를 달린 육식남, 초식남, 그리고 건어물녀는 일본에서 시작된 닉네임들이다. 하지만 거기서 멈출 일본인들이 아니다. '양배추 롤 남자'는 말 그대로 야채의 탈을 쓰고 있는 고기와 같은 남자이다. 수수한 초식남의 모습을 하고 있지만 본심은 육식남인 엉큼한 남자 타입이다. 친구가 보내 준 잡지 기사를 읽고 나를 빵 터지게 한 사실은 바로 그룹 아라시의 니노미야 카즈나리가 대표적인 양배추 롤 남자라는 것. 그 이유를 아시는 분들은 다 아실 것이다. 한국의 롤 배추남이라면…… 이승기가 적합할까? 훈남 얼굴을 하고 있는 늑대 같은 남자? 드라마 속 이미지 탓일지도 모르니 국민 훈남이자 가수를 배추말이로 비하시킨 것을 부디 용서하시길. 아무튼 양배추 롤 남자란 여자라면 베이글녀

와 유사한 이미지일 것이다. 혹여 궁금하실까 봐 공개한다. 나는 개인적으로 인디 영화와 책을 소중히 여기며 비주류의 세계에 살고 있는 '분카케이 단시文科系男子, 문과계 남자'를 선호한다. 이 '분카케이 단시'의 대표 주자는? 아마 의심 가는 그분일 것이다. 4차원 품절남 오다기리 조.

애인에게 콩으로 이니셜까지 새긴 완벽한 도시락 싸주기를 좋아하는 '료리 단시料理男子, 요리 남자', 마음까지 치료해 주는 테라피적인 '크리무 단시クリーム男子, 크림 남자', 그리고 데리야키, 소금구이, 조림, 뫼니에르meuniere 등 다양한 맛으로 나뉜 육식남과 초식남의 사이, '교쇼쿠케이 단시魚食系男子, 생선 먹는 어식남' 등 그 종류 또한 무궁무진한 일본 남자! 바로 이 일본에서 누구에게나 한 번쯤은 찾아온다는 그 '모테키モテキ'가 나를 방문했다.

'모테키'는 인생에 한 번쯤, 평상시에는 인기도 없었는데 순식간에 몇 명의 이성에게 관심을 받는 기간을 뜻한다. 최근 일본에서는 동명의 만화가 열풍을 일으켜, 히트 드라마와 영화로도 상영됐었다. 내가 도쿄에서 막차를 놓치는 청춘들에 관하여 말할 때면 빠뜨릴 수 없는 롤 배추남이 있다. 친구들의 하우스 파티에서 우연히 만나게 된 유타카. 가와바타 야스나리의 소설을 좋아한다는 이유로 시간 가는 줄 모르며 대화를 나눈 뒤, 서로 메일 주소를 교환했다.일본에서는 휴대폰에 설치된 적외선 통신 기능으로 연락처를 주고받을 수 있어 간편하다. 문자를 주고받을 때는 번호가 아닌 휴대폰용 이메일 주소를 사용한다.

그후 가까운 친구가 된 우린 소설과 역사, 미국과 일본의 문화 차이 등을 이야기해 가며 간간이 만남을 가졌다. 가끔 휙 하고 타임머신을 타고 100년 전 세계 속으로 시간 여행을 다녀오고 싶은 충동에 시달리던 나는, 오랜만에 말이 통하는 엉뚱 동지를 만난 게 반가웠다.

그 친구와 말을 하다 보면 한곳에 앉아서 몇 시간씩 보내게 된다. 답답한 마음에 시원한 공기를 쐬기 위해 우리가 좋아하는 산책을 했다. 거기서 문제 발생. 여기저기 시간 가는 줄 모르고 다니다가 집으로 향하는 마지막 전철을 놓치고 만 것이다. 그때 우리가 택한 방법은? 걸어서 도쿄 모험하기! 영화 〈텐텐〉의 야간 버전을 상상하면 되겠다. 유타카는 고등학교 시절 전국 대회에 출전한 레가타[조정] 선수였다. 키가 커서 무엇을 입어도 옷 스타일이 돋보였고, 솔직히 조금 많이 잘생겼었다. '내가 무슨 복으로 이런 아이와 도쿄의 야경을 즐기고 있지⋯⋯?'라는 생각도 들었지만, 아무튼 우리는 하라주쿠 진구마에 근처에서 시부야, 그리고 신주쿠까지 어떻게 어디로 돌았는지도 모를 정도로 재미가 쏠쏠한 심야 산책을 했다. 고등학생일 때 고향 친구들과 밤에 신사에 들어가서 놀던 것이 기억난다며 유타카는 애써 나를 신사로 이끌었지만, 당연히 문은 이미 닫힌 지 한참 지난 시각. 24시간 열려 있는 잡화 백화점 '돈키호테'에서 장난삼아 이것저것을 가리키며 킥킥거리다가 지친 우리는 첫차 시간을 기다리며 따뜻한 이자카야에서 보냈다. 그리고 라멘 한 그릇을 뚝딱 해치우고 다시 신주쿠역에서 헤어졌다.

이렇게 건전한 문학청년 유타카. 소설가가 되는 것이 꿈이라며, 역사를 동경하던, 진지한 청년 유타카⋯⋯ 알고 보니 롤 배추남이었다. 함께 어울리던 지인에게서 전해들은 바로는 그가 아주 적극적으로 섹시한(?) 대시를 하는 육식남이라는 것이다. 내가 아는 유타카는 수줍음 많은 연애 초보 진지남이었는데…… 헉. 이것이 바로 말로만 듣던 롤 배추남이구나. 아님 내가 너무 여자로서 매력이 없어서 아예 무관심했던 것일까? 어쨌든 나는 내가 생각해도 어이없는 '모테키'를 즐기고 있었기에 별로 깊게 생각하진 않았다. 하지만 우리가 택한 다리 아픈 산책 코스를 택하지 않은 젊은이들은 과연 마지막 차와 첫차 사이의 공백 시간을 어떻게 보낼까? 선택은 세 가지다.

첫 번째 선택은 무라카미 하루키의 〈애프터 다크〉에서 소개된 방법. 24시간 영업하는 패밀리 레스토랑에서 시간 보내기. 실제로 늦은 밤에 '데니스<sup>Denny's</sup>'를 가면, 고개를 숙이고 잠을 청하고 있는 샐러리맨 몇 분이 꼭 계신다. 피곤한 하루 끝에 직장 동료들과 몇 잔을 들이켜고 나니 집에 갈 전차가 끊겨 버린, 약간 불쌍한 모드의 시추에이션이다. 하지만 하루키 작품의 주인공처럼 이어폰을 꽂고 책을 읽는 시간으로 삼는다면, 나름 멋진 휴식이 아닌가? 나는 작정하고 전차를 놓친 후 가끔은 이런 시간을 보내 보고 싶다<sup>여기서 잠깐, 〈애프터 다크〉의 주인공 마리가 사는 곳은? 바로 시모다 기숙사가 있는 히요시라는 점!</sup>

두 번째 옵션은 꽤나 므흣(?)하다. 바로 러브호텔 가기이다. 새로 생긴 여친을 유혹하려는 남자들이 흔히 쓰는 수법 중 하나가 바로 마지막 차를 놓치게 하는 것. 이 방법이 효율성 있는 이유는? 바로 도쿄에는 1시간 정도의 먼 거리에 살고 있는 사람들이 많다는 점이다. 비싼 택시를 타고 가나가와나 사이타마 같은 도쿄 주변의 주택가로 가는 요금은 상상하기도 싫다. 아무튼 그래서 술이 약하고 순진한<sup>아님</sup>

친구와 함께 '심야 산책'을 하며 둘러본 도쿄의 빛나는 밤거리

**순진한 척하는?** 여친을 몇 차례 설득한 끝에 호텔 쪽으로 향하는 커플들도 있다. 반대로 그냥 함께 손을 잡고 당당하게 향하는 커플들도 본 적이 있다. 친구들과 외식을 하러 마땅한 곳을 찾던 중 초저녁부터 이런 커플들을 종종 목격한 적이 있다. 여기저기 멀쩡한 상점가 뒤에 당당히, 그리고 너무나 예쁜 건물 디자인으로 손님들을 반기는 곳들이 바로 러브호텔인 경우가 많았다.

일본에는 자판기로 메뉴를 정하고 계산한 뒤, 카운터에서 간편하게 식사할 수 있는 그야말로 패스트푸드적인 시스템이 발달해 있다. 최근에는 한국에서도 이런 시스템을 도입한 카레 레스토랑이나 돈부리집이 늘어난 것 같다. 더 신기한 것은 러브호텔 역시 자판기로 방을 고른 후 결제까지 할 수 있는 시스템이 갖춰져 있다고 한다. 역시 프라이버시를 중요시하는 로봇의 나라 일본이다.

마지막 방법은 마음 넓고 집 넓은 친구가 있으면 OK. 바로 친구 집

'국경 없는 Borderless' 이라는 뜻을 가진 기숙사 셰어 하우스에서 먹어 본 메뉴, 나베

에 민폐 끼치기. 창피하지만 나도 몇 번 해본 일이다. 택시를 타고 근처에 있는 친구 집에 가서 머문 적도 있지만, 아예 친구 집에 모여 놀다 전철 시간을 놓친 적도 있다. 아키하바라에 있는 'Borderless' 셰어 하우스에 사는 교회 언니가 있었다. '국경 없는' 이라는 뜻의 'Borderless' 셰어 하우스와 같은 신개념 기숙사는 도쿄 곳곳에 있다. 외국인과 일본인 젊은이들이 함께 생활하며 다문화적 경험과 이해를 넓혀 갈 수 있는 공간이다. 교회 언니 소개로 나도 셰어 하우스에서 친구들도 사귀고, 나베鍋, 일본식 전골 파티와 할로윈 파티 등, 재미있는 시간을 많이 보냈다. 거실에서 자는 둥, 식량을 축내는 둥, 민폐를 끼친 적도 꽤 있는데 너그럽게 받아 준 'Borderless' 친구들에게 고맙다. 다음 만나게 될 때는 아키하바라 출신 AKB48의 가사를 빌려서 인사할게. '아이타캇타~あいたかった 만나고 싶었어'.

'에비스'에서 멋진 외식을 한 밤, 시부야에서 클럽을 처음 가 봤던 밤, 그리고 나의 로망, 신주쿠의 재즈 바 'DUG'에서 한껏 분위기에 취해 있다 집으로 향한 밤. 내 기억 속에 네온사인같이 자체발광하고 있는 도쿄의 밤은 화려하다. 그리고 설레는 도쿄 야간 생활의 변함없는 최고의 마무리는? 엄청난 질주 끝에 간신히 몸을 실은 막차에 불편한 자세로 눌린 채 땀 흘리며 집에 가기. 전철에서 해방되다시피 내린 후 한껏 들이켜는 시원한 밤공기와 가게 문 내리는 소리가 반겨주는 고요한 주택가는 'Home, sweet home'의 달콤함으로 멋진 하루의 막을 내려준다.

### 여기서 잠깐! 해님이표 일본어 정복기

잘 놀고 싶다면 언어 능력은 필수이다. 어이없는 '모테키'부터 맛있는 나베 파티까지, 내가 만약 일본어를 못했다면 아마도 모두 불가능했을 것이다. 물론 그랬다면 다른 유학생들이나 영어 회화가 가능한 일본인들과 함께 또 다른 즐거운 시간을 보냈겠지만, 일본인 친구들과 자연스럽게 어울리며 살아 있는 문화 체험을 해보는 것은 어려웠을 것이다.

고등학교 1학년이 되면서 외국어 과목을 택해야 했다. 친구들 사이에서는 비교적 배우기 쉽다고 알려진 스페니시가 인기였다. 하지만 나는 괜히 대다수의 사람들이 추구하는 것을 피해 가는 비뚤어진(?) 성격이어서 불어나 일본어를 고려하고 있었다.

한국어와 중국어를 배운 나로서는 일본어를 공부해서 아시아에서 어딜 가나 편히 다닐 수 있는 미래의 모습을 그려 봤다. 멋지게 느껴지기도 했고 또 솔직히 불어 발음이 왠지 자신 없어서 일본어를 택했다. 결국 나는 4년 동안 고등학교에서 매일매일 즐겁게 일본어를 배웠고, 선생님의 권유에 SAT II 과목별 시험에서도 일본어를 택해 만족스러운 점수를 받을 수 있었다. 선생님은 일주일에 한 번씩 수업 시간에 일본 드라마 〈꽃보다 남자〉를 짧게 틀어 주셨다. 그것을 시작으로 <sup>한국어를 익히게 된 방식과 비슷하게</sup> 일본어 공부도 드라마, 노래, 소설 같은 문화 컨텐츠를 통해 더욱 즐겁게 열심히 할 수 있었다. 1주일에 두 번씩은 옆동네에 있는 일본 커뮤니티 센터에서 검도 연습을 하며 일본어를 익히기도 했다.

## 제2외국어는 내 꿈을 현실화시켜 주는 절호의 찬스

한국계 미국인이라는 나의 정체성, 어릴 적부터 동네 친구들과 학교를 통해 접하게 된 중국 문화, 그리고 고등학교 4년 동안 매일 들은 일본어 수업이 점차 동아시아에 대한 진지한 관심으로 굳혀졌다. 결국 '동아시아 지역 연구<sup>East Asian Studies</sup>'라는 전공으로 UCLA에 진학한 후, 몇 학기 동안 일본어 공부를 이어갔다. 고등학교에서 배운 일본어가 단단한 기초를 형성해 줬다면 대학교 수업은 나의 일본어 실력을 불과 몇 개월 안에 몇 단계 업그레이드 시켰다. 덕분에 나는 일본에서 언어적인 어려움을 느끼지 않고 생활할 수 있었다.

게이오대에서도 상급 일본어 수업을 들어 더욱 고급스럽고 어려운 표현을 익힐 수 있었다. 결국 자연스럽게 고등학교, UCLA 그리고 게이오대학으로 이어지면서 일본어를 몸에 익힌 것이다.

많은 사람들이 고등학교에서 배우는 '제2외국어'는 어차피 졸업

하면 잊어버릴 헛된 노력이라고 생각한다. 사실 고등학교 외국어 교육에 한계가 있고 아무리 열심히 배웠어도 사회생활을 하다 보면 잊어버리기 마련이다. 하지만 내 개인적인 경험을 살려 고등학교 외국어 수업의 가치를 한번 어필해 보련다. 그저 당연히 들어야 하는 실용성 떨어지는 과목이 아닌, 정말로 이 넓은 지구에서 언젠가 내가 원한다면 그 어떤 곳에서도 즐겁게 소통하며 살아갈 수 있는 가능성을 확보해 놓을 수 있는 절호의 찬스라고 보는 것은 어떨까?

사실 한국어를 구사하는 사람이라면 외국어를 배우는 데 꽤 유리한 면이 있다고 생각한다. 한국어만큼 다양한 외국어 발음을 비교적 정확히 표현할 수 있는 언어는 드물다. 나도 일본어와 중국어를 공부하면서 한국어 덕을 톡톡히 봤다고 확신한다.

새로운 도시를 방문할 때마다 그곳의 이름이 새겨진 좌석 하나와 내가 사용했던 여행 책을 모으는 취미가 있다. 바로 이 책들 속에 있는 영어, 한국어, 일어, 중국어를 비교해 보면서 터득한 깨달음이다. 파리를 '패리스'라고 부르는 영어나, 맥도날드를 '마쿠도나루도'라고 발음하는 일본어, 해리포터를 '할리포떠'라고 하는 중국어를 접하며, 어려운 외국어 이름도 비교적 정확한 발음으로 나누어 말할 수 있는 언어가 바로 한국어라는 것을 느꼈다. 부디 이 장점을 활용해서 마음이 끌리는 곳, 꿈꿔 왔던 머나먼 어떤 곳에서 한 번쯤은 로컬처럼 생활해 보는 기쁨을 만끽하기를 바란다.

## 의외인걸!
## 게이오 강의실 엿보기

'아톰의 나라' 일본을 떠올리면 최첨단 과학 기술, 로봇 개발 그리고 공상과학 애니메이션이 생각난다. 이렇게 혁신적인 면이 있는가 하면, 반대로 답답한 정장의 샐러리맨과 안정성을 강조한 '요람에서 무덤까지 *cradle-to-grave*' 직장 시스템처럼 변화와 리스크를 최소화하려는 습성도 일본 사회 곳곳에서 보인다.

아직도 기억에 남는 나름 충격적인 사건이 하나 있다. 이케부쿠로의 인기 쇼핑거리에 위치한 대형 극장에서 영화를 보려고 기다리고 있었다. 그런데 아무리 봐도 몇 층이나 위에 있는 영화관까지 가는 에스컬레이터가 보이지 않는 것이다. 영화 시작까지 몇 분밖에 안 남아서 다급한 마음에 두리번거렸더니 엘리베이터 앞에 사람들이 긴 줄을 지어 서 있는 것이다.

물어보니 영화관으로 올라가는 방법이 엘리베이터뿐이라서 모두 기다리고 있다는 것이다. 결국 상영 시작 몇 분 후에야 엘리베이터를 탔는데, 이게 웬일. 꽉 채워도 겨우 6명 정도밖에 못 타는 아주 작은 엘리베이터인 것이다. 큰 영화관을 채울 인파를 어떻게 건물의 다른 상점들과 함께 사용하는 엘리베이터 하나로만 이동하게 하는지, 의아스러웠다. 오래된 시설의 극장도 아니고, 도쿄 한복판인데 말이다. 편리가 우선순위인 널찍널찍한 미국에서는 상상하지도 못할 시추에이션이었다. 어떻게 매번 상영 시간마다 이 많은 사람들이 당연하다는 듯이 5, 6명을 태운 느린 엘리베이터가 다시 내려오기까지 몇 분씩 기다리지? 너무 비효율적이라 느껴졌다. 내가 가지고 있던 신속하고 모던한 일본에 대한 이미지를 흔들어 놓은 경험 중 하나이다.

### 친근한 교수진, 신기한 세미나 수업

게이오 캠퍼스 생활에서도 내가 가진 편견이나 고정관념을 깨트린 부분이 몇 가지 있었다. 느린 엘리레베이터를 한없이 기다리기만 해야 하는 극장에서 느낀 답답함과는 반대로 오히려 엄숙할 것이라고 생각했던 일본 최고 사립대학은 생각보다 훨씬 개방적이었다. 일본에서 가장 오래된 대학교라는 수식어가 연상시키는 보수적이고 고리타분한 모습은 찾기 힘들었다. 물론 행정면이나 수강 신청 방식 등은 주로 온라인 접수 형식으로 해결하는 미국의 대학보다는 빈티지한 느낌을 주는 부분도 있었다. 그리고 어느 대형 학교나 그렇듯이, 개방된 토론 형식 수업보다는 대규모 강의 위주 수업도 꽤 많았다. 하지만 내가 예상한 것보다는 훨씬 모던하고 신선한 태도의 수업이 많앗다. 무엇보다 교수님들께 다가가기 쉬웠고 학생과 교수의 관계도 아시안 교육 문화에 대한 고정관념에서 비롯된 오해를 풀어 줄 만큼 캐주얼했다.

도쿄대 법학부 정치학과에서 일찌감치 박사학위를 받고 일본, 미국, 유럽의 유명 연구 기관들을 오가며 정책 형성에도 활발히 기여하시고 있는 사하시 료 교수님 같은 분과 거리감 없이 대화할 수 있었다는 것은 학생으로서 누릴 수 있는 큰 혜택이었다.

특히 '제미'라는 일본의 세미나 수업 형식은 정말 신선하다고 생각한다. 세미나, 강의, 연구 그리고 동아리 활동을 모두 합쳐 놓은 듯한 수업 유형을 '제미'라고 부른다.

일본 대학생이라면 한번쯤은 들어 보았음직한 '제미'는 지도 교수와 함께 소그룹을 이룬 학생들이 특정 이슈나 과목에 관하여 집중적으로 연구하며 협력하는 수업이다. 이런 수업에 참가한 학생들끼리는 서로 친해지는 경우가 많아서 졸업 후에도 같은 '제미' 출신의 동급생들끼리 가끔씩 모이기도 한다. 또 교수님과도 친해져서 함께 이자카야를 가기도 하고 교수님의 이름을 따서 '제미'의 이름을 짓기도 한다.

한국에서도 잘 알려진 〈허니와 클로버〉라는 일본 영화에 등장하는 '하나모토연구회'가 이런 유형의 모임이라 할 수 있다. 하나모토라는 교수를 중심으로 학생들이 함께 공부하고 어울리는 모임인데, 이런 것은 영화에 나오는 자유분방한 미대에서만 있는 일인 줄 알았다.

도도한 도련님들과 시크한 아가씨들이 다니는 엘리트 사립대학 게이오에도 있어 처음엔 놀랐으나, '제미'는 일본 대학생들에겐 자연스런 현상이라는 걸 나중에 알게 되었다.

한국에도 비슷한 제도가 있는지 궁금하다.

### 노블레스 오블리제? 소신 있는 게이오 학생들

또 하나의 신선한 충격은 게이오 학생들은 의외로 헌신적인(?) 비전과 인류애를 간직하고 있다는 것이었다. 솔직히 약간은 세속적이고 출세 지향적일 것이라고 생각했던 엘리트 학생들이 유엔$^{U.N}$이나 세계은행$^{World\ Bank}$, 아시아개발은행$^{Asian\ Development\ Bank}$과 같은 NGO$^{Non-governmental\ organization,\ 비정부기구}$에서 근무하며 빈곤 퇴치와 평등을 위해 일하는 것을 꿈꾸는 것이다.

평소 경영이나 금융 분야에서 두각을 나타내는 게이오 졸업생들이 많아 이렇게 인도주의적$^{humanitarian}$ 커리어에 관심이 클 것이라고는 생각지 못했었다.

물론 내가 접한 학생들은 '국제개발협력'에 대한 강의를 수강할 정도로 이 분야에 특별한 관심을 갖고 있는 학생들이었지만, 그래도 그들의 패기 있는 열정에 또 한 번 놀랐다.

또 '일본 중소기업의 장인 산업'이라는 수업에서는 대기업 취직이나 유망한 미래 산업에만 관심과 노력을 기울일 것이라 생각했던 고정관념을 여실히 깨뜨려 준, 게이오 학생들의 또 다른 반전을 목격할 수 있었다. 그들은 수업을 통해 죽어 가는 전통 산업과 흔들리는 가업^family business에 대해 연구하고 고민해 가며 진지하게 해결책을 제시했다. 진짜 컨설팅을 하는 것처럼 정장을 차려입고 프레젠테이션을 발표했다. 미국과 한국을 포함한 전 세계 많은 나라들의 고민거리이지만, 일본에서도 지방에 있는 중소기업의 입지와 전통적인 방식을 유지하며 장인의 손길을 요구하는 제품을 위한 시장이 점점 줄어들고 있다. 요즘 젊은이들에게 구매력을 어필하기 위해 기모노를 값싸고 모던한 상품으로 재창조하는 움직임도 있고, 더 이상 조상들의 사케 사업을 고집하기 싫어 가문의 업을 폐기하고 도쿄로 이동하는 젊은이들도 있다.

더 놀라운 것은, 물론 소수였지만 내가 이 수업에서 만난 몇몇 일본인 친구들이 자신이 지키고 싶은 업계에 기여하기 위해, 오직 열정과 패기 하나로 비주류 중소기업이나 지방에 있는 회사로의 취직을 고려하고 있었다는 점이다. 또 창업을 준비하고 있는 용감한 학생도 있었다. 바로 이런 칭찬할 만한 도전 속에서 일본의 경쟁력이 유지되고 발전되는 것이 아닐까?

분명 우리 모두가 대기업 사무실에서 일해야 하는 것은 아니다. 만약 이 세상이 온통 회사원뿐이었다면 일상생활은 불가능했을 것이다. 전 세계가 마비되었을지도 모른다.

모든 사회는 '화이트칼라^white collar, 사무직 종사자'와 '블루칼라^blue collar, 노동직 종사자' 모두가 필요하고, 각 분야 안에서도 다양한 업무와 서열이 있다. 고정관념을 뒤로 한다면, 둘 중 무엇이 더 중요하다고 단정 짓기 어렵고, 무조건 '화이트칼라'가 유망하다고 할 수도 없다. 아무리 우리의 뇌가 중요하다고 해도, 심장이나 그 어떤 다른 장기에 문제가 있다면 생명을 지탱하기 어렵다. 마찬가지로 건강한 사회라면 표면적인 명예직뿐만 아니라 보다 다양한 업종에 젊은이, 곧 미래의 핵심 인구가 자신의 커리어를 자신 있게 투자할 수 있는 환경이 조성돼야 한다고 생각한다. 이것은 일본과 한국에 유학하며 느낀 차이점과도 연결되어 있다. 바로 전국에 퍼진 인재와 자원을 충분히 활용하지 못하게 하는 지나친 수도 중심 시스템이 깊게 자리 잡고 있다는 점이다. 그래도 최근에 알게 된 것은 게이오 졸업생들 중에 P&G $^{Procter\&Gamble}$ 나 NHK 같은 대기업에 성공적으로 취직한 친구들도 일반적으로 입사 후 얼마간은 일본 곳곳에서 지방 근무를 하게 된다는 것이다. 국제적 교류도 중요하지만 이런 국내적 교류 또한 청년들의 안목을 키우고 효과적으로 리더를 배출하는 데 큰 역할을 담당할 것이기 때문이다. 나 또한 고향인 LA의 안락함을 떠나 워싱턴 DC에 살며 미국의 또 다른 면을 접한 것이 중요한 성장의 마디가 되었다.

### '알잖아, 우리 공부 안 하는 게!'

앞서 소개한 게이오의 예외적 모습들이 신선한 충격이었다면, 나를 더 놀라게 한 마지막 요소는 비교적 안 좋은 현상이라 볼 수 있다. 바로 이 명문대 학생들이 공부를 안 한다는 것이다. 정확히 말하자면 비교적 공부를 안 한다. 미국의 대학생들도 신나는 캠퍼스 생활과 파티 문화로 유명하지만 솔직히 게이오에선 더 놀랐다. 게이오대학에서 한 학기 동안 무려 8개의 수업을 들었는데도 UCLA에서 3개의 수업을 듣는 것보다 쉬웠다. 게이오대학의 학업적 명성이나 교수진의 지도를 비판하는 것이 아니다. 보고 배울 점이 없었던 것 또한 절대 아니다. 또 나만 이렇게 쉽게 느꼈다는 것도 아니다. 최근 워싱턴을 방문한, 게이오 시절 일본인 친구도 킥킥대며 '사실 우리 공부 안 하는 건 다 아는 사실이잖아!'라고 했을 정도이다. 하지만 과제 양이 적고 수업 밖에서 투자해야 하는 시간이 비교적 짧다고 해서 무조건 배움이 축소됐다고 생각하진 않는다. 오히려 나는 이런 스케줄 여유 속에서 숙제 그 이상의 것들을 많이 얻었다. 덕분에 나는 인터넷으로 미국 대학원 지원에 필요한 UCLA 경제 수업을 추가로 수강할 수 있었고, 9개의 대학원 지원서를 무사히 완성할 수 있었다. 물론 친구들과의 사교 생활과 다양한 문화 체험도 틈틈이 즐길 수 있었다.

### 강의실 밖 도전들의 중요성

게이오가 비교적 학생들의 학업적 부담을 덜어 주는 이유 중 하나는, 강의실 울타리 밖에서 벌어지는 도전들의 중요성을 존중해서가 아닐까? 더욱 냉철한 시선으로 본다면, 대학 생활의 절반 이상을 사실상 취업 준비에 매진해야 하는 운명을 알기에, 또 전공과 상관없는 커리어를 갖게 되는 경우가 다반사이기에, 학생들이 느끼는 학업적 부담감을 최소화시켜 준 것일 수도 있다. 물론 대학이 취업 준비소가 되어서는 안 된다. 그리고 당시에는 필요 없다고 느껴지는 과목이라도 투덜거리며 어려운 논문을 써가는 과정에서 시야가 넓어지고 사고가 개발되는 것 또한 모든 대학생에게 '피가 되고 살이 되는' 경험이라 생각한다.

하지만 내 경험을 돌이켜보면, 대학 생활 4년은 '학업'이라는 단어 하나에만 올인하기에는 너무 찬란한 시절이다.

오늘의 나를 있게 해준 큰 터닝 포인트들과 변화들, 그리고 다양한 도전과 처음 겪는 시련들…… 이 모두가 섞여 있는 역동적인 기간을 학생이라는 이름 아래 보낸다 하더라도 '학업' 하나로만 평가할 순 없다. 솔직히 대학교에서 공부만 열심히 하겠다는 사람이 있다면 약간은 어리석다고 느껴진다. 물론 어떤 이유와 비전을 가지고 공부하는지가 관건이겠지만 말이다. 비록 과제와 시험이 적어 의아해하긴 했지만, 신기하게도 학기가 끝난 후에 가장 오래 기억에 남은 교훈과 경험들은 게이오 수업을 통해 배운 것이 많았다는 점이다. 처음에는 놀랐지만, 결국 게이오에서 나는 개인의 시간 활용 능력을 향상시켜주는 교육 환경의 위력을 또 한 번 실감한 것이다.

/

# GRE를 보려면
# 도쿄행 비행기를 타라

/

　　　　　　　　　　코코 샤넬은 전 세계 모든 패셔니스타들에게 중요한 조언을 하나 남겼다. 문 밖을 나서기 전 거울에서 자신의 모습을 확인하고 몸을 치장하고 있는 액세서리 중 하나를 반드시 집에 두고 나가라는 것이다. 시크녀가 되려면 외출 시 이 정도의 심플함을 추구해야 하는데, 나는 터져 나갈 듯한 여행 가방에 무거운 무언가를 두 개씩 더 쑤셔 넣어야 했다. 1년간의 일본 유학 생활을 대비하기 위해 싸는 짐이었기에 피할 수 없는 현실이었지만, 안 그래도 가방이 무거워지고 있는 와중에 꽉꽉 끼워 넣어야 했던 것은…… 꼭 가지고 가고 싶은 구두도 아닌, 미래의 친구를 위한 미국의 기념품도 아닌, 미운털 박힌 두툼한 GRE 책이었다.

　GRE는 'Graduate Record Examinations'의 약자이다. 미국의 모든 대학원 지망생이 봐야 하는 일종의 대학원 버전 'SAT<sup>Scholastic Aptitude Test, 미국의 수능 같은 시험</sup>'이다. 의대나 법대 입시를 준비한다면 각각 'MCAT<sup>Medical College Admissions Test</sup>'와 'LSAT<sup>Law School Admission Test</sup>'를 봐야 하

고, 경영 대학원을 다니고 싶다면 'GMAT<sup>Graduate Management Admission Test</sup>'을 치러야 한다.

자세한 내용은 따로 피커링 장학금 챕터에서 소개되지만, 나는 대학교 3학년 때에 미국 국무부 외교관으로 선발되었다. 전국에서 선발된 20명의 학생은 그후 몇 년간 학비와 생활비를 지원 받으며 국무부가 지정한 대학원에서 정치외교 관련 석사학위를 받고 본격적인 외교관 활동을 하는 것이다. 그래서 나는 일본에 가서도 대학원 입시를 위한 GRE 과정을 피할 수 없었다. GRE는 세계 곳곳에서 볼 수 있기 때문에, 일본 같은 주요 국가에서는 시험 센터가 몇 개씩 있다. 꿈의 직업을 갖게 되어 너무 기뻤지만, 다른 학생들이 한창 도쿄를 즐기는 동안 시험공부와 지원서를 작성해야 한다니. 섭섭한 기분이 들지 않을 수 없었다. 특히 고등학교를 마친 후로 한 번도 눈길을 주지 않은 애물단지 수학이 나의 발목을 잡았다. 한국에서 GRE를 준비하는 분들은 수학이 아닌 영문 에세이가 더 걱정되겠지만, 나는 정반대였다. 미국 학생들 사이에도 GRE에 나오는 수학은 꽤나 쉽다고 소문이 났지만, 나는 4년 동안 방치해 두었던 숫자들과 친해지기 위해 몇 백 페이지에 달하는 두꺼운 GRE 책을 일본까지 가지고 갈 수밖에 없는 딱한 상황이었다.

SAT를 치르고 다시는 그런 시험은 보지 않겠다고 다짐했건만, 대학도 졸업하지 않은 상태에서 또 시험공부를 하라고? 그것도 화창한 날씨의 도쿄가 문 밖에서 나를 기다리고 있는데? 납득하기 어려운 상황이었다. 뿌리치기 어려운 도쿄의 유혹을 못 이긴 채 친구들과 관광지를 방문하기도 하고 휴식 삼아 외식을 즐기며 영화도 봤지만, 늘 그들에게는 없는 족쇄가 나의 발목에 채워져 있는 것만 같았다. 약간 '오버 아닌가' 하는 생각이 들지 모르겠지만 워낙 시험공부를 싫어하는 나였다. 그래도 시험 끝나고 화끈하게 놀기로 한 친구들과의 약속을 위로삼아 꾸준히 스가모의 작은 방에서 나는 수학 문제를 풀었다. 미국에서 가지고 온 그 《Kaplan》과 《Barron's》 책의 종이 냄새가 아직도 생생할 정도로. 혹시 트라우마?

### 자유로운 시험 일정, 일본으로 모이는 한국 응시자들

드디어 D-Day가 왔다. 처음 가보는 동네에 위치한 시험장. 혹시라도 길을 잃을까 봐 충분히 시간을 두고 도착했다. 나무 그늘 아래 서서 마지막 공부를 하던 기억이 난다. 빌딩 1층의 편의점에서 구입한 '오니기리 주먹밥'를 베어 먹으며 잊지 말아야 할 수학 공식을 중얼거렸다. 다리를 떨고 심호흡을 했다. 드디어 올라갈 시간. 간단한 접수를 마치고 대기실에서 기다리고 있는데 왠지 함께 앉아 있는 분들이 평범한 일본인 같지 않다는 기분이 들었다. 그때 들리는 한마디, '어! 오빠! 오빠도 오늘 보시는 거예요?' 그렇다. 그 9월 오후, 도쿄에서 나와 함께했던 GRE 동지들은 대부분 한국에서 온 대학원 지망생들이었다. 귀를 쫑긋하고 주변의 대화를 엿들어 보니 놀랍게도 GRE 시험 때문에 일부러 일본을 방문 중인 한국 분들이 꽤나 있었다.

서울에서도 볼 수 있는 GRE 시험을 왜 비싼 비행기표까지 마련해 가며 도쿄까지 와서 보는지, 당시에는 이해가 잘 안 갔지만 나중에야 이유를 알았다. GRE는 160개의 국가, 700개가 넘는 시험 센터에서 언제든지 예약하고 볼 수 있다. 하지만 중국, 홍콩, 대만과 한국에서 시험을 보고 싶다면 유념해야 할 특별 사항들이 있다. 한국에 계신 분들이 더 자세히 아시겠지만 한국에서는 등록 가능한 지정된 시험 날짜가 있다. 그중 자신의 스케줄과 센터에서 지정한 날짜의 자리가 남아 있다면 등록 가능하지만, 맞지 않을 경우 부득이 시험 일정이 더 많은 도쿄로 향하는 분들이 있는 것 같다. 최근에는 GRE 시험이 새단장되면서 거의 모든 곳에서 컴퓨터로 시험을 보게 됐지만, 내가 시험을 봤을 때만 해도 종이와 연필을 사용해 이틀에 걸쳐 보는 곳이 종종 있었다. 내 기억이 틀리지 않다면 중국, 홍콩, 대만과 한국의 시험장들도 비슷한 제한 사항이 있었던 것 같다.

일본에서 GRE를 치를 경우 좋은 점 또 하나. 시험 결과가 만족스럽지 않더라도 도쿄에서 남은 시간 동안 스트레스를 날려 버리고 재충전해서 다시 도전할 에너지를 받아갈 수 있다는 것이다.

컴퓨터로 보는 시험의 최대 장점은 점수를 바로 체크할 수 있다는 점이다. 나는 몇 시간의 씨름 끝에 뜻밖에도(?) 만족스러운 점수를 받아서 확인하고, 눈을 비벼 또 한 번 확인했다. '앗싸 가오리~' 하며 조용히 모니터에 활짝 핀 웃음꽃을 날렸다. 그리고 화장실로 달려가 점잖게 문을 잠그고 소리 없이 위아래로 팔을 휘두르며 승리 댄스를 추고 하나님께 감사 기도를 드렸다. 그리고 지긋지긋한 빌딩을 잽싸

GRE 시험을 준비하며 작성했던 노트

게 탈출한 후, 나를 기다리고 있던 친구들과 함께 그날 만큼은 자유를 만끽했다. 물론 자유는 잠시뿐, 가을 학기가 되자 짬짬이 대학원 지원서를 작성해야만 했다. 사계절 내내 여름인 LA에서 그토록 꿈꿨던 단풍 구경도, 강의 중에 잠깐 딴생각하며 보았던 창문 밖 캠퍼스 단풍이 전부였다. 그래도 놀지 않고는 살 수 없는 나였기에 짬짬이 즐겼던 아기자기한 추억들이 참 많다. 나는 이제 대학도 졸업하고 도쿄를 떠나, 워싱턴 DC에서 이 글을 쓰고 있다. 그날 오후 나와 함께했던 GRE 동지 분들도 잘 지내시겠죠? 우리 모두 다시는 시험공부를 안 해도 되는 날을 고대하며 서로에게 건투를 빈다.

# 흔들리는 도쿄,
## 2011년 3월 11일

'동일본 대지진.'

아빠에게서 온 간략한 문자 메시지에 나는 가슴이 철렁 내려앉았다. 드디어 올 것이 왔구나.

일본에 도착한 지 얼마 되지 않았을 무렵, 나와 같은 프로그램에 참여했던 모든 미국 교환 유학생들은 지진과 화재를 대비해 이케부쿠로에 있는 센터를 방문한 적이 있다. 그리고 그곳에서 몇 시간 동안 서바이벌 훈련을 받았다. 그 후로 일상생활에서도 지진이 일어나면 기억해 두어야 할 것들을 요약한 포스터를 곳곳에서 목격했고, 휴대폰 안에도 지진 경고음이 자동으로 울리는 시스템이 저장돼 있었다. 하루는 오후 수업 도중 갑자기 나를 포함한 몇몇 학생들의 휴대폰에서 화재 경보음 소리가 시끄럽게 울려 퍼졌다. 깜짝 놀란 나는 처음 들어보는 소리이기에 내 전화기에서 나는 소리인 것조차 몰랐었다. 동시에 몇 개가 울렸으니 망정이지 하마터면 엄청 창피했을 것이다.

그날도 만약 내가 도쿄에 있었다면, 주머니 속 휴대폰이 울렸을까? 나는 기숙사 방에 있었을까, 거리를 걷고 있었을까? 아님 전철 안에서 흔들림을 맞이했을까? 다행히 나는 2011년 3월 11일, 서울에 있었다. 봄방학에 잠깐 친구와 함께 여행 겸 들른 서울에서 동일본 대지진에 대한 뉴스를 처음 접하게 되었다. 어디를 가나 틀어 놓은 뉴스 방송보다 더 끔찍했던 것은 페이스북이었다. 일본에 살고 있는 친구들이 스마트폰을 사용해서 실시간으로 현장 사진과 상황 보고를 올렸다. 전철 시스템이 마비되어 7시간 동안 집에 걸어간 친구, 결국 아파트로 돌아와 보니 바닥은 물로 뒤덮여 있고 텔레비전은 스탠드에서 떨어져 바닥을 뒹굴고 있는 사진. 그리고 몇 분 간격으로 찾아오는 수많은 여진이 있을 때마다 '또 흔들렸다' '지금 흔들렸는데 다들 괜찮으시죠?' '이제는 안 흔들리는 게 더 이상한걸' 등 무섭도록 실감나는 업데이트 글들로 수두룩했다. 그 와중에 쏟아지는 유학생 친구들의 포스트들. 자신의 나라로 돌아가야 하는지, 갈 수 있는 비행기표는 있는지…… 일본어가 서툰 외국인들에게 어쩌면 더욱 혼란스러운 상황이었을 것이다.

그 와중에 받은 이메일 한 통. 바로 UC$^{\text{University of California}}$ 계열 학생들은 빠른 시일 내에 미국으로 돌아가야 한다는 철수 명령이었다. 상황을 지켜보고 있었던 UC 학교들은 미국 국무부에서 '여행 경보$^{\text{Travel Warning}}$'를 발표한 후 결국 모든 프로그램을 중지시키고 학생들을 미국으로 돌려보내기로 결정한 것이다. 만약에 남고 싶다면 UC 시스템과는 관계를 끊고 개인적으로 지금 소속된 일본 학교와 합의를 맺어 혼자서 생활을 꾸려 나가는 방법밖에 없었다. 매일 여진의 공포에 시달린 채 무너진 도시 속에서 사람들은 방황했지만, 그래도 남겠다고 결정한 학생들이 몇 명 있었다. 나는 미국으로 돌아가기로 결정했다. 하지만 문제는 짐. 한국으로 가지고 온 여행 가방 외에 나의 모든 삶이 게이오대 히요시 기숙사 방에 무심하게 잠겨 있었다. 추운 3월의 서울을 고려해서 싸간 옷을 쨍쨍한 6월의 LA와 습한 7월의 워싱턴에서 입어야 한다는 것은 정말이지 끔찍했다. 더울뿐더러 이상한 시선을 부르는 일이었다. 심지어 정장 한 벌도 챙기지 않은 상태에서 국무부 본부 첫근무라니, 과연 나의 패션 히스토리에 획을 긋는 여름이었다. 며칠 후면 돌아올 것이라고 생각하고 떠났던 그곳. 다시는 못 볼 수도 있다는 생각과 제대로 사진 한 장 찍어 놓지 못했다는 후회와 며칠 동안 쌓인 복잡한 감정이 파도처럼 밀려왔다.

### 작별 인사도 제대로 못 나눈 채 떠나온 게이오대학

GRE 공부와 대학원 지원으로 보내 버린 여름과 가을 학기 대신 봄 학기에 하겠다고 미루어 둔 것들. 꼭 가봐야겠다고 찜해 놓은 예쁜 카페와 산책길들. 떠날 때쯤 사겠다고 생각해 놨던 게이오대학 기념품들. 태어나서 처음 맞이할 봄다운 봄, 그리고 나카메구로에 자리까지 정해 놓고 겨울부터 기다렸던 '벚꽃 하나미<sup>꽃구경 피크닉</sup>'. 크고 작은 아쉬운 것들은 끝도 없이 많았고, 갑자기 소중한 것을 빼앗긴 듯한 기분이었다. 하지만 무엇보다 힘든 것은 친구들에게 '잘 지내, 연락 주고받으면서 지내자. 이게 내 연락처야'라는 말조차 못한 채, 그리고 일본에 들르지도 못한 채 서울에서 미국으로 떠나야 했다는 점이다. 페이스북을 사용하지 않는 일본 친구들도 많았다. 그들과는 일본에서 휴대폰 문자로만 연락을 주고받았었는데, 안녕은커녕 안전 여부도 확인할 수 없었던 친구들도 있었다.

물론 동일본 대지진의 직접적인 피해자들에 비하면 내가 겪은 사소한 불편과 안타까움은 철없는 불평에 불과하다. 감사하게도 UCLA와 게이오대학, 그리고 UC 계열 학교들의 보험을 담당하고 있던 회사와 'UC 교환 유학 프로그램$^{UC\ Education\ Abroad\ Program}$' 관계자들이 신속하게 처리해 주었다. 방사능 유출의 위험성까지 알려지며 급변하던 상황 속, 일본에 머물고 있던 수백 명의 학생들과 봄방학 여행을 하기 위해 아시아 각국에 퍼져 있는 학생들까지, 일일이 안부를 확인하고 미국행 비행기표와 학교 문제 등을 함께 해결해 나갔다.

그 와중에도 나의 일정은 기적같이 풀려 나갔다. UCLA는 '쿼터 학기제'로 운영되기 때문에 아직 봄방학을 앞둔 상태였다. '시메스터$^{Semester}$ 학기'로 운영되는 UC 버클리의 학생들은 졸업이 한 학기씩 미뤄지기도 했다. 나는 아무런 차질 없이 UCLA로 돌아가서 마지막 학기를 마친 후 바로 졸업할 수 있었다. 그리고 국무부 수습 일정 때문에 6월에 워싱턴 DC로 향해야 했던 나는, 늦은 여름에야 끝나는 게이오의 봄 학기 때문에 늘 걱정이 컸었다. 하지만 6월에 끝나는 UCLA에서 마지막 수업을 마치고, 졸업식날 밤에 비행기를 타고 워

싱턴으로 향할 수 있게 되다
니…… 3월 11일의 혼란과
비극을 피하게 된 것도 감사
하지만, 그 여파 속에서도
소소한 스케줄까지 완벽하
게 풀린 섬세한 기적에 감사
할 따름이다.

강 위로 가지를 아름답게 뻗고 있는 나카메구로의 벚꽃 나무들

### 예고도 없이 끝나 버린 나의 도쿄 라이프

하지만 예고 없이 불쑥 돌아오게 된 미국에서의 첫 몇 주간은 놀라울 정도로 힘들었다. 지금 생각해 보면 일종의 '역문화 쇼크reverse culture-shock, 외국에서 오랫동안 생활한 사람이 고국으로 돌아왔을 때 느끼는 소외감'을 겪었던 것 같다. 그래도 사람은 적응의 동물이라 했던가적응 안 할 경우 고생하는 사람은 나 자신인 걸 어떡하겠는가. 비록 나카메구로의 사쿠라 나무 아래서 친구들과 하나미를 즐기지는 못했지만, 100주년을 맞이한 워싱턴 DC 벚꽃 축제에서 핑크빛 물결을 만끽할 수 있었다. 워싱턴에서도 매년 몇 주간 열리는 벚꽃 축제가 인기 관광 상품이다. 봄마다 꽃구경을 하러 전국에서 사람들이 모이고, 일본의 소녀시대 'AKB48'의 멤버들이 공짜 콘서트까지 열었다. 게이오대학 축제의 축하 공연도 히요시 캠퍼스에서 하더니 이제 워싱턴까지 따라오는(?) AKB48이다. 그리고 몇 개월 소요

'안녕, 잘 지내'라는 인사도 못한 채 이별해야만
했던 도쿄, 언젠가 꼭 다시 찾을게

되긴 했지만 히요시 기숙사에 남겨두고 올 수밖에 없었던 짐도 7월에 모두 받았다. 도착했다는 말을 듣고 집에 와 보니 박스가 한가득. 일본 기숙사 방에 있는 모든 것을 포장해서 보내 준 것이다. 화장실 휴지까지. 그날 워싱턴 DC 아파트에서 박스를 하나씩 풀어 가며 새록새록 떠올린 일본에서의 추억은 너무나 생생하였다. 한동안 향수병에 젖어 버린 나는 요시다 슈이치의 소설《7월 24일 거리》의 주인공처럼 워싱턴 DC를 도쿄로 바꿔 상상하며 버스를 타고 출근했던 기억이 난다.

나는 도쿄 메트로 난보쿠선을 특별히 좋아했다. 매주 일요일 아침, 이이다바시역에서 가구라자카 언덕이 있는 B3 출구로 나올 때면 도쿄 메트로의 광고에 나오던 아라가키 유이가 된 기분이었다 iPod로 CM 로고 송이었던 다카하시 유우의 《후쿠와라이》를 들으면서 계단을 올라가는 것이 제맛!. 옆에 흐르는 강을 따라 '동경교회'로 향하는 길은 여유로운 주말의 기분을 더해 줬다. 일본 땅에 설립된 지 100년이 넘는 동경교회는 20세기 초부터 재일본 한국 YMCA와 일본에서 활동한 독립운동가 선생님들과도 깊은 인연이 있다. 이런 역사적인 교회를 다니게 돼서 영광이었지만, 날라리 주일학교 선생님이었던 나는 난보쿠선 전철 안에서 잠이 들어 교회에 늦게 도착한 적도 몇 번 있었다. 나의 좋은 모습, 나쁜 모습을 낱낱이 기

억하는 난보쿠선이다. 하루는 길을 걷다가 도쿄 메트로라고 쓰여 있는 작은 글자가 눈에 휙 들어온 적이 있다. '가챠가챠$^{ガチャガチャ}$'라고 불리는 장난감 뽑기 코너에서 도쿄 메트로의 지하철 모형을 팔고 있었다. 내심 나의 난보쿠선을 원했지만 수많은 선들 중에 뽑힐 확률은 너무 희박했다. 운명의 순간, 동전을 넣고 손잡이를 돌렸다. 두근두근거리는 마음으로 뚜껑을 열고 안을 들여다봤을 때, 난보쿠선의 첫 칸이 나를 바라보고 있는 것이 아닌가. 한 번 만에 난보쿠선을 얻다니! 일본에서 부쳐 온 짐 사이에서 그 미니 난보쿠선을 발견했을 때의 기쁨이란…… 지금도 내 곁에 소중히 진열돼 있다.

나의 도쿄 라이프가 몇 분 사이에 예고도 없이 끝나 버린 것처럼, 어느 날 갑자기 아침에 일어나 보니 내 모형 메트로가 실제 크기로 변해서 내게 말을 걸며 '다시 도쿄로 데려다주겠다'고 하지 않을까 즐거운 상상을 해 본다.

고마웠어, 도쿄. 너를 만날 수 있어서 행복했어.

Part 3

Seoul, Korea: Yonsei University

# 수능 없이 SKY를 넘보다

## 최강희한테 속았다, 서울은 달콤하지 않다

"Come to my world~ 달콤한 나의 도쉬~ 내가 선택한 모든 게 있는 곳~."

이선균의 로맨틱한 저음과 지현우의 애교 넘치는 기타 연주 사이에서 행복한 고민을 하는 스타일리시한 싱글녀의 생활을 그린 드라마 〈달콤한 나의 도시〉는 미국에서 〈My Sweet Seoul〉로 알려져 있다. 발랄한 주제가가 흐르고 4차원 소녀들의 워너비인 '강짱' 최강희가 스크린에 등장할 때면 정말 서울이란, 입에서 살살 녹을 듯한 꿈의 도시처럼 보였다. 기말고사를 앞두고 기숙사 의자에 잠옷 바람으로 쭈그려 앉아서 나는 '내가 선택한 모든 게 있는 곳~'에 대한 꿈을 꿨다. 포스터 속의 최강희 뒤로 펼쳐지는 서울의 멋진 야경과 저 멀리서 반짝이는 서울 타워란…… 어떻게든 나도 그곳에 가야 한다는 강력한 의지를 불러일으켰다. 그래서 선택한 달콤한 나의 핑계, 연세대학교!

나의 모교 우클라(UCLA)와 자매 학교인 연세대이니 걱정 없이 학점도 받고 서울도 즐길 수 있는 최상의 선택이라 생각했다.

## 국무부 인턴십 탈락을 계기로 연세대 교환 학생 도전

신입생 시절, 외교관이라는 꿈을 품은 지 얼마 안 되었을 때였다. 설레는 마음으로 정말 열심히 준비해서 지원한 국무부 인턴십에서 탈락한 것이다. 앞서 언급했듯 나는 꽤나 실망했고 마음은 어둡고 몸은 무기력한 좌절의 시기를 겪었다. 사실 그때 내 앞에 나타난 것이 서울, 그리고 연세대 교환 유학이라는 기회였다. 기대하고 지원했던 장학금이나 인턴십, 심지어 햄버거 체인점 알바를 지원했다가 탈락한 경험도 있는 나에게 왜 유독 국무부 인턴십 불합격이 이토록 큰 고통을 주었는지는 몇 개월의 방황이 가르쳐 주었다.

정말 이번에는 태어나서 처음으로 나에게 꼭 맞는 꿈을 만났다고 기뻐하고 설레었는데, 막상 그 꿈은 '나 같은 사람을 위한 것이 아니었구나'라고 느껴졌다. 한순간에 목표를 잃었고 무엇을 지향해야 할지 몰라 다시 백지 상태로 돌아가 헤맬 때였다.

무엇보다 대학생이 되어 처음 맞는 여름방학을 어떻게 보내야 할지 걱정이었다.

후회는 안 하고 싶은데…… 도대체 어떻게 하면 재미와 보람도 느끼면서 스펙에도 실질적 도움이 되는 시간으로 만들 수 있을지 방향성을 완전 잃었다. 내가 '외교관은 나의 길'이라고 확신에 차 있던 것처럼, 국무부 인턴십 관계자들도 나의 꿈을 알아볼 것이라고 착각했던 게 너무 바보스럽게 느껴져 부끄러웠다. 왜 다른 길도 추진해 놓지 않았을까. 불안감과 의문이 마음을 꽉 채우고 답이 안 보일 때면 늘 그랬듯 성경책 그리고 세계 지도를 찾았다. 약간 비겁한 방법일지도 모르지만, 노력해 봐도 극복하기 어려운 마음의 고난이 찾아오면 그야말로 '분위기 전환'을 추구했다. 옆동네이든 다른 나라이든, 일상의 터전을 바꾸어 보는 것이다. 달콤한 서울이나 화려한 도쿄 같은 곳에서 '혹시 나에게도 살아 볼 기회가 있을까' 하는 호기심에 이끌려 가끔씩 들렀던 'UCLA 교환 유학 프로그램' 사이트를 진지하게 살펴보기로 했다.

그렇게 좌절감에서 벗어나기 위해 시도한 것이 연세대학교 국제여름학교 지원이었다. 무사히 합격 통지서와 비자를 받고 짐을 싸서 드디어 '내가 선택한 모든 게 있는 곳'으로 출발했다. 나는 서울에서 현지인처럼 살아 보고 싶었다. 또래의 젊은이들처럼 열심히, 그리고 열정 넘치게, 서울의 거리를 누비고 싶었다.


### 서울은 결코 달콤하지도 호락호락하지도 않았다

하지만 서울에 머물면서 이 도시는 결코 젊은이들에게, 또 나에게 그리 달콤하거나 호락호락하지만은 않다는 것을 배웠다. 무거운 이야기들은 뒤로 약간 밀어두고, 일단 내게 서울이 달콤할 수 없었던 살짝 우스꽝스러운 이유를 살펴보자.

그런데 '내가 선택한 모든 게' 있어야 하는 달콤한 도시에서 내가 아무리 '선택'해도 생기지 않는 것, 하지만 진정한 서울 시민이 되려면 꼭 필요한 그것을 도착하고 난 후에야 발견한 것이다.

바로 최강희의 서울이 달콤한 이유가 문제였다.

연애, 커플룩과 이벤트, 다른 나라에는 존재하지도 않는 온갖 기념일, 심지어 외식할 때 사용하는 각종 커플 패키지와 디스카운트까지…… 솔로에게는 너무 잔인한 서울이라는 것을 너무 뒤늦게 알게 된 것이다. 미국과 일본에 있는 친구들에게 한국의 연인들은 '100일 기념일' 이벤트도 있다 하면 'Wow! 정성이 대단하다' '그런 자상한 남자 친구가 있으면 부러울 게 없겠다' 등 놀라움을 감추지 못한다.

남자 친구는 하루아침에 내 문 앞으로 배달되는 것이 아니므로 솔로로 당당하게 서울을 즐기자고 다짐했다. 혼자 사는 것이 버릇이 되어서 그런지, 평상시에도 혼자서 영화를 보고 외식하는 것을 즐기는 편이다. 그래서 그리 힘들 것 같지는 않다고 생각했다. 나름 용감하게 혼자서 레스토랑도 가고 투어에도 참가했다. 심지어 한해의 마지막 날도 혼자 세종문화회관에 공연을 즐기러 갔다. 앞에서 세 번째 줄 정중앙에 당당히 앉은 나를 딱하게(?) 보는 아주머니들도 몇 분 계셨다. 물론 양옆, 앞뒤에는 다정한 커플들이 있었다. 그래도 '혼자 오니 이렇게 좋은 자리도 나고, 얼마나 좋은가?'라는 위로 아닌 위로를 하며 자신을 타일렀다. 미국 대학 타운인 웨스트우드에서 거의 365일 24세 미만의 학생들만 보며 살았던 나도, 한국의 연애 문화에 놀랐다. 미국에서는 20대 초반의 또래 친구들 중에 연인이 없는 쪽이 늘 더 많았다. 하지만 한국 친구들은 어딜 가나 남친이나 여친에게 온 문자에 답변하며 행복한 미소를 띠었다. 물론 서울에도 솔로 탈출을 갈망하고 있는 옆구리 시린 분들이 많이 있겠지만 말이다. 마치 미혼 남녀 모두가 연애를 하면서 서로가 서로에게 달콤한 도시를 조성해 주고 있는 듯한 서울에서 나는 심술만 잔뜩 늘어났던 것 같다.

## 부모님의 나라 한국에서 겪은 컬처 쇼크

미국에서는 '컬처 쇼크$^{culture\ shock}$' 라는 표현을 자주 쓰는 편이다. 다문화적 커뮤니케이션에 대한 수업을 들은 적이 있는데, 강의에서 배운 신기한 것 중 하나는 '인간은 자신이 매우 잘 알고 있다고 생각했던 문화로부터 받는 쇼크가 가장 클 수 있다'는 점이다. 때문에 외국에서 거주하며 겪는 문화적 충격보다 다시 모국으로 돌아왔을 때 체험하는 '역문화 쇼크$^{reverse\ culture\ shock}$' 가 더욱 극복하기 어렵다는 것이다. 나의 경험들 또한 이 논리를 명백히 증명해 주었다. 도쿄에서 살다가 동일본 대지진으로 인해 갑자기 웨스트우드로 돌아온 나는 꽤나 심한 역문화 쇼크를 겪었다.

한국의 경우도 비슷하다. 부모님의 나라로서, 평생 알고 지낸 한국이기에 큰 문화적 충격을 느낄 것이라곤 예상하지 않았다. 문화적 충격이라고 해서 크게 놀라거나 심한 반발감이 생길 정도는 아니지만 전형적인 '문화 쇼크'의 사이클을 경험하기는 했다. 심리학자나 사회학자들은 처음 외국에 도착했을 때에 느끼는 호감과 호기심을 '허니문 기간'이라고 표현한다. 그 후에는 로컬 문화와 자신이 평생 살면서 알고 지냈던 문화의 차이점이 드러나면서 갈등 기간으로 접어드는데, 극복을 하면 두 문화의 특성들을 더욱 너그럽게 받아들이며 온전히 적응하는 단계에 도달할 수 있다는 것이다.

### 오바마 대통령이 자주 방문한 서울이 주는 설렘

나 또한 서울이 달콤하지 않다고 느꼈던 적이 있다. 노트북 컴퓨터 충전기를 꽂는 플러그 구멍은 왜 가는 카페마다 각도가 다른지, 왜 인도는 울퉁불퉁해서 항상 넘어지지 않도록 신경을 써야 하는지, 또 왜 늘상 뒤에서 튀어나올 것 같은 오토바이 엔진 소리에 귀 기울여야 하는지 등, 심술로 가득 찼던 적이 있었다. 하지만 서울은 자신의 달콤함을 머나먼 캘리포니아 기숙사 방에서 컴퓨터 스크린으로만 상상했던 내가 너무 표면적으로만 이해하고 있었다는 것을 깨우쳐 주었다. 오바마 대통령이 가장 자주 방문한 수도, 서울. 아직도 옆구리가 시린 나에게 그래도 이 도시는 늘 설렘을 선물해 주는 달콤한 곳이다.

# 아저씨는 연세(Yonsei)⋯⋯가 어떻게 되세요?

무섭다. 걱정된다. 신경 바짝 차리고 창문 밖을 봐야 해. 어떤 길을 지나왔는지 기억할 수 있어야지 탈출할 수 있는 거야. 차는 나를 태운 채 계속해서 어두운 언덕 위로 향했다. 홍대 방면으로 갈 때마다 늘 지나가던 길을 벗어난 지도 몇 분이 지났다. 도대체 나를 어디로 끌고 가는 거지? 이래서 엄마가 택시 탈 때 조심하라고 했구나. 나는 번호판을 외워 뒀다가 신고해 줄 남친도 없으니⋯⋯ 흑. 참혹한 운명이로다! 각종 시나리오를 고려해 보며 서바이벌 플랜을 짜고 있는 동안, 창밖으로 우거진 숲이 보였다. 머릿속으로 새로운 수목 추리 스릴러를 쓰고 있는 것이 들켰는지 택시 운전자 아저씨가 입을 열었다. 신촌을 통과하는 길이 막히니 연세대학교 캠퍼스를 관통해서 가자는 것뿐이었다. 그게 내가 처음 본, 스릴 넘치는(?) 연세대의 모습이었다.

  몇 년 후 신촌을 교환 학생으로 다시 찾았을 때는 서울이 더욱 익숙해졌다. 지리도 훨씬 잘 알게 되었지만, SKY라는 새로운 단어를 접한 후였다. 물론 미국에서 태어난 내가 하늘이라는 단어를 모를 리 없을 터. 'Seoul, Korea, Yonsei'의 약자를 따서 만든 한국의 초 엘리트 대학을 뜻하는 SKY. 일본과 한국은 이렇게 깜찍한 줄임말이 많아서 재미있다. 도쿄대학교의 닉네임으로 쓰이는 '토다이'를 들을 때마다 나는 시푸드 뷔페 '토다이'가 떠오른다. 최근에는 한국에도 지점이 생긴 것 같은데, 도쿄로 유학을 가기 전 나에게는 '토다이' 하면 남가주의 대형 쇼핑몰 안에 위치한 무한 리필 캘리포니아롤 배급소밖에 안 떠올랐다. 랍스터가 나오면 남녀노소 체면을 잠시 테이블 위에 던져 놓고 벌떼처럼 모여드는 그 '토다이'가 일본 최고의 엘리트를 배출해 낸다니. 들을 때마다 킥킥거릴 수밖에.

 연세도 마찬가지이다. 챕터 제목을 읽고 짐작했겠지만, '연세'는 책을 쓸 만큼 한국어가 능숙한 나에게도 한참 동안 확신이 안 서는 신비로운 단어였다. '연세가 많으셔서……' '연세가 어떻게 되시지?' 등 '연세'가 포함된 표현을 들을 때면 고개를 갸우뚱할 수밖에 없었다. 연세가 많다니…… 대학생들이 많다는 것인가? 연세가 어떻게 되는지는…… 캠퍼스 상황이 어떤가 여쭈어 보는 것일까? 아무래도 존댓말을 쓰는 말투가 조금 이상한 느낌이 나긴 하는데. 문득 드라마 〈옥탑방 왕세자〉의 조선 청년들이 겪었을 엉뚱한 생소함에 공감이 간다. 그래도 신호등 색깔의 트레이닝복은 모면했으니 천만다행이다. '연세'가 나이를 뜻하는 예의 바른 표현이라는 것을 알고 난 후에도, 혹시 한국에서 가장 오래된 사립학교이기에 이름이 연세인가……? 아니겠지~ 하면서도 불쑥 그런 의문이 들었던 적이 몇 번 있다. 물론 짐작

연세대학교 캠퍼스 입구　　　　　　연세대학교 설립자 언더우드 박사를 기린 '언더우드홀'

한 대로 한자가 다르다는 것을 확인한 후에야 '연세$^{年歲}$'와 '연세$^{延世}$'의 미스터리가 풀렸다. 책을 쓸 정도의 한글 능력과 '슈퍼킹왕짱' 같은 속어를 아는 내가 연세를 헷갈려 하는 것이 낯설 수도 있겠다. 하지만 잘 아는 교회 오빠의 말에 따르면, 나의 매력은 백치미(?)이다.

### 아이비 캠퍼스를 닮은, 한국에서 가장 오래된 사립학교 연세대

나르시시즘을 부르는 발언은 뒤로하고, '진리가 너희를 자유케 하리라$^{요한복음 8:31-32}$'라는 웅장한 문구를 지닌 연세대학교를 살펴보자. 연세대는 UCLA와 자매 학교이지만 캘리포니아의 널찍한 캠퍼스보다는 사실 동부의 아이비 대학 캠퍼스와 비슷한 분위기가 흐른다. 1919년에 설립된 우클라보다 34세나 많은 연세대는 1885년에 미국 선교

사님들이 설립한 사립학교이니 어쩌면 당연한 일인지도 모르겠다. 한국에서 가장 오래된 사립학교가 일본에서 가장 오래된 사립학교 게이오와 자매 학교인 것도 우연이 아닐 듯싶다. UCLA에 상징인 '로이스홀Royce Hall'이 있다면 연세대에도 아이비 대학 못지않은 넝쿨을 자랑하는 건물이 있다. 바로 신촌 캠퍼스에서 가장 로맨틱하게 느껴지는 곳, 언더우드 박사의 동상 뒤로 듬직하게 서 있는 '언더우드홀Underwood Hall'이 그것이다. 보스턴을 방문했을 때 엿본 하버드의 넝쿨보다 나는 이 언더우드홀의 푸르스름한 넝쿨이 더 마음에 든다. 두 팔을 활짝 벌리고 미소로 학생들을 환영하고 있는 '호러스 언더우드Horace Grant Underwood' 박사가 처음 한국에 발을 디딘 날이 부활절이었다고 한다. 1885년, 그는 한국 땅을 밟자마자 함께 온 미국인 선교사를 붙잡고 밀려오는 감회와 한국에 대한 열정을 뜨거운 기도로 표현했다고 한다. 그 후 이 뉴욕대 출신 뉴요커는 결혼 후에도 계속 한국에 살았으며, 그의 후손들도 4대째 한국을 떠나지 않았다. 연세대에서 내가 가장 많은 시간을 보낸 곳도 바로 '언더우드 국제대학Underwood International College'이다.

새천년관에서 들은 '동아시아의 국제 관계학'과, 우거진 언덕길을 지나 캠퍼스 반대쪽에서 들은 '동아시아 시네마' 수업은 연세대학교를 다니는 내내 가장 재미있게 들은 수업들이다. 기말고사로 영화 〈서편제〉에 대한 에세이를 쓰고, 내가 좋아하는 왕가위 감독의 영화를 깊게 파고들어 분석할 수 있어서 재미 넘치는 하루하루였다. 그리고 국제학대학원GSIS의 국제관계학 교수님이자 파워포인트의 달인이신 이정민 교수님의 유머 감각과 강의는 나른한 오후의 식곤증을 쫓아 주는 활력소가 되었다.

## 신기하게도 계속 이어지는 연세인들과의 인연

연세대 캠퍼스를 떠나서도 신기하게 나와 연세대의 인연은 계속됐다. 대학교 3학년, 워싱턴 DC에서 인턴으로 지내는 동안 한반도를 둘러싼 정치 외교에 관한 연구 발표회에 참석했던 적이 있다. 〈North Korea Inside Out〉이라는 이 연구 프로젝트의 발표를 듣고 며칠간 온갖 아이디어와 질문이 머릿속을 맴돌았던 적이 기억난다. 이 프로젝트의 '전담 디렉터$^{taskforce\ director}$' 로 활약하신 분이 바로 지금 연세대학교에 계신 존 들루리$^{John\ Delury}$ 교수님이시다. 정책연구소$^{Institute}$ $^{for\ Policy\ Studies}$에서 인턴을 하던 중 로버트 킹$^{Robert\ King}$ 미국 국무부 대북인권 특사의 상원 인준 청문회에서 우연히 만나게 된 들루리 교수님에게 잠깐 인사드린 적이 있는데, 그때는 연세대 교수님이 되실 것이라고는 전혀 몰랐다. 나를 기억하실지 모르겠지만, 최근 〈뉴욕 타임스〉와 〈이코노미스트〉를 통해 한반도 관련 기사를 읽다 보면 꼭 언급되는 인물이 '서울에 위치한 연세대학교의 교수 존 들루리' 여서 괜스레 반갑다.

게이오대학을 다니는 동안에도 연세대 학생들과 함께 공부한 적이 있었다. UCLA, 게이오대, 그리고 연세대가 모두 자매 학교였기 때문이다. 특히 도쿄에서는 연세대와 게이오대, 그리고 홍콩대학교가 함께 주최하는 '3캠퍼스 동아시아 연구 프로그램$^{\text{Three Campus Comparative East Asian Studies Program}}$'의 학생들을 만날 수 있었다. 각 학교에서 선발된 소수의 학생들이 한국, 일본과 홍콩에서 한 학기씩 수업을 들으며 교환 학생 생활을 하는 프로그램이다. 게이오에서 다시 만난 이 '3캠퍼스' 학생들은 각 학교가 자랑하는 인재들이었고, 가장 부러운 것은 함께 여러 나라를 다닌 덕에 벌써 서로 간에 추억거리와 우정이 깊게 자리 잡고 있다는 점이었다. 미국에서 동아시아학을 전공한 내가 느끼기에는 '3캠퍼스' 같은 프로그램은 아시아 지역에 거주하는 학생들에게만 주어지는 특권이자 멋진 찬스이다.

비행기를 타고 간편히 홍콩, 도쿄, 서울을 넘나들 수는 없지만, 현재 우리 우클라에도 동아시아학 분야의 리더들이 많다. 웨스트우드에 위치한 UCLA라고 하여 '서림학파'의 대주주(?)라고 불리는 존 던컨$^{\text{John Duncan}}$ 교수님은 한국학의 권위자이시자, 열렬한 고려대학교 졸업생이시다. 늘 고려대에 대한 자부심과 추억이 많으셨던 교수님은 아쉬우실지 모르겠지만, 이 세상에 연고전이 존재하는 한 나는 항상 스승님을 배반해야 하는 운명인 셈이다. 교환 학생 마지막 날 작별연설에서 '한번 연세인은 영원한 연세인'이라고 들은 탓일까. 짧은 기간이었지만, 연세 학생으로 보냈던 학기 이후로는 세계 곳곳에서 만나게 되는 연세인들과 연세의 소식이 왠지 반갑게 다가온다.

## 불안하니까……
## 청춘이다

최근에 '연세대 어학당 디스'라는 동영상을 본 적이 있다. 고려대에서 교환 유학을 한 샘 해밍턴이라는 개그맨이 MBC 간판 예능 프로인 〈라디오 스타〉에 나와 농담 섞인 발언을 한 것이다. 연세대외국어학당 학생들은 홍대에서 놀기 바쁘고 교포들이 많아서 한국어 공부도 쉽게 한다는 지적이었다. 사실 나도 그 프로를 보면서 킥킥거리며 웃었다. 나 또한 그렇게 느꼈던 점이 몇 번 있었기 때문이다. 하지만 현지인과 무조건 소통하고자 하는 샘 자신의 한국어 공부법(?)이 알려주듯, 또래 현지인들과 어울리며 생생한 여가 문화를 체험하는 것 또한 진정한 교환 유학 프로그램의 일부이지 않을까 싶은 생각이 들었다.

나는 연세외국어학당을 다니지는 않았다. 부모님 덕에 걱정 없이 일상생활을 하고 책을 집필할 수 있을 정도의 한국어를 구사하기 때문에 다른 수업을 듣는 게 더욱 유용할 것이라 판단했다. 덕분에 어학당에서는 만날 수 없는 '진짜' 연세대 학생들과 수업할 수 있었다. 한국 특유의 대학생 문화를 엿볼 수 있는 좋은 기회였다. 태어나서 처음으로 식권으로 점심을 사먹어 보았고 미국에서 늘 부러워했던 MT라는 문화도 전해 들었다. UCLA에서는 학생증에 입력돼 있는 횟수에 따라 기숙사 식당을 활용했고, 아쉽게도 MT라는 것이 아예 존재하지 않는다. 때문에 대학생으로서 발랄하고 즐거운 추억을 가득 만들 수 있는 MT도 가보고 싶었고, 미국에 없는 미팅도 해보고 싶었다. 결국 어쩌다 보니 둘 다 체험해 보지 못한 채 대학을 졸업한 몸이 되었지만, 한국 친구들을 통해 들은 생생한 이야기들은 늘 흥미진진했다.

또 지하철을 타면 꼭 한두 명쯤은 입고 있을 법한 대학 재킷은 정말 새로운 발견이었다. 미국에서는 고등학교 미식축구 선수나 입을 법한 디자인의 재킷이지만, 연세대는 물론, 한국의 각종 대학교들의 이름과 엠블럼이 새겨진 재킷은 한국 대학생들만의 패셔너블한 모교애와 자부심의 표상으로 비쳤다.

### 세상 어디든 청춘의 고민은 닮아 있다

비록 학생 문화나 풍습은 다를지라도 내가 연세대 학생들과 대화하며 느낀 점은, 세상 어디든 청춘의 고민은 비슷하고 관심사도 틀린 점보다는 닮은 점이 많다는 것이다. 우리 모두 외모와 연애에 관심이 기울고, 알바와 학업을 병행하느라 바쁘고, 미래 커리어와 취업 때문에 걱정이 태산이다. 그리고 앞으로 펼쳐질 미래에 대한 설렘과 함께 점점 치열해지는 경쟁 속에서 왠지 모를 불안과 초조함도 늘 함께한다.

### 한국…… 명문대, 그리고 영어 강박증

한국인 학생들과 수업을 하며 또 한 번 느낀 점이지만, 한국 사람들은 영어를 참 잘한다. 약간 비판적인 시선을 견지하자면, 경쟁 사회가 북돋우는 초조한 자기계발, 대안 없어 선택하게 되는 끝없는 스펙 쫓기와 쌓기, 그리고 학원 왕국에 어울리는 학구열이 수많은 한국인을 'English speaker'로 거듭나게 한다.

TOEIC이나 TOEFL 만점이 아니라도 내가 만난 일반 한국인들의 영어 구사 능력은 다른 어떤 외국인들에 비해 꽤나 수준급이었다. 더 나아가, 준비된 프레젠테이션을 훌륭한 영어 스피치로 소화하는 학생들도 드물지 않았고, 각종 업무를 능숙한 영어로 이끌어 가는 한국인들도 많이 늘어났다.

하지만 내가 수업 도중 만난 한국인 학생들은 충분한 영어 실력을 갖췄음에도 불구하고 웬만해서는 영어를 잘 쓰지 않았다. 외국인 학생들에게 도움을 주는 공식 활동을 하는 학생들 외에는 한국 학생과 영어로 대화해 본 기억이 없을 정도였다. 영어로 진행되는 수업을 듣고 있는 학생들조차도 그랬다. 수업 도중에 토론이 벌어지든가, 한국어를 못하는 파트너와 맺어지든가, 그것도 아니면 과제로 영어 프레젠테이션을 해야 할 경우에만 한국 학생들은 꽁꽁 숨겨 놓았던 영어 실력을 살짝 공개했다.

휴식 시간에도 주로 다른 한국 학생들과 한국어로 수다를 떨거나 필기 노트를 공유하느라 바빴다. 나는 한국어로 말을 걸어서 친분을 쌓게 된 한국 학생들을 통해 더욱 생생하고 재미있는 교환 유학 생활을 할 수 있었지만, 그들도 한국어가 능숙하지 않은 친구들과 적극적으로 교제할 수 있다면 더욱 좋지 않을까 하는 생각이 들곤 했다. 물론 아주 적극적으로 외국인 친구들을 사귀고 알바도 영어를 활용할 수 있는 업소에서 일해, 나보다 더 백인 친구가 많은 한국인들도 있었다. 어느 나라에서나 그렇듯, 분명히 한국에서도 다양한 성향의 학생들이 있을 것이다. 나의 짧은 경험으로 한국의 영어 교육 환경을 비판하려는 것은 아니다. 사실 이 영어에 대한 견해가 보여 주는 더 큰 포인트는 따로 있다.

### 불안하므로 청춘이고 대학생이다

우리는 망설인다. 능력과 가능성은 충분한데, 점프하기가 두려워서 성취라는 바다에 뛰어들지 못하고 있다. 능력이 정말 되는지도 의심 가고, 혹시 바다가 아니고 끔찍한 시멘트 바닥이 아닐까 두렵기도 하다. 정말로 점프할 준비가 되었다고 누군가 확신을 주기를 간절히 바라지만 이 세상에 내 맘속 불안을 완전히 지워 줄 사람은 없다. 이것은 한국 젊은이들만 겪고 있는 시추에이션은 아니다. 게이오에서 만난 일본인 친구들, UCLA의 미국 동료들도 마찬가지였다. 미래가 불안한 우리는 대학생이고 막막한 우리의 이름은 청춘이다. 어쩌면 '청춘'이란 나이와 무관한 단어일지도 모른다. 새로운 선택과 변화들을 앞두고 설렘, 소망과 불안을 동시에 품고 있는 모든 이들을 '청춘'이라고 부를 수 있지 않을까?

하지만 2013년, 젊은 우리들의 선택은 왠지 다르게 느껴질 때도 있다.

대학생, 재수생, 알바생, 취업생, 사회인, 아님 심지어 아이돌까지, 우리들의 나이와 인생 시기의 특성상 평생 해보지 못한 경험들로 일상이 가득 차 있고 난생처음 해야 하는 고민과 결정이 머리를 복잡하게 하는 시기를 살고 있다. 어쩌면 인생이라는 여행 자체가 늘 새로운 경험들로 가득 차 있고, 중년도 노년도 모두 난생처음 겪는 일투성이일 것이다. 하지만 우리는 몇십 년의 인생 경험이 주는 안정감과 연륜이 없기 때문에, 오히려 지금의 선택이 앞으로 펼쳐질 미래에 끼칠 영향은 몇 배나 큰 것처럼 느껴진다.

그것도 모자라 평범한 중산층 가정이 예상치 못한 경제적 위기를 맞이하고 취업은 어느새 로또 게임이 되어 버렸다. 안 그래도 풍파 많은 우리 젊은이들에게 사회와 경제는 더욱 거센 바람을 매정하게 쏟아대는 것만 같이 느껴질 때도 있다. 그래서일까? 내가 한국에서 만난 친구들에게 서울은 여러 의미로 결코 달콤한 곳이 아닐 수도 있다는 것을 실감했다.

## 실패가 두려워 도전하지 않는 것이 더 큰 패배

자신 없는 외국어로 대화하는 것을 힘들어 하지 않는 사람은 없다. 하지만 틀린 문법과 단어를 사용하면서라도 입을 많이 연 자가 결국 화려한 언어 솜씨를 갖추게 되는 게 사실이다. 정말 안타까운 것은 어느 정도 충분한 외국어 능력을 갖췄는데도 귀찮아서, 부끄러워서, 도전이 위험하게 느껴져서, 실패가 창피해서, 또는 확신이 안 들어서 활용 안 하는 케이스이다. 영어는 비유에 불구하다. 아무리 사회적 흐름과 경제적 한계가 점점 더 안정성, 현실성, 실천 가능성 '따위'를 매일매일 눈앞으로 불러와도, 우리는 과감히 점핑해야 한다. 우리는 고등학교 졸업, 대학교 졸업, 부모님으로부터 독립처럼 한 시기의 끝에서 다시 시작하는 아기와 마찬가지이니까. 우리는 걸음마를 겨우 배우고 있고 면역력을 키워 가고 있다. 그래서 넘어지는 것은 지극히 뻔한, 당연한 일이다. 그 과정의 불안함을 조금이나마 견딜 만하게 해주는 변치 않는 진실이 있다면 바로 우리의 무궁무진한 가능성 아닐까.

아직 빚어지지 않은 촉촉한 지점토는 어떤 형태를 갖출지 아무도 모르니 불안하고, 과연 빚어지기는 할지 아니면 딱딱하게 말라 버릴지 보장이 없으니 걱정스럽다. 하지만 일단 지점토가 있는 이상, 그 어떤 형태일지라도 갖출 수 있는 가능성이 있으니 얼마나 큰 축복인가. 그냥 평범하지만 마음까지 따뜻하게 녹여 주는 멋진 머그컵이 될 수도, 역사적인 작품이 될 수도 있다. 우리는 그렇게 멋진 존재이고 그렇게 화려한 시절을 살고 있다.

### 마이클 이야가…… 세상이 바뀔 때까지 기다리지 말라

"알고 보니 누구누구는 가족이 대대로 로열패밀리래."
"누구는 부모님이 엄청난 사업가더라고."
"역시, 그럼 그렇지. 믿는 구석이 있으니까 저렇게 될 수 있지."

한국, 일본, 미국 등 나라를 불문하고 또래 친구들의 대화 속에 꼭 등장하는 말들이다. 눈에 띄는 성취를 이룬 사람들이나 화려한 명예를 누리는 사람들에 관한 이야기를 접할 때면 그들이 평범한 우리들보다는 조금이라도 더 유리하게 그렇게 될 수밖에 없었던 이유를 따져본다. 분명 이 세상에는 불평등이 존재하며 유리하고 불리한 환경도 있는 법이다.

하지만 한국이나 일본, 미국에 살고 있는 평범한 젊은이라면 사실 지금 처한 상황이 어떻든 지구 그 어느 곳에 있는 사람들보다 희망적인 가능성을 많이 지니고 있다고 볼 수 있다. 돈 없고, 인맥 없고, 직장이 없더라도 괜찮다. 그런 상황에서 발휘할 수 있는 의미 있는 일들의 영향력은 사실 꽤 어마어마하다.

하루는 낮에 집에서 빈둥거리다가 생각 없이 멍하게 어린이 프로그램을 시청한 적이 있다. 소파에서 일어나지도 않고 그냥 멍하니 시간을 보낸 하루였다. 미국에서는 이런 사람을 'couch potato'라고 한다. 소파에서 식물처럼 안 움직이고 있는 '소파 감자'라는 것이다. 아무튼 그렇게 대낮에 한심하게 어린이 프로그램을 보고 있다가 충격 아닌 충격을 받았다. 미국 전역에 있는 어린이 '히어로'들을 소개하는 프로에서 진정한 영웅의 얼굴을 본 것이다. 아무도 시키지 않았는데 꾸준히 주변 아이들이 안 쓰는 책가방을 모아서 가방이 필요하지만 가난해서 장만하지 못한 또래 아이들에게 몇천 개의 가방을 기증한 남자아이. 숙제가 끝나고 시간이 날 때마다 곰돌이 인형에 눈을 붙이는 작업을 취미 삼아 해서 받은 돈을 몇 년째 기부하고 있는 여학생. 이 아이들은 분명 돈도, 인맥도, 직장도 없다. 하지만 벌써부터 이렇게 크고 의미 있는 영향력을 끼치는 인물이 돼 있지 않은가. 잠옷 바람의 'couch potato'인 내 모습이 갑자기 너무 부끄러워졌다.

이렇게 어릴 적부터 눈에 띄게 봉사 활동과 이웃돕기에 관심을 가지는 천사 같은 얼굴을 한 어린이는 많지 않다. 그래서 최근에 접하게 된 '마이클 이야기'가 나한테 더욱 와 닿았고, 정말이지 세상 탓만 하던 나의 염치 없는 변명이 창피했다.

마이클은 나와 같은 대학원을 다니는 학생이다. 물가는 하늘을 찌르고 집세는 눈물 나게 비싼 워싱턴의 대학원 생활이란 평범한 젊은이에게는 빈곤과의 싸움이라고 해도 과언이 아니다. 게다가 경력을 쌓기 위해 하는 인턴십이기에 취업에는 너무나도 중요하지만 대부분 급여가 전혀 없다. 미국도 비싼 학비가 낳은 산더미 같은 학자금 융자는 무시무시하다. 그런 하루하루를 살아가고 있던 평범한 마이클은 어느 날 길거리에서 노숙자 한 명을 만난다.

### 청춘, 우리가 세상의 미래다

처음에는 평소대로 그냥 지나치려고 했다. 몇 푼이라도 있으면 도와달라고 하는 노숙자 아저씨에게 줄 돈이 정말 없었기 때문이다. 하지만 그날따라 마이클에게 새로운 생각이 일었다. '지갑에 지폐는 없지만 나에게는 시간이 있잖아.' 그래서 한 시간 동안 앉아서 그 노숙자 아저씨와 대화를 하고 고민을 들어준 것이다. 며칠 후 다시 찾아와 이번에는 노숙자를 위한 알코올 중독 회복 센터에 함께 들르고, 또 며칠 후에는 함께 가족에게 찾아가 부인과의 화해까지 주선했다고 한다. 이제 마이클과 그 노숙자 아저씨는 가끔씩 예배 후 점심도 함께 먹는 교회 친구 사이라 한다. 박찬욱 감독의 히트작 〈친절한 금자씨〉에 등장하는 명대사 '너나 잘하세요'가 불현듯 떠올랐다.

'지금 주어진 능력으로 오늘 처해 있는 상황 속에서 나부터 잘하자, 마이클처럼.'

존 메이어의 히트곡 중에 〈Waiting on the World to Change〉라는 곡이 있다. '우리는 이 세상의 잘못된 점과 세상을 이끄는 자들의 문제점들이 다 보이지. 그저 우리가 그 모든 것을 능가해서 이길 능력이 없다고 느껴질 뿐. 그래서 우리는 기다리지, 세상이 바뀔 때까지. 그저 기다리지. 세상이 바뀔 때까지.' 존 메이어의 감미로운 목소리와 부드러운 멜로디 뒤에 숨겨져 있는 시니컬한 가사는 우리 세대의 비겁함을 너무 뚜렷이 담고 있는 것 같아 움찔했다. 세상과 사회를 바꾸는 것은 정치인이나 정부가 해줘야 할 일이라고 떠넘기지 말자. 바로 우리 자신이 해야 하는 일이고, 진정으로 그럴 수 있는 힘과 권리가 있는 것도 우리뿐이다. 이 세상에 공짜는 없다. 우리의 젊음은 곧 책임을 뜻한다.

존 메이어가 노래하듯, '언젠가 우리 세대가 인구를 지배할 거다'. 그러니 우리는 그냥 세상이 바뀔 때까지 소파에 앉아서 지켜볼 수는 없다. 그리고 그런 태도에 대한 대가는 바로 미래의 우리가, 그리고 우리의 자녀들이 치를 것이다. 좋은 소식이 있다면, 그런 책임과 함께 오는 것이 있는데, 바로 위대한 힘이라는 것이다. 스파이더맨의 '위대한 힘에는 막중한 책임이 따른다' 라는 좌우명을 넘어, 우리에게 주어진 책임에는 위대한 힘이 따른다. 열심히 누리고, 또 더욱 열심히 기여하자. 힘들고 막막하지 않을 것이라는 말이 아니다. 다만 원망하기 전, 기대하기 전, 평범한 나의 손안에 있는 그 어마어마한 힘과 가능성을 조금은 두려워하고 더욱 조심히, 소중히 다루자.

어떤 모습이든, 분명 우리는 세상의 미래이니까!

국무부로 가는 길 ❷

## 피커링 장학금의 기적
## _ 소녀, 외교관 되다

우아! 사람이 이렇게 멋져도 되는 거야? 직장 생활이 원래 이렇게 재미있는 건가? 대학생이 된 지 몇 개월밖에 안 된 신입생 시절, 나는 속으로 '우아, 우아, 우아'를 몇 번씩 반복하며 한 남자의 말을 열중해서 듣고 있었다. 그는 카리브해에서 서핑을 하고 돌아와 홍콩의 화려한 네온사인 앞에 서 있는 자신의 사진을 그 강의실에 모인 약 20명의 학생들과 나누고 있었다. 패셔너블한 슈트 차림의 이 남자는 바로 국무부 외교관이었고, 한국계 미국인이었다.

### 맞춤형 꿈이란 존재할까?

국무부에는 'Diplomat in Residence'라는 제도가 있다. 학생들과 교류하며 국무부 커리어에 대한 정보를 나누기 위해 전국 각지의 대학 캠퍼스에 외교관이 배정돼 있는 것이다. 미국 서부와 하와이를 포함한 지역을 담당하고 있는 '캠퍼스 외교관 Diplomat in Residence'은 2명이다. 운 좋게도 나는 그중 한 명이 배치돼 있는 UCLA를 다니고 있었다. 그때 UCLA의 거주 외교관 주최로 워싱턴에서 근무하고 있던 한국계 미국인 외교관이 특별 손님으로 국무부 설명회를 가진 것이다. 그때 나는 졸업 후 로스쿨에 다닐까 고민 중이었기에 법률사무소에서 알바를 하고 있었다. 나쁘진 않았지만 왠지 내게 꼭 맞는 일이라는 확신도 안 들던 알바 경험이었다. 그래서 학교에서 열리는 설명회와 미팅을 여기저기 다니던 때였다. 무심코 들른 국무부 설명회에서 외교관이라는 직업에 눈을 뜬 순간, 온몸에 전기가 흐르는 듯한 짜릿함을 느꼈다. 국무부를 소개하는 비디오를 보면서도, 그 외교관의 말 한 마디 한 마디를 경청하면서도, 가슴이 벅차올랐다. 그런 경험은 난생처음이었다. 또 세계를 누비며 그런 멋지고 보람 있는 일을 하는 분이 한국계 미국인이라니. 왠지 나를 위한 운명적인 메시지가 담긴 설명회처럼 느껴졌다. 설명회는 알바 시간 때문에 일찍 떠나야 했지만, 설명회장을 나서면서 나는 세상을 얻은 듯했다. 이제 드디어 내가 원하는 것을 찾았으니, 열심히 뛰고 두드리고 기도하기만 하면 되는 거야!

　사실은 국무부 외교관이 되고 싶다는 생각을 2008년, 그 설명회에서 처음 한 것은 아니다. 앞서 언급했듯, 아버지는 가끔씩 내게 긍정적 자극이 될 인물들이 소개된 기사를 보여 주셨다. 당시 나는 그런 사람처럼 될 자신이 없었기에 투덜거리면서 겨우겨우 기사를 읽곤 했다. 초등학교 시절이었던가? 아무튼 꽤나 어렸을 적 읽은 기사가 하나 있다. 캘리포니아 출신 젊은 한국계 미국인 여성이 미국 외교관이 됐다는 보도였다. 미국 국무부가 무엇인지도 몰랐던 나이, 이상하게도 그분의 사진과 이름만은 뚜렷이 기억에 남았다. 고등학생이 되어 진로를 고민할 때에도 가끔 그 사진 속 외교관이 떠오르곤 했다. 하지만 내가 감히 그렇게 멋진 분의 반의반의 반이라도 따라가겠어? 현실적이지 않았다.

### 기적은 어느 날 갑자기 찾아온다

2010년 봄이 오고, 대학교 3학년인 나는 CJ엔터테인먼드아메리카에서 한창 송강호, 강동원 주연의 〈의형제〉를 리서치하고 있었다. '피커링 최종 면접 초청'이라는 제목으로 도착한 이메일. 이메일의 제목을 보고도 피커링이 도대체 무엇인지 모르겠어서 혹시 악성 스팸 메일이 아닐까 의심하며 열어 봤다. 몇 개월 전 일본 유학을 위한 장학금 제도가 없는지 찾아보면서 믿기지 않을 정도로 좋은 조건의 프로그램에 지원했던 것을 까맣게 잊은 것이다. 접수 마감일 3일 전에 무심코 점심을 먹으면서 장학금 검색을 해보다가 엉뚱한 사이트에서 우연히 알게 된 장학 제도 'Thomas R. Pickering Foreign Affairs Fellowship'이었다. 그렇게 명성 있는 전국 규모의 장학 프로그램에 내가 합격할 리는 없다고 생각하면서도 한번 지원이나 해 본 것이다. 워낙 붙을 확률이 희박하다 보니 아예 기대를 접고 기억에서까지 지워 버린 것이었다.

그런 프로그램에 파이널리스트로 선정되다니…… 믿기지 않았다.

정말 볼까지 꼬집어 봤다. 40명의 1차 파이널리스트는 국무부 지원으로 워싱턴 DC로 가서 면접과 마지막 시험을 봤다. 나의 꿈은 물론, 내 인생 전체를 바꿔 놓을 수도 있는 기회가 다가온 것이다. 화장실 변기 위에 앉아서 긴장된 마음을 달래고 소리 없이 파이팅을 외쳤다. 하늘을 향해 팔을 높이 들고 떨림을 극복할 소리 없는 외침과 하나님께 간절한 기도를 했던 기억이 지금도 생생하다. 그리고 며칠 후, 나는 기적적으로 전국에서 선발된 최종 20명의 '피커링 장학생' 중 한 명이 되었다.

### 피커링 외교관 양성 프로그램

피커링 장학생들은 국무부의 재정적 지원을 받으며 대학교와 대학원을 졸업한 후, 미국 외교관으로 입사한다. 대학교 4학년 학비 전액과 생활비를 국무부에서 지원 받고, 대학 졸업 직후 외교정치 관련 2년제 석사 프로그램까지 마쳐야 한다. 대학원 첫해의 학비와 생활비 또한 지원 받으며 두 번째 해는 학교에서 학비 면제를 해준다. 대학교 4학년과 대학원 졸업 사이에 있는 두 번의 여름방학에는 국무부 본부가 있는 워싱턴 DC와 외국에 있는 미국 대사관에서 수습 근무를 하며 경험과 인맥을 쌓는다. 여름 수습 기간 동안에도 급여를 받으며 근무하고, 숙박과 비행기편도 마련된다. 물론 신원 조회, 건강 검진 등 외교관이 갖춰야 하는 자격을 성공적으로 취득한다는 조건 아래지만, 모든 피커링 펠로우(Pickering Fellow, 장학생)들은 대학원 졸업 후 최소

3년간 미국 외교관으로서 근무 의무가 있기 때문에 사실상 진로가 확정된 것이나 마찬가지다. 대다수의 피커링 장학생들은 애초부터 외교관이 되는 것이 목표였기에 의무 기간 3년 이후에도 근무를 계속하며 국무부에서 활약한다.

스물한 살이라는 어린 나이에 앞으로 최소 6년이라는 기간을 국무부와 함께한다는 계약을 한다는 것은 너무 큰 축복이었지만, 때로는 그 선택의 무게가 힘겹게 느껴지기도 했다. 하지만 뭐니 뭐니 해도 내게 피커링 장학금은 기적이다. 빈털터리 스물한 살 소녀에게 외교관이라는 날개를 달아 주며 일본 유학을 보내 줬고, 대학원까지 다닐 수 있게 지원해 준, 신데렐라를 화려하게 변신시켜 준 요정 할머니 같은 존재이다. 그리고 무엇보다 그토록 갈망했던 외교관이라는 꿈을 현실로 만들어 준 기도에 대한 응답이기도 했다.

부족하고 평범한 나를 감히 상상치도 못한 곳으로 높여 주신 나의 주 하나님과 나의 가능성을 믿어 주고 나에게 투자해 준 미국 국무부, 그리고 지난 몇 년간 피커링 장학생으로서 많은 도움을 받은 'Woodrow Wilson National Fellowship Foundation' 가족들에게 평생 감사할 것이다.

### 어메이징한 선배님들과의 상상치도 못한 재회

마치 '그래, 네 꿈이 정말로 이루어진 것이란다'라는 유명한 베스트셀러 《시크릿》의 증거라도 되듯, 처음 수습 근무를 하기 위해 찾은 워싱턴 본부에서 UCLA 설명회의 그 외교관을 다시 만나게 됐다. 전 세계에 퍼져 있는 국무부라는 거대 조직 안에서 그분을 다시 만날 수 있으리라곤 상상하지 못했다. 마침 그해 여름 내가 근무했던 부서에 그분이 근무한 적이 있었고, 해외에 있는 대사관에 있던 그분이 워싱턴에 들를 일이 있어서 어느 날 내 책상 앞을 지나간 것이다. 내 소개를 하고 입사 스토리를 전한 뒤 기념사진까지 찍은 역사적 순간이었다. 하지만 아직 기적 같은 재회는 한 번 더 남아 있었다. 바로 내가 초딩 시절 읽었던 기사 속 자랑스런 외교관이 방콕 대사관 수습 근무 중 내 상사가 된 것이다. 그리고 나를 더 깜짝 놀라게 한 사실이 있었다. 그녀는 피커링 장학생 1기 선배님인 것이다. 수년 전 신문 기사 속 한국계 미국인 여성 외교관이 피커링 장학생이었던 것이고, 그것도 모른 채 내게는 절대 불가능하다고 투덜거리던 초딩 또한 피커링 장학생이 된 것이다. 국무부로 가는 길에 터닝 포인트가 된 두 분의 멋진 한국계 미국인 외교관과의 기적적인 재회는 섬세한 은혜에 대한 감사를 마음속 깊이 간직하게 해준 순간이었다. 나는 이런 어메이징한 선배님들이 있어 자랑스럽고 든든하다.

　이제 나 또한 누군가에게 꿈을 심어 줄 수 있도록 노력할 것이다. 나중에 알게 된 사실이지만, 피커링 장학생들은 주로 동부의 사립학교 출신이 많다고 한다. 그리고 워싱턴 DC 근처에 있는 학생들이 많이 지원한다. 아무래도 국무부 본부와 정치 관련 기관이 많이 위치하고 있는 워싱턴 학생들의 정보력이 더 뛰어난 것도 사실이다. 동부 출신 학생들은 같은 학교 선배가 피커링 장학생이었던 경우도 많고, 학교 교수님들도 프로그램에 대해 잘 알고 있어서 학생들에게 추천하는 일도 훨씬 잦다. 그러다 보니 당연히 지원 노하우와 접하는 조언도 뛰어나다. 그에 비해 서부에 있는 학생들은 피커링 장학 제도를 비롯한 미국 정부 프로그램이나 취업 기회에 대해 알고 있는 것이 많지 않고, 정보를 접할 기회도 흔치 않다. 특히 동양계 미국인들은 법이나 IT, 또는 의료 업계에는 많이 종사하지만 정치 분야는 아직 극소수이다.

동양계 젊은이들의 공직에 대한 관심이 훨씬 확대돼, 점점 늘어나고 있는 아시아계 인구를 효과적으로 대변할 수 있었으면 하는 바람도 있다. 미국의 가장 큰 장점이자 특징인 인종적, 문화적 다양성을 더욱 흡사하게 표현하는 외교관 조직을 양성하는 움직임에도 활발히 기여할 수 있었으면 좋겠다. 물론 지금도 국무부에는 내가 예상했던 것보다 훨씬 많은 한국계 미국인 외교관들이 있다. 지금 서울에 계신 성김 주한 미대사님이 가장 유명한 예일 것이다. 워싱턴 본부에서 수습 근무를 하던 중 대사님의 상원 인준 청문회를 참석할 수 있어 영광이었다. 코리안 아메리칸이 한미 수교 역사 최초로 주한미 대사가 되는 과정이 펼쳐지는 역사적 순간이었다.

나는 언제쯤 더 큰 꿈에 대한 희망을 심어 주는 롤 모델이 될 수 있을까? UCLA로 돌아가서 후배들에게 설명회를 하며 세계 곳곳 근무지에서 찍은 사진들을 멋지게 나눌 날이 오기를 기대해 본다.

## 한류 열풍과
## 호떡 프린스 1호점

　　　　　　　　　　　한류 열풍은 사실 100년 전에 시작됐다. 영국 화가 엘리자베스 키스는 《키스, 동양의 창을 열다》라는 저서에서 1920년을 이렇게 기록했다.
　'한국 여자들은 연극이나 연예 방면에도 소질이 많다. 한번은 여학교 학생들이 루이자 메이 올콧의 〈작은 아씨들〉이라는 연극 작품을 공연하는 것을 본 일이 있다…… 어찌나 진지하게 극중 인물들의 감정을 표현하는지 감탄을 금할 수 없었다. 특히 여주인공 베스가 죽어가는 마지막 장면은 정말 감동적이었다.'
　수많은 한드<sup>한국 드라마</sup> 여주인공들이 시한부 인생을 마무리하며 세계 곳곳의 한류 팬들의 눈시울을 붉게 할 것을 예언이라도 하듯 엘리자베스 키스는 한국 여성들의 뛰어난 엔터테인먼트적 감각을 극찬했다. 그녀는 평생 미혼으로 살면서 아시아를 여행하며 아름다운 판화를 남겼다. 특히 한국을 소재로 한 작품들로 국제적 평가를 받은 판화가이다. 그녀가 인력거를 타고 경성을 누비던 시절은 이미 오래지만, 서양 처녀들을 코리아라는 나라로 유혹하는 한국의 매력은 지금도 바래지 않았다.

오히려 현대판 엘리자베스 키스가 점점 더 늘어나고 있다. 함께 UCLA에서 연세대 국제 프로그램에 참여했던 학생들 중에서도 한국 문화와 K-pop에 매료되어 부푼 마음으로 서울까지 올 결심을 한 친구들이 많았다. 심지어 게이오에서 친하게 지낸 친구 켈리도 한국 드라마는 아침 연속극까지 찾아보고, 샤이니의 프로필을 줄줄 외우는 왕팬이었다. 그녀와 도쿄의 코리아타운인 '신오쿠보'를 찾은 적이 기억난다. 북적북적 일본 아주머니 팬들로 가득 찬 스타 기념품 매장들은 포스터와 머그컵을 넘어서 2층에는 아예 한국 화장품과 과자를 팔고 꿀타레 코너까지 마련돼 있었다. 도쿄의 자그마한 상가에서 갑자기 서울의 명동을 발견한 느낌이랄까. 그리고 이상한 것은, 이 신오쿠보에서 일하는 오빠들은 거의 모두 훈남이라는 점이다. 큰맘 먹고 유학생에게는 너무나 비싼 삼겹살을 먹으러 신오쿠보를 찾을 때면 가끔 비명 소리가 들리곤 했다. 신오쿠보에서 공연을 하는 도쿄의 로컬 K-pop 그룹 'KINO'의 등장 때문이었다. 'K-pop IN Okubo'의 약자를 따서 KINO라는 이름으로 활동하고 있는 이 그룹이 상당한 인기를 누리고 있는 것을 보고 놀랐었다. KINO뿐만이 아니다. SOS라는 밴드도 있다고 들었다. 일본에서만 존재하는 K-pop 세계의 슈퍼주니어이자 빅뱅인 셈이다.

그래도 당연히 한국인은 한국에 많은 법?! 연세대를 다니는 어떤 교환 학생은 〈CNN Go〉에 자신이 인디애나의 작은 농촌 마을에서 서울로 오게 되기까지의 과정을 기고했다. 그녀는 각고의 노력 끝에 결국 연세대와 교환 프로그램이 있는 대학교로 옮기고, 드디어 서울 시민이 되었다. 비록 몇 개월 후면 인디애나로 돌아가게 되지만, 그녀는 〈CNN Go〉에 기고한 마지막 줄에 '어서 졸업해서 한국으로 다시 돌아와 취업해 볼 계획'이라고 다짐했다.

### 부모님의 유연한 개방 교육 덕에 쑥쑥 향상된 한글 실력

나 또한 이 학생처럼 샤이니나 비의 팬은 아니지만, 한류 덕을 톡톡히 본 셈이다. 〈가을동화〉로 처음 한국 드라마에 눈을 뜬 이후로, 한때 잊어 가고 있었던 한국어 실력을 더욱 연마하게 됐고, 한국 문화에 대한 관심을 다시 일깨워 줬다. 갸우뚱해하며 안 믿어 주시는 분들도 계시지만, 나는 미국에서 한글학교를 한 번도 다녀본 적이 없다. 심지어 가나다라의 순서도 모른다. 그래도 내가 한국어를 편하게 사용할 수 있었던 것은 나와 늘 다양한 대화를 해주시고 강제 공부보다는 함께 김치찌개를 먹으며 〈놀러와〉를 틀어 주신 부모님의 공이 크다. 흔히 말하는 독수리 타자법으로 한글을 타이핑했던 내가 좋아하는 배우를 검색해 보고 싶은 애타는 마음을 못 이겨 열심히 한 글자씩 입력해 본 덕분에 지금 이렇게 한글 원고까지 쓰고 있다. 그래도 아직 휴대폰 문자 보내기를 빛의 속도로 작성하는 또래 한국 친구들에 비해 아기 걸음마 수준이다.

## 빈틈을 환영하고, 실패 또한 자랑스럽다

부모님의 유연성 있고 개방된 교육법을 되돌아보며 느낀 점이 있다면, 나는 바로 '빈틈' 덕에 성장했다는 것이다. 한글학교 수업이 아닌 부모님과의 즐거운 대화와 재미있는 드라마로 한국어 실력을 향상시켰다. 수다나 드라마 시청은 착실한 공부가 아닌, 보통 부모라면 오히려 제제할 오락일 수도 있다. 하지만 나는 이 여유롭고 '빈틈'을 환영하는 환경 속에서 자연스레 한국어라는 소중한 재산을 얻었고, 결국 특별한 공부 없이 SAT II 한국어 과목 시험에서 만점을 받을 수 있었다. 무조건 완벽한 출석률을 강요하기보다는 적절한 휴식 또한 자기 관리의 일부라는 것을 가르쳐 주신 부모님. 학원 교실에서 예습을 하는 것보다 내가 자유롭게 생각하고 낙서하고 산책하는 동안 더 강하고 성숙한 사람이 될 것이라 믿고 베팅하신 부모님. 명문대 입시에 대한 이런저런 조언, 기대, 그리고 주변 학부모들의 적극적 행동에도 불구하고 이렇게 여유와 독립성을 강조한 독특한 교육 철학을 고집하시는 게 쉽지 않았을 텐데…… 부모님께 참 감사한다. 그 후로도 나는 AP 수업을 안 들어서 더욱 열심히 공부하게 된 일본어, UCLA에서 수업이 끝나고 도서관에 가는 대신 샌타모니카 해변에서 정리해 본 나의 가치관, 그리고 숙제를 미뤄 두고 영화를 통해 본 서울과 도쿄의 거리가 지금 내가 외교관이 될 수 있게 한 원동력이 된 외국어 능력, 뚜렷한 세계관, 그리고 교환 유학 경험을 탄생시켰다. 성실한 학생의 스케줄에 어울리지 않을 것 같은, 필요 없어 보이는 '빈틈'들 속에서 나는 발전했다.

## 행운은 공백을 채워 주는 축복

흔히들 행운이 '찾아온다'라는 표현을 쓴다. 그렇다. 어쩌면 행운이란 우리가 씩씩거리며 악착같이 찾아 나서는 것이 아니라, 우리가 남겨둔 공백을 찾아와 채워 주는 것일지도 모른다. 행운은 분명히 준비된 자에게만 주어지는 축복이다. 하지만 행운이 찾아와서 자리 잡을 수 있을 정도의 틈, 여유, 공백까지 다급한 '준비'로 채우지 않도록 조심하자. 아쉽게도 우리는 자신의 무궁무진한 가능성에 걸맞은 행운 감지 능력이 부족하니까 말이다. 우리의 멋진 가능성에 비해 우리는 너무 자주, 너무 많이 자신이 받을 수 있는 축복의 유형과 크기를 한계의 틀 속에 넣고, 좁은 시야 속에 가둔다. 아직 길지 않은 여정이었지만, 내가 걸어온 길을 되돌아보면 내가 상상했던 대로 찾아온 행운은 드물다.

오히려 내가 전혀 예상지도 못한 상황 속에서 나의 인생을 바꿔 준 기회들이 숨어 있었다. 그리고 '빈틈' 중의 왕인 '실수'와 '창피'에서 가장 중요한 교훈들을 배웠다.

다른 사람을 귀찮게 하는 것을 엄청 꺼리는 내가 길거리에서 난생 처음 보는 사람들에게 다가가 환경 보호를 위해 투자할 1분이 있냐며 부끄러움을 무릅쓰고 접근했고, 몇십 번씩 거절당하고 무시 당한 경험. 뒤늦게 도전한 첼로 연주 때문에 나이도 많은 내가 학교 오케스트라의 고민거리이자 꼴찌였던 시절. 그도 나에게 관심이 있는 줄 알고 용기 내어 고백했다가 거절 받은 날, 알고 보니 휠체어를 위한 장치인데 의자인 줄 알고 갸우뚱거리며 겨우겨우 앉았다가 온갖 이상한 시선을 다 받은 일본의 버스 안…… 모두 다 창피와 실패로 볼이 뜨거워지는 순간들이었고, 동시에 내가 성장한 순간들이었다.

때로는 완벽주의적일 수도 있는 내게 실패와 창피가 가르쳐 준 가장 중요한 레슨은 바로 자기 자신을 놀리며 웃을 수 있어야 한다는 점이다. 실수와 실패, 그리고 그로 인한 부끄러움을 두려워하지 않아야 하며, 좌절하는 대신 '그럴 수도 있지 뭐, 이번에는 내가 정말 우습게 보이긴 했어' 하며 억지가 아닌 진심으로 하하하 웃어넘길 수 있어야 한다는 것을 배웠다.

### 발전과 혁신의 현장에서 실패와 실수는 훈장

실패를 인정하는 것을 넘어서 실패를 자랑스러워하자. 식상한 말이지만 발명, 혁신, 창조와 같은 인류 발전을 이끄는 움직임은 바로 이런 '빈틈' '실패' '창피' '비난' '실수'에서 탄생하는 것이 아닌가? 발전과 혁신의 현장에서 실패와 실수는 훈장이다!

아쉽게도 한국에서 느낀 점은 탈공업화된$^{post\text{-}industrial}$ 사회, 서비스 산업의 확장, 그리고 지적 재산과 지식 기반 경제에 대한 논의는 많지만, 막상 내일의 핵심 인구, 오늘의 젊은이들이 아직도 공장의 조립 라인$^{assembly\ line}$과 흡사한 시각으로 본인과 세상을 바라보고 있다는 점이다. 창의력은 1, 2, 3 단계로 친절히 나누어져 있는 자기계발 비법으로 간편히 전수 받을 수 있는 것이 아니다. 혁신적인 사고는 대화 속 배어 나오는 본인의 태도와 표정이 아닌, 한눈에 입증해 주는 스펙 한 줄로 어필할 수 없다. 우리의 승패가 나누어질 미래는, 점점 간편히 기댈 수 있는 목발이 없어지는 세상이라고 본다.

그 누구도 나에게 '숙제해야 할 시간이다' '책 읽어라'라며 이끌어 주지 않을 것이고, 단순한 지시 복종보다는 적절하면서도 새로운 제안을 스스로 할 수 있는 사람이 승리할 것이다. 나 또한 그 모든 것이 어렵다. 안락함에 안주하기 싫어서, 수동적인 태도에 편안함을 느끼는 내가 한심해서, 고민 끝에 깨달은 하나의 해결책이 있다. 바로 창피에 둔감해지는 것이다.

보다 담대하게 부딪치고, 지고, 잃고, 깨지자. 내가 해볼 것이라고 상상하지 못한 것들을 정기적으로 찾아서 도전해 보자. 오직 그 길만이 우리가 좁은 시각의 한계를 넓히고 나를 위해 기다리고 있는 행운을 찾을 수 있는 확률을 높이는 유일한 방법이자 몸부림이다. 창피 속에 깨달음이 있고, 비난에서 다짐이 생기고, 공백에서 영감이 온다.

많이 져 본 사람이 결국 이긴다. 그런 '틀 넓히기' 경험을 찾으러 평소에 내가 주로 선택하는 방법은 독서, 인터넷 서핑, 그리고 산책이다. 물론 여행이라는 멋진 방법이 있지만, 일상생활에서 할 수 있는 것은 아니니 자주 하기는 어렵다. 대신 나는 서점에서 목적 없이 헤매다가 마음이 끌리는 대로 읽어 보기도 하고, 충동구매를 한 후 집에 돌아가서 새로운 분야의 기본 상식을 쌓아 보기도 한다. 물론 인터넷이라는 거대한 정보 '지니'의 도움도 빌려서 혹시 내 관심을 끄는 것이 있는지 직접 가볼 수 없는 장소와 시대들도 파헤쳐 본다. 내가 선택한 세 번째 방법은 산책이다. 워싱턴 DC, 도쿄, 방콕, LA, 그리고 서울에서 산책을 하며 다양한 길을 걸어 봤고 나누고 싶은 이야기도 많이 얻었지만, 이번에는 한류로 다시 시선을 돌려 서울이 얼마나 잘생긴(?) 도시인지 증명해 주는 에피소드를 소개하련다.

### 우리들의 로망, 코리안 보이프렌드?

정말이지 한국에는 어디 가나 훈남, 차도남, 꽃미남 등등 멋진 남자투성이다. 그러니 세계 곳곳에서 아가씨들이 두근거리는 마음으로 서울을 찾을 수밖에. 추워도 추워도 너무 추운 서울의 1월 아침, 나는 제일 좋아하는 북촌의 갤러리를 들렀다가 혼자 신이 나서 마구 인사동 쪽으로 걸었다. 인사동 거리로 진입할까 말까 망설일 무렵, 문득 아직까지 창덕궁의 후원을 가보지 못했다는 아쉬움이 밀려왔다. 그래서 추위와 싸우며 이를 악 물고 팔로 몸을 감싼 채 창덕궁으로

동대문 '호떡 프린스' 부자

걸어갔다. 영어 투어는 30분을 더 기다려야 한다고 해 한국어 투어를 택했다. 지방에서 온 관광객 몇 명과 사계절이 담긴 후원의 모습을 모두 간직하려는 마니아 몇 분이 우리 투어 그룹의 전부였다<sub>그날은 너무 추운, 심지어 눈까지 내린 날이었다!</sub>. 혼자서 뻘쭘하게 서 있는데 나처럼 혼자 온 관광객 한 명이 눈에 들어왔다. 키도 크고 스타일리시한 코트를 입고 있는, 후원을 혼자 만끽하기 위해 추위까지 무릅쓰고 산책하는 그는 누구일까? 박물관과 궁, 유적지를 유독 사랑하는 나는 이 '차가운 후원의 남자'에 반쯤은 이미 반해 버린 채 옆눈으로 힐끗힐끗 그를 쳐다보았다. 그가 돌아봤을 때는? 이민호와 원빈이 퓨전된 느낌이었다. 눈 오는 날 가슴이 뭉클하도록 아름다운 창덕궁 후원에서 완벽남과 산책이라니. 난 복도 많은 여자야.

### 동대문 호떡 프린스의 케밥 오케스트라

그래도 추운 날씨를 이기는 데는 따뜻한 호떡 이길 자가 어디 있으랴. 서울 방문 도중 우연히 지나가다가 발견한 동대문의 호떡집이 있다. 그곳은 아버지와 아들이 너무 보기 좋게 함께 일하며 따끈한 호떡과 맛있는 케밥을 만들어 주던 곳인데, 솔직히 아들분이 너무 멋있어서 자꾸 들어가게 된다. 외국에서 친구들이 방문할 때면 매번 동대문 구경을 하게 되는데, 그럴 때면 이 호떡집을 꼭 들른다. 덕분에 나는 올 때마다 다른 언어를 중얼거리는 사람을 끌고 오는 극성팬(?)으로 찍혔는지도 모른다. 하루는 아들분이 나를 기억하고 반갑다는 인사를 먼저 해주셨다. 귀여운 멘트와 미소로 답변하기는커녕, 완전 당황해서 얼어 버렸다. 의도치도 않은 차가운 말만 뱉은 채 뒤로 지나가는 고춧가루 카트와 부딪힐 뻔하는 사고를 간신히 모면하고 정신없이 떠나 버렸다. 동대문 호떡 프린스가 케밥을 만들 때면 재료 하나하나를 젓가락으로 넣는데, 마치 지휘봉을 들고 오케스트라를 리드하는 것 같았다. 손발이 오그라들 정도로 오버스러운 멘트라고 생각할지 모르겠지만, 정말이지 첼로와 비올라 소리가 들리는 듯했다[내가 서울에 있는 동안 '생생클래식'을 너무 많이 들은 탓일 수도 있다]! 웨이브 들어간 약간 긴 머리도 이런 이미지와 너무 잘 어울린다. 일드를 보는 분들이라면 익숙할 〈노다메 칸타빌레〉의 치아키 선배의 스위트한 버전이랄까? 채소와 생선을 파는 시장의 작은 구석에서 멋지게, 그리고 묵묵히, 따뜻한 호떡과 따뜻한 마음을 전달하는 아버지와 아들은 배가 아무리 불러도 동대문을 지나갈 때면 꼭 들러 호떡을 찾게 만드는 이유이다.

### 선남선녀들로 가득한 한국의 거리

한국의 거리는 매력적인 치장을 하고 외모에 대단한 관심과 노력을 기울인 선남선녀들로 가득하다. 덕분에 끊임없이 한류라는 불길을 태워 주는 연예인들이 배출된다. 하지만 엘리자베스 키스를 사로잡은 한국은 또 다른 매력을 품어내고 있었다.

'이 나라는 비록 남루한 옷을 입고 다닌다 해도 학문을 쌓은 학자라면 존경하고 우대하는 문화를 갖고 있다.'

학자는 아닐지라도, 반짝이는 액세서리보다 빛나는 아이디어를 가진 한국인, 쌍꺼풀과 V-라인은 없더라도 성숙한 마음가짐이 담긴 우아한 미소를 지닌 한국인들로 넘쳐난다. 21세기의 한국도 또 다른 21세기형 엘리자베스 키스들의 마음을 빼앗을 수 있을까. 현대 서울의 풍경도 100년 전 엘리자베스 키스가 그랬듯이 판화처럼 아름답게 남을 수 있기를 기대해 본다.

# 카우보이와 사무라이의
# 서울 답사기

게으름.

 질병이라고 표현하고 싶을 때도 있지만, 이제는 미운정이 쌓인 오래된 친구라고 부르는 게 더 적합할 것 같다. 유해님의 게으름 극복기는 아직도 매일매일 진행 중이다.

 그래도 어느 정도 이 '게으름'이라는 아이를 파악하고 통제하는 법을 익힌 것 같기도 하다. 대학 생활을 시작한 후 수업과 과제 외에도 5개의 인턴십, 3개의 알바, 동아리 활동, 봉사 활동, 연애, 여행 그리고 교환 유학까지 할 수 있었던 것은 나름 게으름을 극복하기 위한 하나의 대안책이었다. 게으름에 완전 퇴치란 없는 것 같다. 하지만 의지력만 발휘한다면 그때그때마다 적절히 극복할 수 있고, 또 그래야만 성과를 이룰 수 있다고 생각한다.

### 유해님의 효과 만점 게으름 극복기

나의 게으름 극복법에는 단기간 전략을 활용한다. 시작하기 싫지만 해야 할 일이 있다면 그것을 다 끝낸 후 나를 격려해 줄 선물을 미리 준비해 놓는다. 대학원 지원 과정 같은 어렵고 오래 걸리는 일이라면 내가 정해 놓은 마감일 끝에 나를 칭찬해 주는 의미에서 저렴한 여행을 준비해 두고, 계속 미루게 되는 숙제가 있다면 다 제출한 후 평소 먹고 싶었던 케이크 한 조각을 집에 가는 길에 산다.

알람이나 스톱워치를 사용해서 게으름을 방지하고 집중력을 최대로 끌어올리는 시간 관리법도 있다고 들었다. 나는 그 정도로 독하게(?) 일할 자신이 없어서 바쁜 스케줄 사이사이에 이렇게 나를 위한 크고 작은 선물들을 숨겨 놓는다. 아이들이 사탕이 먹고 싶어서라도 쓴 감기약을 참고 먹는 심리와 비슷하다고 할까? 이 '캔디 요법'은 게으름을 나의 필요에 따라 통제할 수 있는 장점 외에도 매력적인 효과가 더 있다. 바로 휴식과 재미가 주는 만족감과 에너지를 너무 오래 미루도록 하지 않는다는 점이다. 인생을 살면서 오랜 세월 동안 희생하고 미뤄 둔 것들을 한순간에 깔끔히 보상해 줄 만큼 파워풀한 성과는 찾기 힘들다고 생각한다. 그래서 가는 길에 가끔씩 놀다 가고, 쉬기도 했다가 풍경도 즐기는 인생을 살고 싶다. 미국의 유명한 사상가 겸 시인이었던 랠프 월도 에머슨이 남긴 명언 중에 '인생은 여행이지 목적지가 아니다'라는 말이 있다. 그때그때 크고 작은 과제들을 미루지 않고 끝마치고, 그때그때 작고 큰 소망들을 내 자신을 위해 이루어 주는 여행 같은 인생을 사는 데 도움이 되는 것이 바로 '캔디 요법'이라고 생각한다.

시차 때문인지, 여름에는 찜통더위, 겨울에는 매서운 추위, 그것도 아니면 한국에 친구가 많이 없어시인지, 어렵게 행운을 잡아 틴 달콤한 도시 서울에서 꽤나 게으름을 피우고 있던 무렵이었다. '캔디 요법'도 효능이 떨어진 것만 같았을 때, 친구들이 나의 나른한 몸을 일으켜 어쩔 수 없이(?) 서울을 활발히 경험하게 해주었다. 한국을 처음 방문하는 친구들 덕에 혼자였다면 아마 놓쳤을 서울의 모습들을 구석구석 볼 수 있었다. 우리들의 좌충우돌 서울 탐험기를 소개한다.

### 우리들의 좌충우돌 서울 탐험기

홍대입구역 2번 출구에서 출발하는 그레이스표 서울 어드벤처의 역대 참가자는 총 4명이다. 내가 서울을 방문 중이라고 하면 '공짜 투어 가이드'를 얻었다는 듯 열심히 한국 관광을 하러 오는 친구들이 꼭 몇 명씩 있다. 덕분에 광화문에서 신사동 가로수길까지, 2박 3일부터 2주까지, 다양한 버전으로 선사하는 나만의 투어 패키지가 개발되었다.

나를 가장 먼저 방문한 친구 켈리는 앞서 소개한 것처럼 열렬한 K-pop 팬이다. 평생 캘리포니아에서 자란 갈색 머리의 그녀는 외국인답지 않게 한국 문화에 친숙하여 어딜 가나 인기 만점이었다. 아쉽게도 켈리가 방문한 동안은 내가 장염과 독감에 한꺼번에 걸려 멋진 투어 코스를 선사하지 못했다. 그래도 여기저기 잘만 다니던 그녀를 떠올리면 깜짝 방한했던 제시카 알바가 떠오른다. 비록 켈리의 움직임은 직찍으로 실시간 보도되진 않았지만, 둘 다 한국 문화에 대한 호감을 감추지 않는 '캘리포니아 걸'이기 때문이다.

일본인 친구 미나코는 한국 드라마를 사랑하는 엄마를 따라서 잠깐 방문했었다. 미나코의 어머니가 사극의 현장 민속촌을 방문하러 성남까지 가는 동안, 미나코는 나와 만나 가로수길에서 오랜만에 수다를 떨었다. 퓨전 한식당에서의 점심도 맛있었지만 가장 흥미로웠던 것은 화분 디저트였다. 아무리 봐도 흙처럼 생긴 것을 삽으로 떠서 먹다니. 카페 천국인 일본에서도 보기 드문 광경이었나 보다. 미나코는 찰칵찰칵 사진을 몇 방 찍더니, 더욱 재미있는 것을 발견했다고 나에게 살짝 알려줬다. 바로 옆에서 이 앙증맞은 꽃 화분 디저트를 양복 입은 아저씨들 네 명이 모여 열심히 먹고 있다는 것. 그것도 한손으로는 담배를 피우면서 다른 한손으론 미니 삽을 들고 화분 푸딩을 떠먹는 광경이란⋯⋯ 'Only in Seoul~'이라는 생각이 절로 드는 유니크한(?) 모습이었다. 일본에서 직장인 아저씨들이 당당히 달달한 디저트나 페이스트리를 먹을 수 있도록 귀여움을 감수한 쿨한 포장의 맨즈 스위츠$^{\text{Men's sweets}}$ 라인업을 출시하기도 한다. 대표적인 마초 쿠키로 다크 초콜릿 맛의 포키$^{\text{한국의 '빼빼로' 같은 과자}}$가 있다. 아저씨들이라고 왜 피곤한 하루를 조금 더 달콤하게 만들어 줄 스위츠가 유혹스럽지 않겠는가? 케이크와 캔디를 즐길 권리는 여학생들에게만 있는 것이 아니니, 우리 모두 당당히 먹고 열심히 운동합시다.

　게이오 보이이자 친구인 신이치도 그레이스표 서울 어드벤처의 참가자이다. 친구들의 방문에 저주(?)가 있는지, 이번에는 목감기가 걸려서 신이치가 도착하기 전날 목소리를 완전히 잃어버렸다. 그래도 열심히 서울을 둘러본 우리는, 가는 곳마다 일본 관광객들과 마주쳤다. 심지어 어느 전통 찻집은 아예 일본인이 아닌 손님은 나뿐이었고, 짧은 일어로 '보기만 해도 괜찮아~' 라고 외치는 명동 알바생들의 목소리는 신이치를 몇 번이나 놀래켰다. 신이치와 함께 찾은 북촌의 찻집에서는 고베에서 왔다는 아주머니들과 한참 대화를 나눈 적도 있다. 흥미롭게도 그 아주머니는 홍대에는 '클럽 데이$^{club\,day}$' 가 있다는 얘기를 들었다며, 추천하는 클럽이 있는지 물었다.

　정말 한국을 방문하는 이유도 가지각색이다. 신이치는 $^{완벽남\,게이오\,보이답게}$ 현대 미술에 관심이 있어서 줄곧 갤러리만 찾아 다녔다. 한국에는 일본보다 활성화된 미술 시장이 있다며 여기저기 닥치는 대로 전시회를 다녔다. 덕분에 나도 서울에 멋진 갤러리들이 정말 많다는 것을 알게 되었다. 이제까지 서울을 떠올리며 '갤러리가 많고 전시회가 골목골목마다 숨겨져 있는 미술의 도시' 라는 생각은 하지 않았었다. 하지만 서울의 '아트신$^{art\,scene}$' 은 매력이 넘친다는 것을 발견한 후, 나 또한 한국을 더욱 자주 방문해서 여기저기 보석처럼 조용히 숨겨져 있는 전시회를 놓치고 싶지 않다는 욕심이 생겼다.

### 한국에서 가장 데이트하기 좋은 곳…… 찜질방

갤러리 방문과 예술 감상이라는 고상한 취미를 가진 신이치였지만, 한국의 또 다른 매력을 몸소 체험할 기회 또한 놓치지 않았다. 체험의 현장은? 바로 '찜.질.방'. 하지만 그곳에서 우리는 모험 아닌 모험을 하게 됐다. 옆에 있는 일본인 관광객들에게 영어로 이것저것 물어보시는 적극성 넘치는(?) 아주머니들부터 얼음방을 왕국으로 착각한 어린이 부대까지. 하지만 정말 놀라운 것은 따로 있었다. 〈CNN Go〉에서도 '한국에서 데이트하기 좋은 곳'으로 소개될 정도로 유명한 한국의 찜질방. 아무리 그래도 딱히 로맨틱한 곳이라고는 생각해본 적이 없는데…… 아뿔싸. 살얼음 떠 있는 식혜를 마셔도 식혀지지 않는 불타는 열정의 현장이었다. 무심코 들어간 황토방이나 한증막실에서, 곳곳에 엉켜 있는 몸들이 있는 것이 아닌가. 그것도 핑크는 여성복이고, 남자 손님들은 파랑 옷을 착용하는 것이 찜질방의 법도이니 엉켜 있는 몸들의 정체가 약간 우스꽝스러운 방식으로 명백히 드러났다. 한국 특유의 데이트 문화를 엿볼 수 있는 기회라서 신기했지만, 갑작스레 목격하게 되니 왠지 낯뜨거운 광경이었다. 우린 찜질은 뒤로 한 채 오락이나 하자며 발길을 돌렸다. 사실 미국에도 한인이 운영하는 찜질방이 곳곳에 있다. 미국인 손님들에게도 인기가 많은데, 심지어 미국인들이 애용하는 'Yelp'라는 업소 리뷰 사이트에서는 내가 사는 워싱턴 DC 근처에 있는 한 찜질방에 대한 평가가 300개 가까이 붙었을 정도이다.

중국계 미국인인 친구 미셸은 K-pop도 아닌, 현대 미술도 아닌, 오직 먹기 위해 서울을 방문했다. 김밥과 감자탕을 입에 달고 다니던 그녀는 서울을 떠나며 'SOJU FOREVER'라고 쓰인 소주잔 세트를 몇 박스씩 사가지고 갔다. 정말 기발한 아이디어의 소주잔도 있었다. 술이 약한 사람들을 위해 겉모습은 같지만 안에는 깊이가 반밖에 안 되는 잔부터, 구멍이 뚫려 있어 한 모금에 들이켜지 않으면 안 되는 잔까지. 과연 〈술에 대하여〉라는 다큐멘터리가 나올 법하다. 하지만 쇼핑과 스타일로도 유명한 서울에서 미셸은 예상치 못한 '메이크오버'를 하게 되었다. 홍대 근처에는 풍차가 달린 아주 특별한 헤어 아지트가 있다. 헤어숍이나 미용실보다는 '아지트'가 더욱 어울리는 이곳은, 손님 한 명과 스타일리스트, 그리고 고양이 몇 마리만 함께하는 공간이다. 내 마음에 쏙 드는 '뻥 미용실'을 친한 친구에게 소개해 주고 싶은 마음에 뻥 오빠한테 예약을 하고 미셸과 함께 방문했다. 결과는? 인증 샷까지 남기게 된 홍콩 스타 미셸로 변신! 길 건너 타코 집에 가서 미용실 손님이라고 하면 콜라를 공짜로 준다는 팁까지 슬쩍 알려주는, 매력 만점 뻥 오빠의 원더랜드였다. 고양이 이름은 향숙이였던가? 칙칙하고 뻔한 일상 속에서 지구 한구석에 있는 이런 코너를 찾아내는 기쁨은 행복 그 자체이다.

## 놀라운 한국의 메이크오버 기술

미셸의 변신은 대성공이었지만, 한국의 메이크오버란 단순히 헤어 스타일링을 뜻하는 것일까? 한국을 방문한 친구들의 공통점이 있다면, 길거리에서 먹는 떡볶이를 좋아하고, 지하철만 타면 눈이 휘둥그레진다는 점이다. 칸마다 있는 성형외과 광고, 그리고 역의 커다란 벽을 장식하고 있는 대형 'Before & After' 사진들. 심지어 에스컬레이터를 따라 진열된 광고는 얼굴 부위별 불만족 외모에 대한 고민 시리즈로 눈길을 사로잡았다. 질리지도 않는지, 친구들은 지하철을 타기만 하면 정면으로 보이는 이 광고들을 보며 놀라움을 감추지 못했다. 내가 봐도 변화가 너무 놀라워 인간의 힘으로 가능하다는 것이 믿기지 않을 정도였다. 서로를 모르고, 각자 다른 시기에 방문한 미국과 중국, 일본에서 온 친구들이 입을 모아 얘기했던 것이 있다. 하루에도 몇십 번씩 그런 광고를 보게 되니, 거리에서 마주치는 수많은 예쁜 언니들에 대한 의문이 생길 수밖에 없다는 것이었다. 이미 한국의 특징으로 자리 잡고 있는 뷰티에 대한 갈망. 그것이 바로 한류 열풍을 가능케 하고 전 세계에서 열광하는 팬들을 서울로 부르고 있다지만, 이들이 혹시 성형의 힘에 대한 믿음만 더욱 확고히 한 채 돌아가는 것은 아닌지, 아쉽게 느껴졌던 적도 있다.

실제로 최근 〈조선일보〉에 소개된 한 설문조사에 따르면 외국인 관광객들이 '이해할 수 없는 한국 문화' 1위로 '똑같은 스타일의 성형 문화'를 꼽았다고 한다. 개성이 사라진 균일화된 아름다움을 추구하는 게 납득하기 어렵다는 것이다. 사실 통계를 따져 본다면 전 세계에서 한국 다음으로 성형을 많이 하는 나라들에 미국, 중국과 일본도 포함되어 있고, 할리우드에서 홍콩까지 셀러브리티들이 받는 시술들은 비슷비슷하다. 성형이 화상이나 피부 질환이 있는 환자에게 새 인생을 열어 준 사례도 많고, 나도 성형이 무조건 비판 받아야 하는 행위라고 생각하지는 않는다. 하지만 대한민국이라는 나라가 성형대국으로 세계의 관심을 받는 것이 너무 안타까울 때가 많다. 그런 외향적인 매력 외에도 뽐낼 수 있는 자랑거리가 너무 많아서 아깝게 느껴지기도 한다.

### 세계 어디에 내놓아도 손색없는 청춘의 땀방울들

그 자랑거리 중 하나가 바로 한국에서 내가 목격한 '청춘의 땀방울'이다. 세계 어디와 비교해도 손색없을 정도로 열심히 사는 또래 친구들의 땀방울 말이다. 앞서 언급한 성형 문화를 살펴봐도, 단순한 개인 만족이 아니라 취직을 위해 거금을 마련해서 성형까지 해가며 취업 활동을 열심히 하는 나라는 없을 것이다. 물론 지나친 경쟁과 불리한 경제적 상황, 제검토가 필요한 채용 기준이 끼치는 영향도 만만치 않겠지만, 이런 환경에도 불구하고 열심히 꿈꾸고 달리는 한국인 또래 친구들에게 자주 놀란다. 내가 만난 한국의 청년들은 재수를 하고 있는 알바생이든 엘리트 명문대생이든 모두 더 나은 미래를 간절히 소망했고, 그 내일을 위해 열심히 땀을 흘리고 있었다. 어쩌면 한국의 청춘은 꿈도 크고, 기대치도 높고, 소망이 많아서 더 많이 실망하고 좌절하는 것일지도 모른다.

자기 자신에게 냉철하지 못해서 현실적이지 못한 바람만 부풀리는 것은 미련한 일이다. 하지만 시작선에 서 있는 우리에게 과연 현실적이지 못한 바람이란 게 얼마나 될까?

화려한 외모의 패셔니스타, 반짝이는 네온사인과 모던한 스카이라인…… 서울의 그 어떤 것보다도 '이 도시를 빛나게 하는 지치지 않는 청춘'이 있어 신선한 자극을 받고 갔다.

무엇을 지향하는지 비전을 간파하고 마음의 여유를 지키면서 지금처럼 땀을 흘린다면 우리 모두 더욱 눈부신 내일을 맞이할 수 있을 거라고 믿는다. 오늘까지의 수고를 칭찬하며 내일의 승리를 위해 파이팅!

그래도 서울이라는 도시, 한국이라는 나라는, 미국, 중국, 일본에서 온 이 네 명의 나의 친구들에게 꼭 다시 방문하고 싶다는 의지를 심어준 매력적인 곳이었다. 실천력이 강한 미셸은 벌써 두 번이나 더 방문했을 정도이다. 나도 다시 이런 '스파클링<sup>sparkling, 한국 방문의 해 슬로건</sup>'한 서울을 방문할 날이 기다려진다.

Part 4

Washington DC : USA
아메리칸 외교관으로 변신하다

## 존스 홉킨스 [Johns Hopkins] 석사학위 어때?

생애 가장 무거웠던 발걸음을 기억하는가? 추운 10월 어느 아침, 나는 끈적끈적한 스티커 자국 같은 미련을 뒤로 한 채 워싱턴 한복판 듀퐁 서클[Dupont Circle]의 스타벅스를 나왔다. 1년 전에 돈을 아끼고 모아서 간신히 구매한 나의 귀염둥이 니콘 DSLR를 낯선 남자의 품에 남긴 채.

이유는 간단하고 매정했다. 돈이 필요해서였다. '존스 홉킨스 국제학 대학원[SAIS, School of Advanced International Studies]'에서의 대학원 생활은 짧은 시간에 많은 가르침을 준, 소중하지만 다시는 돌아가고 싶지 않은, 힘들었던 시기였다. 앞서 소개한 '피커링 외교관 양성 프로그램[Pickering Fellowship]'의 규정에 따라, 나는 대학 졸업 후 곧바로 대학원을 진학해야 했다. APSIA[국제관계학전문대학원연합, The Association of Professional Schools of International Affairs] 소속 학교에서 석사 과정을 마친 후, 미국 국무부 외교관으로서 근무를 시작하는 것이다. 나는 워싱턴 DC에 위치한 존스 홉킨스 국제학대학원[SAIS]을 택했다.

워싱턴 DC의 '존스 홉킨스 국제학 대학원<sup>SAIS</sup>'

흔히 'SAIS'라고 불리는 이곳은 약 600여 명의 국제관계학 대학원생들만 다니는, 조그마한 특수 학교이다. 1943년, 2차 세계대전이 한창일 때, 몇 명의 영향력 있는 미국 정치인들의 비전을 담아 설립되었다. 아직 끝나지도 않은 전후 시기를 미리 대비한다는 자세로 정치·경제·외교 분야의 글로벌 리더를 배출해 낼 대학원이 필요하다고 판단한 것이다. 그로부터 70년이 지난 지금, SAIS는 미국의 외교 전문 잡지 〈Foreign Policy〉가 선정하는 Top 10 대학원 중 하버드 케네디스쿨을 제치고 조지타운 외교 대학원과 1, 2위를 다툰다.

워싱턴 DC의 '존스 홉킨스 국제학 대학원$^{SAIS}$' 전경

### 대학원님, 너는 나의 꿈입니다

UCLA 학생 시절, 2009년 가을 학기를 워싱턴에서 보내던 도중 나는 SAIS에 대해 처음 듣게 되었다. 북한에 관한 연구 발표를 하는 행사에 참석하기 위해 처음 SAIS를 방문했었다.

세계적인 브루킹스 연구소$^{Brookings\ Institution}$를 마주 보고 있는 SAIS의 메인 캠퍼스는 엄숙한 베이지색의 8층짜리 건물이다. 대학 3학년 때 했던 워싱턴 인턴십을 계기로 정치외교 대학원에 관심을 갖기 시작했다. SAIS는 물론이고 조지타운대학교의 외교대학원$^{School\ of\ Foreign\ Service}$과 조지워싱턴대학의 엘리엇스쿨$^{Elliott\ School\ of\ International\ Affairs}$도 방문했었다. 캠퍼스 여기저기를 걸어 다니면서 마음은 꿈과 희망으로 부풀었지만, 입학 자격과 지원 과정, 현재 학생들의 프로필 등을 접하면서 자신감을 점점 잃어 갔다. 나는 국제관계학을 전공하지도 않았고, 정치학이나 경제 수업을 들은 적도 없었다. 시사에 관한 지식조차 없었던 나는 어쩌면 너무 막연하게 외교관을 꿈꾸고 있던 소녀에 불과했을지도 모른다. 아직 피커링 펠로십이 무엇인지도 몰랐던 그때. 그토록 멋진 특수 대학원을 다니는 것은 남의 일만 같았다. 심지어 나는 자격도 없고, 그런 곳에서 공부하는 분들과는 아예 비교도 안 되니 덜 억울하다는 생각까지 했었다.

하지만 무심코 드린 간절한 기도의 응답인 것일까. 워싱턴에서 두근거리면서 방문했던 3개의 대학원이 2년 후 내가 받은 입학 통지서에 모두 포함돼 있었다. 2009년 가을 당시만 하더라도 내가 딱 2년 후에 당당히 합격자 신분으로 다시 이 학교들을 찾을 것이라고는 상상도 못했었다.

### 나를 괴롭히는 미시 경제, 거시 경제

피커링 장학생이 된 이후, 국무부 외교관 근무가 확정돼 있다는 사실이 대학원 입학에 큰 도움이 되긴 했다. 하지만 역부족이라고 생각했던 나의 지원 자격을 단기간에 끌어올리는 일은 만만치 않았다. 도쿄로 떠나기 직전인 2010년 5월의 피커링 최종 합격은 갑자기 대학원 입시라는 과제를 내 앞에 던졌다. 그토록 꿈꿔 왔던 대학원들에 입학할 수 있는 절호의 찬스가 왔으니, 후회 없이 한판 붙어 보자는 결기가 생겼다. 그래서 GRE 공부와 지원서 작성은 물론, 일부러 게이오대학에서도 '국제 개발 협력' '일본의 외교 정책' 등, 정치외교 분야의 관심을 표현해 줄 수업들을 택했다. 집에 돌아와서는 7개의 게이오 수업 외에도 인터넷으로 UCLA의 미시 경제학$^{Microeconomics}$과 거시 경제학$^{Macroeconomics}$ 수업을 수강했다. 외교정치 분야의 대학원 지망생이라면 필수 과목이라고 판단했기 때문이다. 평소에도 어렵다고 느껴 일부러 외면하던 경제학이 결국 내 발목을 잡는 일은 절대 있어서는 안 된다고 생각했다. 이를 악 물고 한번 이 고비를 넘기자고 다짐했다.

막상 대학원에 가면 기껏해야 경제는 한두 과목만 들으면 되겠지……라고 생각했지만, SAIS에 입학하면서 경제를 또 만나게 되었고, 결국 '유해님의 수난 시대-워싱턴편'이 시작되었다. 수학과는 친해 본 적이 없던 나로 하여금 SAIS의 가장 기본적인 경제학 과목은 미적분을 요구했고, 도무지 이해가 안 가는 그래프들은 나에게 아름다운 곡선으로만 보였다. 잠시 유전자 탓으로 돌리자면, 나는 신문기자와 디자이너 사이에서 태어나고 자란, 즉 글과 그림에 익숙한 아이란 말이다! 예습, 미친 필기, 복습을 반복해 가며 미시 경제학의 산맥을 넘어 보려 애썼다. 왜냐하면 SAIS의 모든 학생은 국제경제학이 부전공이어야 했기 때문이다. 결국 4학기 동안 무려 6개의 대학원 경제학 수업을 패스해야 한다.

## 지적 자극이 되어 준 과분한 클래스메이트들

열심히 노력을 해도 마음만큼 안 따라 주었고, 늘 나의 부족함이 드러날까 조마조마했다. 나에게는 익숙하지 않은 끈질기고 지긋지긋한 어려움이었다. 경제뿐만이 아니었다. 하루는 수강생이 일곱 명 정도밖에 안 되는 세미나 수업 시간에 주변을 둘러보았다. 한 명도 빠지지 않고 결혼반지를 끼고 있는 것이었다. 결혼이든 약혼이든, 어마어마한 스펙과 경력을 지니고 있는 나의 동급생들은 삶을 함께할 반려자까지 찾아 안정성까지 확보한 멋진 분들이었다. 평균 나이 20대 후반, 30대 초. 골드만 삭스의 에이스, 10년 넘는 외교관 경력자, NGO<sup>비정부 기구</sup> 설립가 등, 대학원 특유의 세미나 수업을 들을 때면 주변 학생들의 총명함과 경력에 늘 주눅이 들었다.

그들에겐 내가 잡지에서나 읽을 만한 현장이 일상이었고, 취미로 어려운 국제 정치 도서를 하루, 이틀 만에 읽었다. 토론 시간이 되면 서로에게 제시할 의견과 아이디어가 넘치는 학생들이었다. 그래도 처음도 아닌 토론 수업이니 나도 어떻게든 해낼 수 있을 거라고 믿었다. 그러나 완전히 빗나갔다. 도저히 무엇을 말해야 할지 생각이 떠오르질 않았다. 함께 토론하는 이들에 비해 기본 지식이 너무 부족하다는 것을 실감했다.

그래서 열심히 〈뉴욕 타임스〉와 〈이코노미스트〉를 읽었고, 세계 역사와 미국 역사, 주요 나라의 정치 시스템을 더욱 확실히 익히려고 애썼다. 어떻게 하면 한마디만이라도 제대로 말하고 이 시간을 보낼 수 있을까. 시곗바늘을 향한 간절한 바람의 연속이었다. 아무리 말을 하고 싶은 것이 생겨도 토론의 흐름에서 어느 순간에 말을 해야 하는지, 눈치만 보다가 타이밍을 놓쳐 토론이 다른 주제로 넘어가 버린 적도 자주 있었다. 한국에서는 미국에서 교육 받은 사람이라면, 아메리칸 스타일대로 자유롭고 거침없이 자신을 표현하는 것이 익숙할 것이라고 생각하는 성향이 있다. 물론 토론 문화가 확실히 자리 잡혀 있는 미국과 유교적 영향이 강한 아시아 문화권 사이에 차이가 존재하는 것은 당연하다. 하지만 극소수 천성적으로 외향적인 사람 빼고는, 나라를 불문하고 즉흥적인 토론 능력은 많은 이들의 고민거리이자 노력의 결과이다.

### 그래, 나 내성적이다, 어쩔래?

불행히도 문제는 토론 수업과 어려운 경제 논리뿐만이 아니었다. 고민을 풀어 놓고 상담할 친구가 없으니, 익숙하지 않은 대학원 생활이 더욱 힘겹게 느껴졌다. 워싱턴에서의 친구 사귀기란 쉽지 않았다. 같은 미국이지만, 비행기로 5시간이나 떨어져 있고 3시간의 시차가 있는 워싱턴 DC와 캘리포니아. 문화와 라이프스타일 또한 그만큼의 거리가 존재하는 것은 어쩔 수 없는 일이다. 아주 뻔한(?) 차이점 하나가 있다면, 워싱턴에는 백인이 많다는 점이다. 아니 미국인데 당연히 백인이 많겠지 생각하는 분들도 계실 것이다. 옳은 말씀이다. 하지만 타민족이 유난히 많이 살고 있는 남가주에서 유년기를 보낸 나에게는 하루 24시간 백인에게 둘러싸여 사는 것 자체가 큰 변화였다. 그것도 거의 동부 백인들이었다. 동부와 서부의 문화 차이는 확연하다. 동부 지역 안에서도 특유의 사투리를 쓰는 보스토니언과 무례하기로 유명하지만 모두의 로망인 뉴요커, 그리고 블랙베리$^{Blackberry, 휴대폰}$ 없이는 못 산다는 바쁜 워싱토니언은 가지각색으로 자신만의 색깔이 다르다. 슬로 하고 릴렉스돼 있는 생활 리듬으로 유명한 로스앤젤레스에서 온 스물한 살 소녀가 세계 정치의 중심 워싱턴 DC와 친해지기에는 시간이 필요했다. 심지어 동부에 있는 보스턴 출신 피커링 장학생 친구도 워싱턴 문화에 적응하는 데 어려움을 겪고 있었다. 외국에서 적응했던 경험이 많은 우리에게도 이상하게 느껴지는, 자신의 나라가 이국적으로 다가오는 희한한 딜레마였다.

나는 미국 베스트셀러인 《How to Talk to Anyone: 92 Little Tricks for Big Success in Relationships》부터 일본 저자들의 《공감 대화법》《여자는 말하는 법으로 90% 바뀐다》등, 책을 통해 구원의 길을 찾을 수 있길 간절히 바랐다. 나는 대화의 힘을 굳게 믿는 편이다. 문제 해결에서도, 아이디어 창조에서도, 대화는 아주 중요한 역할을 한다. 부모님에게 가장 고마운 점이 있다면 바로 어릴 적부터 온갖 화제에 관하여 나와 풍부한 대화를 나누어 주셨다는 점이다. 이로 인해 한국어 능력은 물론이고 나의 사고와 창의력을 향상시키는 데 아주 큰 영향을 끼쳤다고 생각한다. 하지만 말이 전부는 아니다.

나는 '내성적인' 사람이다. 친한 친구들이 아닌 다음에는 왁자지껄한 수다보다는 혼자 보내는 시간이 더 즐겁고, 소심하며 생각이 많은 전형적인 A형이기도 하다. 때문에 네트워킹과 사교성을 중요시하는 워싱턴 DC에서 나의 성격이 원망스러울 때도 많았다. 그러던 중 읽게 된 〈타임〉지의 기사, 'The Upside of Being an Introvert And Why Extroverts are Overrated' 즉 '내성적인 사람이라서 좋은 점 그리고 외향적인 사람들이 과대평가된 이유'라는 제목의 신선한 기사였다. 기사에 따르면 제시카 알바부터 스티브 잡스까지, 내성적이지만 영향력 있는 인물이 의외로 많다고 한다. 연설 잘하기로 유명한 오바마 대통령까지도 내성적이라고 판단될 수 있다고 주장한다. 낯선 사람에게 접근하는 용기, 매력적인 대화법, 그리고 훌륭한 토론 능력과 연설 스킬은 누구나 노력으로 얻을 수 있다. 하지만 그것보다 더 중요한 것은 혼자 있으며 다시 찾는 여유와 평정심, 그리고 깊이 있는 자기 성찰이 주는 성숙함이 아닐까? 이런 성격을 다른 어떤 것과 바꿀 수 없다는 것이 나의 가장 큰 위로이자 철학이다.

## 휴대폰, TV, 카메라 팔아서 생활비 마련하기

그런 와중에 애지중지하던 카메라까지 팔게 된 까닭은? SAIS는 '대사관 거리$^{Embassy\ Row}$'라고 불릴 정도로 대사관들이 줄지어 있는 거리에 위치해 있다. 그래서 학교 근처에 살려면 매달 어마어마한 집세를 내야 했다. 매달 1,700달러$^{180만\ 원}$를 감당하려면 국무부에서 받는 장학금도, 학생 융자 금액으로도 빠듯했다. 스마트폰의 데이터 사용료도 부담스러웠다. 그리고 생각보다 스마트폰을 활용하지 않는다고 판단했다. 그래서 그때 아이폰을 팔아 버린 후 아직까지도 스마트폰을 쓰지 않는다. 이베이$^{Ebay}$에서 산 중고 초콜릿폰$^{한창\ 인기였던\ 추억의\ 초콜릿폰을\ 기억하는가?}$은 지금 이 글을 쓰고 있는 워싱턴의 카페에서도 나와 함께하고 있다. 내가 고등학생이었을 때 그토록 가지고 싶었던 최신형 초콜릿폰을 드디어 쓰게 됐으니 기쁘지 아니한가? 아끼면서 살아야 했던 SAIS 생활이 나에게 준 두 가지 선물이 있다면, 스마트폰을 쓰지 않게 된 것과 TV 없이 사는 법이다. 스마트폰이 없으니 내 앞에 살아 숨 쉬고 있는 친구를 만나면서 문자 메시지에 정신 팔릴 일도 없고, 지하철에서는 동영상 대신 독서를 하게 되었다. 물론 나는 드라마와 영화를 사랑하기 때문에 인터넷을 통해 또는 DVD로 자주 보지만, TV가 없으니 매달 내야 하는 이용료와 멍 때리며 바보박스 앞에서 보내는 시간이 줄어서 마음이 한결 가벼워졌다.

 그래도 차갑게만 느껴졌던 워싱턴 DC에 조금씩 정을 붙이고, 부족했던 생활비는 보모$^{nanny}$ 알바를 구해서 메우기로 결심했다. 수업도 점차 익숙해져 갔고, 불가능하게만 느껴졌던 경제학 과목의 중간고사에서는 A 학점을 받았다.

 그러나 드디어 대학원 생활에 적응했다고 느낄 때쯤, 나는 휴학 신청을 내야만 했다.

## 명문대는 이제 그만……
## 랭킹 2위 대학원 자퇴하다

나는 손목에 있는 셔츠 단추 잠그는 것을 매우 싫어한다. 팝콘과 콜라를 푸짐하게 사서 대낮에 혼자 영화 보기, 호텔 로비에서 2인분짜리 애프터눈 티세트를 혼자 시키고 왁자지껄한 관광객들 관찰하기, 식당에서 어색하게 혼자 삼겹살 구워 먹기 등…… 이렇게 혼자서 잘 논다. 하지만 정말 사무치게 외로울 때가 있다면, 바로 혼자서 낑낑대며 손목에 있는 셔츠 단추를 잠글 때다. 옷장 한 구석에서 왼손으로 오른쪽 손목에 있는 단추와 혈투를 벌일 때면, 언제까지나 단추 하나 잠가 줄 사람 없이 살 것인가 하는 생각을 하게 된다.

그래서 내게 가족은 참 소중하다. 우리 가족은 프티트$^{petit}$하다. 물론 덩치를 얘기하는 것은 아니다. 나, 엄마, 아빠가 전부이고, 친척들도 몇 안 된다. 그나마 있는 친척들도 캐나다, 미국, 한국에 흩어져 살고 있다. 캐나다에서는 밴쿠버에서 토론토까지, 한국에서도 분당에서 제주도까지, 몇 없는 가족 구성원들이 모두 이렇게 뿔뿔이 흩어져 산다. 부모님을 떠나 나의 1인분 라이프스타일을 시작한 지도 벌써 6년째다. LA, 워싱턴 DC, 도쿄에서의 기숙사 생활, 웨스트우드의 내 첫 아파트, 워싱턴의 두 번째 스튜디오 아파트, 그리고 방콕의 하이라이즈$^{high-rise}$ 아파트 생활까지. 이사와 아파트 구하기라면 고단수 프로이고, 다음 책은 '여행가방 200% 활용하기'라는 제목으로 출간한다 해도 할 말이 넘칠 것이다.

### 휴학을 결심하다, 한국으로 떠나다

그 많은 이사 중 가장 극적인 경우가 있었다. 바로 SAIS를 학기 중에 휴학해야 했던 이유이다. 거의 드라마에서 빚쟁이들에게 쫓겨 허겁지겁 짐을 싸는 수준이었다. 부모님에게 유일한 베스트 프렌드이자 세상에 하나뿐인 외동딸이라면 가족에게 중요한 일이 생겼을 때 휴학을 심각하게 고려할 수밖에 없다. 어려운 결정이었다. 학기 중 휴학을 하면 그 학기는 다니지 않은 것이나 마찬가지가 되고, 그렇다면 피커링 장학 제도 활동과 국무부 입사 시기에도 지장이 클 것이 분명했다. 그러나 나의 가치관, 내 인생의 우선순위를 곰곰이 생각해 보는 계기가 되기도 했다. 리스크를 감수하면서도 전진하는 아찔하고도 중요한 순간이었다. 결국 휴학을 결심했다. 그리고 1주일 후 서울행 비행기에 몸을 싣게 되었다.

SAIS와 국무부에 급히 연락을 한 후 수많은 이메일과 통화가 오갔

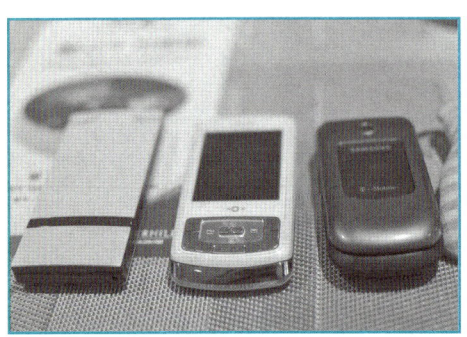

도쿄, 서울, LA, 워싱턴 DC에서 2011년 내가 사용했던 휴대폰 4개 중 3개

고, 감사히도 며칠 안에 허락을 받을 수 있었다. 내 꿈을 이뤄 준 피커링 외교관 양성 프로그램과 그토록 다니고 싶었던 멋진 대학원이 걸려 있었기에, 착잡하지만 일단 믿고 발을 내딛자는 마음으로 진행했다. 며칠 사이에 '크레이그리스트 Craigslist. 미국에서 시작돼 전 세계로 서비스되고 있는 온라인 벼룩시장' 라는 사이트를 통해서 아파트의 세입자까지 마련할 수 있었다. 혼자서 카드보드 박스를 20개 넘게 만들어서 짐을 싸고, 가구를 분리하고, 접시까지 신문지로 모두 싸고 있는 와중에 10명 가까운 사람들에게 아파트 투어까지 선사한 결과였다. 우편물을 LA 주소로 돌려놓고, 인터넷과 휴대폰 계약을 중지했다. 괜찮은 공용 창고를 찾고, 이삿짐센터에서 2명의 도우미 아저씨들과 작은 트럭을 빌렸다. 내 모든 살림을 사방 5피트짜리 지하 창고 한 칸에 쑤셔 넣었다. 창고 종업원들이 그들의 눈에는 고등학생처럼 보이는 동양인 여자가 혼자서 짐을 맡기러 왔을 리가 없다고 생각했는지, 이삿짐센터 아저씨가 보호자인 줄 착각할 정도였다. 어쩐지 왜 나를 보면서 설명하지 않고 그 아저씨만 상대하나 싶었다. 이삿짐 아저씨 더그는 밴드에서 기타 연주를 담당하고 있는 뮤지션인데 아르바이트로 이 일을 하고 있었고, 함께 온 세르게이는 러시아에서 온

유학생이었다. 친절했던 두 분이 있어 혼자서 치른 갑작스러운 이사가 그나마 가능했다. 나는 이렇게 다양한 길 위에 서 있는 사람들이 각자의 이유로 열심히 일하며 꿈을 쫓을 수 있다는 게 너무 좋다. 나도 그중 한 명이라서 좋고, 특유의 정신과 이민 역사로 인한 풍부한 가능성과 다양성이 있는 미국이라는 나라에 사는 것이 가장 뿌듯하게 느껴지는 순간 중 하나였다.

1주일이라는 시간 안에 이 모든 일을 하려니 당연히 잠을 거의 잘 수 없었다. 아프더라도 무사히 마무리를 짓고 서울행 비행기 안에서부터 앓으면 된다는 생각으로 버텼다.

### 무시무시한 4자의 저주?

2011년, 나는 휴대폰만 네 개를 가지고 있었다. 즉 한해 안에 네 개의 도시에서 생활했다는 뜻이다. 도쿄에서 살며 봄방학을 맞이해 삿포로, 오사카, 나라, 고베, 교토를 방문하고 서울로 향했다. 그러던 중 3월 11일 동일본 대지진이 발생하자 다시 UCLA로 돌아가 로스앤젤레스에서 3개월간 마지막 학기를 다니고 졸업했다. 졸업식을 마치자마자 공항으로 가 밤새 비행기를 타고 아침에 워싱턴에 도착했다. 워싱턴은 호텔 값이 비싸서 주인이 장기간 집을 비우는 동안 아파트를 빌려 주는 사이트 roomorama를 통해 2주간 머무를 곳을 확보했다. 도착 며칠 뒤 바로 시작한 국무부 본사 근무와 아파트 찾기를 병행하며 워싱턴 생활을 시작했다. 아니, 시작할 수밖에 없었다.

   피커링 장학생들은 학생인 동안 여름방학에는 최소한 10주간 근무를 해야 한다. 피커링 장학생들은 주로 5월에 졸업식이 있는 동부 대학에서 많이 뽑기 때문에, 서부에서 6월 중순에 졸업한 나는 서두르지 않으면 SAIS가 시작되는 8월 말까지 10주를 채우기가 힘들었다. 여름 근무를 마치고 다다음날 학기를 시작했으니, 한숨 돌릴 새도 없이 짐을 싸고, 풀고, 이사하고, 적응하기 바빴던 2011년이었다. 그 끝에 나를 기다리고 있었던 10월의 갑작스런 휴학과 서울에서 보낸 예상치 못했던 2개월.

   휴학을 하고 서울에 도착하니 몸도 마음도 지칠 대로 지쳐 있었다. 갑작스러운 환경 변화와 잦은 이사 탓일까? 이사 네 번, 휴대폰 네 개. 그리고 2011년 한해에만 장염이 네 번이나 걸렸다. 그렇게 보면 동양 문화에서 4라는 숫자를 안 좋게 생각한다는 게 급공감(?)된다. 내가 늘 다니던 LA의 가정의학 의사 선생님에게 상담을 하니 극심한 스트레스의 결과란다. 사람마다 몸속에 스트레스의 영향을 가장 직접적으로 받는 부위가 있는데, 나는 아마 장일지도 모른다고. 이건 수업 중 들은 것인데, 변화, 특히 환경의 변화는 사람의 몸에 상당한 스트레스를 준단다. 놀라운 것은 그것이 좋은 변화이든 나쁜 변화이든, 변화라는 이유 자체로 스트레스로 작용한다는 것이다. 한참 동안은 원인 모를 미식거림과 어지러움에 시달리기도 했다. 장 활동이 거의 멈춰 버린 것처럼 의사 선생님이 청진기를 갖다 대도 무서울 정도로 고요하다고 한 적도 있었다.

물론 이 글을 쓰면서 큰병도 아닌데 너무 엄살 떠는 것 아닌가 하는 생각도 든다. 하지만 나로서는 '아, 스트레스가 이렇게 직접적으로 내 몸에 영향을 줄 수 있구나. 이렇게 자주 그래서는 안 되겠다. 그런 삶은 될 수 있는 한 피해 가자' 라는 나름의 원칙을 정하게 된 계기였다. 나는 20대 때 무리해서 성공을 쫓고 30~40대 때 갑작스레 찾아온 병으로 인해 가치관을 바꿨다는 '성공자'가 되고 싶은 마음이 코털만큼도 없다. 내가 가장 좋아하는 좌우명은 '최선을 다하지 않고 최고를 바라지 말자'이다. 하지만 어릴 적부터 아빠가 말해 준 80%만 투자해서 얻는 승리가 진정한 승리라는 것을 실감하게 된 2011년이었다. 승리를 이루고도 20%의 여백이 가져다주는 여유를 즐길 수 있어야 한다. 나는 앞으로 성장하며 그 비율을 70%까지 내려보고 싶다.

### 한국 뮤지컬의 테라피 효과

예상치도 못한 일이었다. 휴학을 하고 보낸 한국에서의 가을과 겨울은 나에게 치유의 기간이 됐다. 그리고 그 중심에는 뮤지컬 그리고 책이 있었다. 읽는 책 그리고 쓰는 책 모두 한글 책이었다. 예상을 깨는 반전이 많았던 가을이었다.

워싱턴에서 힘들고 외로울 때 자주 듣던 곡이 있다. 팝페라 가수 카이의 〈사랑이란 이름〉은 내게 지금은 힘들지만, 힘든 만큼 미래는

한국에서 관람했던 팝페라 가수 카이의 뮤지컬 〈스토리 오브 마이 라이프〉 포스터

밝고 보람 있을 것이라는 위로를 준 곡이다. '우리 가는 길에 어둔 밤이 오면, 밝아 오는 새벽 바라봐요. 너무 아름답죠'를 카이의 부드러운 바리톤 목소리로 들을 때면 수업이 끝나고 한껏 주눅이 들어 집으로 돌아가는 길이든, 우울함이 찾아오는 아파트에서 홀로 보내는 토요일 저녁이든, 그래도 나는 결코 혼자가 아닌 듯한 기분이 들곤 했다. 그래서 뜻하지 않게 한국에서 2개월을 보내게 되었을 때, 나는 꼭 카이의 공연을 라이브로 듣고 싶었다. 그래서 찾은 뮤지컬 〈스토리 오브 마이 라이프〉. 줄여서 〈스옵마〉라고 불리는 이 소극장 뮤지컬을 몇 번씩이나 관람했고, 심지어 한국어를 못 알아듣는 친구까지 반강제로 데리고 가기도 했다. 한국 뮤지컬에 대한 나의 관심에 불을 붙여 준 결정적 계기가 된 고마운 작품이다. 가족 일로 인한 휴학, 자존감 상실, 진로에 대한 의심까지…… 마음은 답답하고 몸은 바빴던 때, 짬짬이 시간을 내서 지갑과 시계가 허용하는 한 다양한 뮤지컬을 무섭게 흡수했다.

내가 뮤지컬에 매료된 것은 그렇게 낯설거나 새로운 일이 아니었다. 영화 제작과 배급에 대한 꿈을 늘 품고 있던 나에게 뮤지컬이라는 새로운 갈망이 싹트기 시작할 무렵, 〈스옵마〉는 단 2명의 배우가

100분 동안 휴식 없이 꽉 채우는, 탄탄한 무대를 선사해 그 꿈을 확고하게 심어 주었다. 무엇보다 공연 예술은 하나의 공간에서 동일한 순간을 배우와 관객이 함께한다는, 진정 살아 숨 쉬는 '소통의 아트'라는 깨달음이 있었다. 그래서 뮤지컬은 디지털 세기를 살아가고 있는 우리에게 가장 필요하고, 가장 위로가 될 수 있는, 가능성이 무궁무진한 예술 형태라는 생각이 들었다. '그런 순간을 만들어 내는 과정에 아무리 작은 역할이라도 함께할 수 있다면, 기여할 수 있다면' 하는 생각에 한동안 짜릿했고 연애 1주차인 듯 괜히 웃음이 픽픽 나오곤 했다.

### 지치지 않는 뮤지컬과 영화에 대한 꿈

그래서 나는 워싱턴 DC에 돌아와서도 거금(?)을 투자해서 한국의 뮤지컬 잡지를 정기 구독했고, 겨울방학에라도 시간이 나면 뮤지컬 제작 수업을 들어 볼까 고민했다. 뉴욕 브로드웨이에 있는 뮤지컬 프로듀싱 아카데미가 워싱턴에서 1일 특강을 한다는 소식을 들었을 때는 곧바로 등록했다. 하지만 이게 웬일. 워싱턴 DC에서는 수강생이 미달이었다. 그래서 우리 학교에서 관심이 있을 만한 친구들을 모아 보라고 관계자로부터 직접 이메일까지 받았지만, 국제정치학 대학원생들이 뮤지컬 프로듀싱 워크숍에 관심을 가질 리 만무했다. 특강은 결국 취소됐고, 나는 아쉬운 마음으로 환불을 받을 수밖에 없었다.

나는 미국 외교관으로서의 나의 미래가 무척 기대되고 감사하다. 하지만 대학원 생활과 근무를 병행하며 지금 이 책을 쓰고 있듯, 언젠가는 뮤지컬과 영화의 꿈 또한 어떤 형태로든 이룰 날이 올 것이라 믿는다.

나는 한국의 책방을 무척 좋아한다. 뮤지컬 극장 외에 그해 겨울 내게 가장 위로가 되었던 곳이기도 하다. 미국에는 없는 흥미로운 책들로 가득 찬 진열대를 몇 시간 동안 다니다가 결국 집에 가는 지하철에서 책이 든 무거운 종이봉투를 들어야 하는 일이 잦았다. 이것저것 읽다 보니 나도 글을 써보고 싶은 용기가 생겼다. 그래서 홍대 근처 북카페에서 끄적거린 제안서 목차가 바로 이 책 《청춘, 도전은 지치지 않는다》의 시작이었다.

미국에서는 'make the best of it'이라는 표현이 있다. '피할 수 없다면 즐겨'와 비슷한 뜻의 표현인데, '주어진 상황을 최고로 만들라'는 의미이다. 한창 머릿속이 시끌벅적했던 겨울, 뮤지컬을 통해 나는 토마스와 앨빈, 그리고 에비타와 나탈리를 만났다. 그들이 나에게 전달해 준 꿈, 열정, 희망, 공감, 그리고 그 모든 것을 내 삶 속에서 적용할 수 있는 용기로, 나는 불안했던 휴학 생활을 화려한 반전의 기회로 삼을 수 있었다. 그때 끄적거려 보았던 제안서로 영어가 아닌 한국어로 생애 첫 출판 계약을 맺게 되었고, 내가 정말 하고 싶은 공부를 후회 없이 쫓을 수 있는 과감한 선택을 할 수 있었다. 그때 서울에서 나는 SAIS를 자퇴하기로 결심했다. 그리고 워싱턴 DC에 위치한 또 다른 국제관계학 대학원의 문을 두드리게 되었다.

# 좁은 문 쫓기:
## 스펙 없는 학교로 갈아타라

학교 선택은 배우자 고르기와 같다. 스펙만 보고 선택했다가는 분명히 눈물 흘릴 날이 온다.

'아메리칸 유니버시티'[AU, American University]는 SAIS를 비롯한 앞서 소개한 워싱턴 DC의 다른 대학원들과 함께 합격 통지서를 받았던 곳이다. 하지만 솔직히 내가 대학교 3학년 때 대학원 탐험을 하면서도 한 번도 방문하지 않은, 관심이 전혀 안 가던 학교였다. 참 어리석게도 그 이유는 주로 학교 랭킹에서 비롯됐다. SAIS는 조지타운과 1, 2등을 오르락내리락하지만, AU는 매년 7, 8위에서 머문다. 물론 10위 안에 드는 학교이니 충분히 훌륭하다. 하지만 SAIS로 얼마든지 돌아갈 수 있는 상황에서 랭킹 2위를 포기하고 8위의 학교로 일부러 가는 것은 나에게 아주 힘든 결정이었다. 그리고 아주 잘한 일이기도 하다. 예기치 못한 휴학이라는 상황에서 나는 진정 나에게 맞는 학문적 보금자리를 찾은 것이다. 아무리 옷이 예쁘고 명품이면 뭐하겠는가. 내게 꼭 맞아야지.

아메리칸유니버시티<sup>American University</sup> 캠퍼스 모습

    이미 한번 합격 통지서를 받아 놓고 거절했던<sup>그것도 불과 몇 개월 전</sup> 대학원에 다음 학기 지원 마감일도 다 지난 시점에서 다시 지원하겠다는 것은, 아마도 자기가 차 버린 후 결혼해 버린 옛 애인에게 다시 연애를 시작하자고 하는 것에 비견될 수 있을까? 그래도 내가 불륜의 관계를 시작하는 것은 아니므로 한번 두들겨 보기로 결심했다. 아니면 말고. 나는 다시 1위 학교로 돌아가면 되니까. 이런 얄미운 소리를 써도 되나.

## 두렵고, 걱정되지만…… 가슴 뛰게 하는 공부를 택할래

아니 그런데 생뚱맞게 웬 아메리칸유니버시티 얘기인가? 가족 문제가 있어서 갑작스럽게 휴학을 결심하고, 뮤지컬 어쩌고저쩌고 하다가 웬 학교 갈아타기? 그해 겨울, 내 자신의 과거, 현재, 그리고 미래에 대해서 많은 사색을 했다. 평소에도 생각이 많은 편이었지만, 상황이 상황인지라, 유난히 나의 발자취와 앞으로 펼쳐진 길에 관한 생각을 곰곰이 해 보았다. SAIS에서 휴학 당시 내 전공은 국제 분쟁 해결Conflict Management이었다. 한때는 그냥 보편적인 국제관계학으로 바꿀까 고려해 보기도 했다. SAIS에서 선택할 수 있는 전공들 중, 내게 어려운 경제학이나 학부에서 이미 공부한 지역 연구 외에 관심이 가는 전공은 분쟁 관리나 전략 연구Strategic Studies였다. 둘 다 훌륭한 교수진을 갖춘 빈틈없는 프로그램이었다. 하지만 입학 후 담당 교수님들의 설명을 듣고, 앞으로 듣게 될 수업의 개요를 볼 때면, '배워 두면 정말 유용하겠다' '나는 이 분야에 관한 이해를 보충할 필요가 있어. 소중한 수업이야' '이런 거야말로 미래의 글로벌 리더가 갖춰야 할 지식이군' 같은 생각은 들어도 가슴이 뛰지는 않았다. UCLA '찰스 영Charles E. Young 연구 도서관'의 2층에 위치한 '동아시아 도서관'을 처음 발견한 날이 기억났다. 동아시아학을 공부하겠다고 입학한 새싹 신입생이 마치 아무도 모르는 보물 창고라도 찾은 듯, 아무 소리 없이 입이 절로 벌어졌던 게 어제 일 같았다. 한 걸음, 한 걸음 조심스럽게 도서관을 둘러보며 멈추지 않았던 두근거림은 내가 간직하고 있는 가장 뚜렷한 기억 중 하나인데…….

그래서 나는 두근거리지 않으면 안 할래. 흔히 말하는 '밥줄 걱정'의 피해자이자 모든 선택에서 현실성을 강조하는 나이지만 그래도 공부만큼은 내가 하고 싶은 걸로 하자고 결심했다. 나는 하고 싶지 않으면 잘할 수 없는, 지독한 성격을 갖고 있다. 하지만 우리 모두가 어느 정도는 같은 마음이지 않을까? 정말 좋아서, 즐겁게 일하는 사람을 능가하기란 결코 쉽지 않으니, 좋아하는 걸 해야지 그나마 성공에 가까워질 수 있지 않을까? 평생 대학원 공부를 다시 할 기회가 없을 수도 있는데, '후회 없이 가자고! 고고씽~.'

### 과제로 제출한 에세이, 미국에서도 발행되다

내가 SAIS를 자퇴하고 아메리칸유니버시티[A1]에 입학한 가장 큰 이유는 공공외교, 그리고 국제 커뮤니케이션학을 더욱 치밀하게 공부하고 싶어서이다. SAIS에서는 이 분야를 다루는 학과는 물론 수업조차 없었다. 이 분야의 연구나 후진 양성을 하는 대학원은 미국에서도 많지 않다. 특히 국제정치나 외교를 공부하는 학생들은, 커리큘럼의 작은 일부 정도로만 접하거나 놀랍게도 아예 다문화적 커뮤니케이션에 관해 학교에서 배운 적이 없는 경우가 많다. 하지만 미국에서 이 분야로 알려진 두 대학원이 있다면 바로 워싱턴 DC의 'American University School of International Service'와 로스앤젤레스에 위

특별한 이름을 지닌 School of International Service의 모습

치한 'University of Southern California Annenberg School for Communication & Journalism'이다.

늘 그런 것은 아니지만, 내가 가야 할 길에 드디어 들어설 때면 왠지 일이 술술 풀리는 기분이 든다. 불과 몇 개월 전만 해도 안 다니겠다고 통보했던 학교였지만, 흔쾌히 내 지원서를 받아 줬다. 봄 학기 입학 지원 마감이 훨씬 지났는데도 AU는 내 두 번째 지원서를 심사위원들에게 보냈다. 그리고 최종 합격과 함께 기존 피커링 장학생으로서 받는 학비 면제보다도 더 좋은 조건의 장학금과 연구 기회까지 제시했다. 학교에서 걸어서 5분 거리에 있는 아파트도 믿기지 않을 정도로 쉽게 구해졌다. SAIS에서의 학점을 인정받지 못했어도, 졸업도 한 학기 앞당겨 3학기 만에 할 수 있게 되었다. 눈빛이 절로 초롱

초롱해지는 강의를 듣고 호기심이 샘솟는 공부를 하니, 출판의 기회까지 찾아왔다. 과제로 제출한 에세이를 〈Intercultural Management Quarterly〉라는 국제 커뮤니케이션 저널에 싣고 싶다는 교수님의 제의였다. 그렇게 해서 스물세 번째 생일에 딱 맞춰 내가 쓴 〈It's not Us, It's Me-Why We Need More Me-Time〉이라는 에세이가 발행됐다. 〈타임〉지는 아니지만 대학원생으로서는 뿌듯한 순간이었다.

### '국제 섬김'을 가르치는 학교

AU의 국제 커뮤니케이션 프로그램은 미국에서 가장 오래된 국제 커뮤니케이션 과정이다. 1968년에 설립된 후, 이 분야의 성장과 영향력을 키워 가는 데 큰 기여를 하고 있다. 특히 'Intercultural Management Institute[IMI]'는 30년간 미국 정부 기관과 기업들을 위한 타문화와의 소통과 협상에 관한 트레이닝을 실행하고 있다. IMI의 설립자이자 익제큐티브 디렉터[Executive Director]이신 위버 교수님의 강의는 내가 AU로 오기를 정말 잘했다고 느끼게 했던 강력한 이유이다.

하지만 비교적 낮은 랭킹과 브랜드 가치에도 불구하고 내가 AU의 국제관계학 대학원을 내 엑스[ex]-대학원[SAIS]보다 높이 생각하는 이유는 따로 있다. 영어를 집중해서 읽으신 분들은 벌써 눈치챘을지도 모른다. 답은 바로 이름에 있다. American University School of International SERVICE라는 점이다. School of international affairs, international relations, international studies 등등…… 미세한 차이지만 돌고 도는 국제정치 대학원 이름들 중, 유독 서비스Service라는 단어를 고집하는 AU가 나는 무척 마음에 든다. '국제적 섬김'에 초점을 맞춘 학교라니, 멋지지 않은가? 내가 졸업 후 일하게 될 미국의 외교 기관은 국무부의 U.S. Foreign Service이고, 영어로 공무원은 'public servant'라고 부른다. 내 인생의 전체적 비전은 물론이고, 당장 앞에서 기다리고 있는 커리어에도, 이보다 적합한 배움의 장소는 없을 것이다. 진정한 리더십은 섬김으로부터 시작된다고 믿는다.

### 진정한 리더십은 섬김으로부터 나온다

얼마 전에는 노벨평화상 수상자 아웅산 수지 여사가 미국 방문 도중 AU에서 연설할 것이라는 이메일을 받았다. AU의 School of International Service는 'waging peace', 즉 분쟁이 아닌, 평화를 일으키자는 주의로 교육한다. 개인의 출세를 쫓기보다는 이웃, 커뮤니티, 그리고 지구촌을 염두에 둔 더 큰 비전의 중요성을 강조하는 분위기 탓일까? AU는 2012년 〈프린스턴 리뷰〉가 선정한 '가장 정치적 활동이 활발한 학생 인구' 1위로 선정되었다.

랭킹 2위 존스 홉킨스 SAIS를 버리고 8위인 아메리칸유니버시티로 갈아탄다는 것은 쉽지 않았다. 대학 시절 내내 세계의 명문대를 다니고 심지어 세계 곳곳 명문대에 유학한 책까지 쓰고 있는 내가 소위 이름 없는 학교를 일부러 다니기까지는, 수십 번의 의심과 수백 번의 다짐이 필요했다. 과연 잘한 선택일까? 후회는 없을까? 그런 의문은 아직도 가끔 생긴다. 하지만 변하지 않는 사실 두 가지를 되새기며 다시 마음을 잡는다. 나는 불완전한 인간이고, 미래는 내가 어떤 노력을 해도 알 수 없는 것이므로 그냥 나 자신에게 오늘, 감히 2위에서 8위로 점프 다이빙해 보길 잘했다는 칭찬을 떳떳이 할 수 있어서 행복하다.

# 나는 미국
# 외교관이로소이다

"웨어 유 프롬? 재팬? 차이나?"

헐. 택시 운전사가 내게 물어본다. 착륙 직후 대한항공 스튜어디스의 소개에 따르면 여기는 '미국의 수도, 세계 정치의 중심' 워싱턴 DC, 때는 21세기 초.

나는 모국어가 영어, 출생지는 캘리포니아인 '프롬 아메리카'란 말이오! 그것도 당신이 만약 시민권자라면[워싱턴의 택시 운전사는 외국인 이민자가 대다수이다], 당신을 외국에서 대변해 주고 미국을 대표하는, 미 국무부 외교관이 될 사람이란 말이라고요!……라고 말하고 싶었지만, 그냥 나는 일본도, 중국도 아닌 캘리포니아 출신이라고 했다. 그리고 관광 온 게 아니라고. 굳이 대화가 길어지면, 부모님이 한국인이고 나는 한국계 미국인이라고까지 알려 줘야 한다. 택시 승차 시 이런 경우가 1년에 몇 번씩은 꼭 있는데, 이러는 데에는 아주 명백한 이유가 하나 있다. 바로 내가 동양인이라는 점이다.

### 미국 전체에서 뽑힌 유일한 한국계 피커링 장학생

나는 2010년 미국 전체 대학생들 중에서 뽑힌 스무 명의 피커링 장학생들 중 유일한 한국계 미국인이었다. 합격 축하 통지를 받았을 때 내 나이 스물한 살. 그 이후로 국무부 근무를 하며 다양한 경험을 통해 'Grace 해님 Yoo'라는 사람에 대해 많은 것을 느끼고 배울 수 있었다. 나와 같은 동양계 미국인이 많은 남가주에서 자라면서 한 번도 생각하지 않았던 점이 일상 속에 등장했다. 태국에서의 인턴 근무 때도 출근길에 방콕에서 택시를 잡고 미국 대사관으로 가 달라고 부탁하면 늘 길 건너에서 비자 접수를 기다리고 있는 태국인들 옆에 차를 세웠다. 육교를 건너 다시 사무실 쪽으로 향해야 했다. 미팅에 참석할 때면 처음에는 내게 명함은커녕 악수도 안 하고, 가벼운 손짓으로 인사를 하는 동양 분들도 있었다. 나를 현지인 비서로 착각한 것이다. '교복만 입으면 딱 고등학생인데'라는 생각을 나를 빤히 쳐다보며 아무렇지도 않게 표현하는 분들도 계셨다. 겉모습이 동양인이다 보니 태국 가면 태국인, 일본 가면 일본인으로 착각 받는 것도 당연한 일이고, 이것이 장점이 될 수도 있다고 생각한다. 하지만 그런 나의 정체성이 도대체 무엇인지를 외국에서까지 설명하다 보니 LA에서만 있었더라면 전혀 자각하지 못했을 나의 모습을 발견할 수 있었다.

물론 외국에 나가면 아직 아시안계 미국인에 대해 모르시는 분들이 무척 많아서 오해가 잦지만, 미국에 돌아와서도 다양한 인종의 이민자 가정이 많은 남가주가 아닌, 워싱턴 DC에서 겪어야 하는 새로운 경험들이 나를 기다리고 있었다. 젊은 여성이자 소수계 미국인으로서 미국 주류 사회의 핵심인 워싱턴 DC에서 내 길을 개척해 나가기란 결코 쉬운 일이 아니다.

### 내게는 너무 먼 당신, 미국의 지도층 워싱토니언

워싱턴 DC에서 사는 것에 특별한 점이 있다면, 샌드위치 가게에서든 피트니스센터에서든, 사실상 미국, 아니 어쩌면 세계의 지도층과 마주 보며 살아가고 있다는 점이다. 이 점이 '터프츠외교대학원$^{Tufts}$ $^{School\ of\ Law\ \&\ Diplomacy}$'에서 석사를 마치고 외교와 정치로 눈을 돌린 원조 피겨 퀸 미셸 콴도 워싱턴에 살고 있는 이유일 것이다. 그녀야말로 워싱턴에 온 덕을 톡톡히 본 셈이다. 최근 그녀가 워싱턴에서 만난 국회의원 집안의 명문가 출신 연하남이자 백악관 정책기획본부장과 결혼했다는 보도가 있었다. 미국 지도층 파워 커플들 중 워싱턴에서 근무하다가 만나게 됐다는 경우가 꽤 많다. 당신도 미래의 영부인을 꿈꾼다면? 퇴근 시간에 워싱턴의 슈퍼마켓을 들러 보도록! 플라스틱 바구니를 들고 저녁거리를 둘러보고 있는 워커홀릭 싱글족들로 넘쳐흐른다. 4시~7시 사이에 들르면 고객들이 하나같이 정장 차림에 사원증을 셔츠 주머니에 넣고 있을 정도이다.

고급스러운 정장 차림의 엘리트 백인 아저씨들 사이에서 업무를 하고 미팅에 참석하고 점심을 같이 먹고 주말 계획에 대해 얘기를 나누는 등 그들과 스스럼없이 어울린다는 것은 어려운 일이었다. 그들이 어렸을 적 가정 교육을 통해 배웠을 습관이나 전통, 유년 시절 친구들과 어울리며 즐겨 불렀던 노래나 응원하는 미식축구팀…… 나에게는 모두 낯선 것들이었다. 물론 세대 차이도 있었겠지만 인종, 나이, 성별에 상관없이 나는 이민자의 딸로서 미국 주류 문화에 익숙하지 않았던 것이다. 그리고 아무리 인턴십을 해 봤다고 해도, 미국 국무부 같은 거대하고 영향력 있는 기관의 근무 문화를 익히는 데는 시간이 필요했다.

### 낯가림 심한 수줍은 성격과 정면으로 맞서다

동료의 농담을 빨리 이해하지 못해서 적절히 응답을 못해 준 적도 꽤 있었다. 또 아직까지 접해 보지 못한 용어는 어찌나 많은지. 혹여 몇 시간씩 어른스러운 척하면서 와인 잔을 들고 낯선 사람들과 대화를 이어 가야 하는 '와인 & 치즈 리셉션'이라도 가야 할 때면 완전 고생이었다. 며칠 전부터 가기 싫어서 몸이 배배 꼬이고 마지막 순간까지 안 갈 수 있는 핑계를 궁리했다. 하지만 결국 '다 나에게 피가 되고 살이 되는 경험이겠지' 하며 억지로 몸을 끌고 간다. 그렇다고 우아하게 미소를 띠우며 성공적인 네트워킹을 이루고 나왔느냐 하면 절대 아니다. 수줍게 눈치 보고 있다가 정말 굳은 의지로 한두 명과 어색한 대화를 나눈 뒤 나오는 게 다반사였다. 문화적 적응이 필요하기도 했지만 낯가림 심한 내 성격도 만만치 않게 작용했을 것이다. '중요한 건 내가 그토록 가기 싫었지만 그래도 참석해서 노력했다는 점이야'라고 위로하며 내 등을 한번 토닥여 주고 당당히 걸어 나왔다. '오늘도 또 이 정도밖에 못했다니……' 좌절의 마음이 꿈틀꿈틀 올라오면, 내 약점과 정면으로 맞서기 위해 도전장을 내민 나를 칭찬해 줬다. 오늘은 비록 졌지만, 내게 남은 패배를 하나 더 해치웠으니 승리의 순간이 더욱 가까워진 거라고.

### 코리안-아메리칸으로 산다는 것

나는 자라면서 백인 친구들도 있었고, 부모님 또한 전반적으로 매우 미국화된 생활을 추구하셨다. 한글로 책을 쓸 만큼 한국어와 한국 문화에 익숙하게끔 부끄럽지 않게 키워 주시면서도 되도록이면 미국화된 가정 교육과 습관을 많이 보여 주려 노력한 부모님께 감사하다. 남가주에서 아시안계 미국인으로 산다는 것은 어쩌면 아주 특이한 경험일 것이다. 내 친구들 중에는 미국에서 태어났는데도 불구하고 중국어나 한국어 억양이 배어 나오는 영어를 하는 애들도 꽤 있다. 물론 미국 안에서도 지역에 따라 억양이 다른 것도 사실이니 큰 문제는 아니다. 하지만 언어는 둘째치고, 심지어 양식 레스토랑에서 가족과 함께 한 번도 외식을 안 해 봤다는 친구도 있다. 나랑 어울리면서

'백인들이 가는' 카페와 레스토랑을 처음 가 본다며 신기해 하는 이도 있다. 끼니마다 엄마가 만들어 준 반찬과 쌀밥만 먹던 아이가 어떻게 터키<sup>칠면조</sup>와 스터핑<sup>칠면조 요리의 내부에 넣는 소</sup>을 먹는 아이랑 같은 생각을 할 수 있겠는가. 그러니 터키 먹는 아이들에게 둘러싸인 채 그들과 어울리며 인정받기까지는 정말 힘들었다. 하지만 확실한 것은 아시 안계 미국인이란, 밥도, 터키도 번갈아가며 맛있게 즐길 수 있는 가능성 또한 풍부한, 정말 감사할 만한 위치란 것이다.

내 영어 이름은 Grace<sup>그레이스</sup>다. 하지만 여권에는 Haenim Yoo<sup>해님 슈</sup>라고 쓰여 있다. 부모님이 처음 이름을 신고할 때 한국 이름으로 등록하셨다고 한다. 솔직히 Haenim이라는 이름 때문에 귀찮은 일이 종종 생긴다. 새학기가 시작되면 수업 첫날 선생님이 학생 명단을 훑어보며 학생들에게 출석 체크 겸 환영 인사를 한다. 나는 성이 알파벳의 끝자락에 있는 Y자로 시작하다 보니, 늘 '출첵'의 마지막 순서가 되곤 했다. W로 시작되는 학생의 이름이 불려진 후 약간은 길다 싶은 정적이 흐른다면? 예외는 없었다. 바로 내 차례인 거다. 초등학교부터 대학원까지 이 순간만 되면 예외 없이 선생님은 잠깐 망설이다가 알아듣지도 못할 희한한 발음으로 Haenim Yoo를 나름 재해석해서 읽는다. 어떤 분들은 '내가 발음을 제대로 한 거니?' 하며 기대 가득한 눈빛으로 나를 바라보기도 한다. 또 다른 선생님들은 '발음하기 어려운 Haenim 말고도 다른 이름이 있는데, 모두 나를 Grace라고 부른다'고 알려주면, 굳이 자기 때문에 Grace로 안 바꿔도 된다며 코리안 이름을 떳떳이 사용하라는 오버스러운 발언까지 했다.

수업 첫날 모두가 있는 앞에서 이런 상황을 1교시부터 6교시까지 되풀이해야 한다는 것이 한창 싫었던 적도 있다. 외국 이름을 사용하다 보니 당연히 한국에서 온 유학생이라고 오해 받은 적도 많다. 심지어 영어를 참 잘한다는 얘기를 들은 적도 한두 번이 아니다.

또 반대의 경우도 있다. 최근에 교수님 추천 덕에 내 글이 저널에 소개되어 발행됐을 때는, 이름을 Grace Yoo가 아닌 Grace Haenim Yoo로 수정해 달라고 요청해야 했다. 모든 공식 기록상 내 이름은 Haenim이기 때문에 그 이름으로 나를 검색하거나 찾는 사람이 있을까 봐 공식적인 출판물에는 늘 두 가지 이름이 다 포함되도록 하고 있다. 어릴 적 Barry라는 이름을 사용했던 오바마가 문득 생각났다. 그도 한때 'Barry Barack Obama'라는 이름을 썼을 때도 있었겠구나. 나도 아무리 번거로워도 내게 주어진 Haenim이라는 이름을 떳떳이 유지할란다. 혹시 누가 알아? 내가 대통령이 될지.[그냥 말이 그렇다는 겁니다. 참고로 대통령 꿈은 초등학교 2학년 때 접었습니다]

### 부모님의 모국어인 아름다운 한글로 책 출간

정말 신기하게도 세계 어디서든 내가 살게 되는 곳 근처에는 꼭 한국 식당이 있다. 도쿄에 처음 도착해서 살았던 스가모에서는 옆 골목에 있었다. SAIS 앞 아파트에서도, AU 앞 아파트에서도, 한인이 하는 마트와 작은 식당이 도보로 1분 거리에 있었고, 태국 방콕에서 머문 국무부 지정 아파트 바로 옆에는 차승원을 닮은 멋진 오빠가 운영하는 한식당이 있었다. 이 트렌드가 얼만큼 오래갈지 내심 기대가 된다. 아무튼 나는 한식당이나 한인 마트가 근처에 있으면 마음이 놓인다. 엄마나 아빠가 해준 저녁밥과는 비교할 수 없겠지만, 기분이 울적할 때면 일부러 들러서 김치찌개라도 먹을 수 있는 곳이 있어서 생기는 든든함이랄까. 그리고 나는 어디를 가든 교회는 꼭 한인 교회를 가려고 찾아본다. 어렸을 적부터 한글 성경을 읽어서 그런지, 왠지 한국어로 드리는 기도와 찬양이 더욱 와 닿는다. 지금 생각해 보면 한글 성경으로 신앙생활을 해온 것도 내가 교포로서 한국어를 익힐 수 있었던 좋은 방법이 아니었나 싶다.

내가 가지고 있는 한국인의 얼굴을 바꿀 수 없듯, '코리안-아메리칸'에서 '코리안' 또한 뺄 수 없다. 그런 나의 정체성을 존중하고 응원하며 활용하는 나라이자, 아시아인의 모습을 하고 있는 내가 외교관이 될 수 있는 나라. 그런 나라를 대표할 수 있어서 참 자랑스럽다. 그리고 이 글을 부모님의 모국어인 아름다운 한글로 쓸 수 있어서 기쁘다.

# 톱 시크릿(?) 근무 실황

 한국은 어떤가? 미국에는 다섯 종류의 외교관이 있다. 정치·경제·공공외교·영사·관리로 나누어진다. 그리고 모든 외교관 지망자는 몇 개월씩 걸리는 지원 절차를 시작하기에 앞서 이 다섯 개의 커리어 트랙career track 중 하나를 선택한다. 하지만 실제로 근무하는 동안 최소한 몇 번은 자신의 트랙을 벗어나 다른 분야에서 일하는 게 드물지 않다. 예를 들어 경제 외교관으로 입사해서 근무지에 따라 공공외교나 정치 외교관으로 근무하는 경우도 있고, 반대로 주로 정치 업무를 해왔지만 필요에 따라 대사관 관리직을 맡기도 한다. 물론 자신의 분야에 대한 전문성도 중요하지만, 특히 외교관이라면 이런 다양한 경험과 유연성은 업무 능력을 향상시켜 주고 입증해 주는 중요한 요소라고 생각한다.

 어떤 업무를 세계 어디서 수행하고 있든, 미국 국무부 외교관들에게 흐르는 공통점 몇 가지를 공개해 볼까 한다. 물론 이것은 아직 짧은 나의 국무부 경험에서 비롯된, 코믹한 에피소드이자 지극히 개인적인 생각임을 전제로 한다.

첫 번째는 어마어마한 경쟁력을 뚫고 길고 긴 지원 절차를 모두 통과했다는 점이다. 지원서 작성, 필기시험, 에세이 제출, 그리고 하루 종일 걸리는 면접과 팀워크 시험, 외국어 능력 평가, 신체검사, 그리고 신원 조회. 이 모든 단계를 통과해야 외교관이 될 수 있는 가능성이 열린다. 만약 도중에 탈락한다면 원점으로 돌아가 처음부터 다시 시작해야 한다.[미국 국무부 취직 과정이나 외교관의 업무에 대해 더욱 자세히 알고 싶다면 《Inside a U.S. Embassy》라는 책과 사이트 www.careers.state.gov를 추천한다.]

## 미국 사회의 치열한 스펙 뚫고 '외무고시' 필기·면접시험 합격

한국어 표현으로는 '외무고시'라고 불릴 수 있는 이 여정을 물론 나도 직접 겪었다. 'Foreign Service Officer Test'[FSOT, 미국 외교관 시험] 라고 불리는 필기시험은 미국의 역사, 정치, 사회, 대중문화 외에도 영어 문법과 표현, 에세이 작문, 그리고 지원자의 성격, 성향, 과거 경험 등을 평가할 수 있는 질문으로 구성되어 있다.

소요 시간은 약 3시간 정도이고, 결과는 3주 후에 이메일로 통보된다. 대학교 1학년 때 UCLA에서 국무부 설명회를 참석한 후부터 쭉 외교관이 꿈이었던 나는 일찌감치 《FSOT 스터디 가이드》[수험서]를 주문해 놓고 어떤 유형의 질문들이 나오는지 살펴봤었다. 앞서도 언급했지만, 나는 이 문제집을 보고 감히 내가 합격할 수 있는 시험이 아니라고 판단했던 적이 한두 번이 아니었다. 어떻게 필기시험을 통과한다 해도 대학생 그레이스 유는 아직 외교관으로서 미국을 대표할 자격을 갖추지 못했다고 느꼈다. 몇 년 후, 나는 드디어 그토록 걱정했던 외교관 시험을 기적같이 딱 3일 공부하고 패스했다. 한국과 일본에서의 교환 유학, 대학원에서의 국제관계학 공부, 그리고 '피커링 펠로'로서 경험한 두 개의 국무부 인턴십 경험들이 나도 모르는 사이에 나의 시각, 해결 능력, 그리고 기본 지식을 넓혀 놓은 것이다. 문제집을 훑어보며 겁먹었던 과거의 나는 역사, 정치, 사회에 대한 상식만 부족했던 것이 아니라 무엇보다 성숙도가 떨어졌던 것이다. 단어 카드나 예상 질문 세트로는 얻을 수 없는 '준비됨' 말이다. 또 한 번 모든 것에는 노력도 필요하지만 나 개인의 노력을 능가하는 '때'라는 것이 있음을 새삼 느꼈다.

10시간 가까이 소요되는 미국 외교관 면접시험[FSOA, Foreign Service Oral Assessment]은 체력 싸움과 마인드 컨트롤이 핵심이었다. 대화법, 가치관, 팀워크 능력, 외교관이라는 직업과 생활에 대한 실질적 이해 등을 평가하는 FSOA는, 준비한 상식을 가지고 올바른 답을 선택하는 필기시험보다 훨씬 어려웠다. 또한 FSOA는 패스할 확률도 높지 않은 시험으로 알려져 있다. 사실 내가 국무부에서 만난 현직 외교관들 중에도 이 면접시험에 두 번, 세 번 다시 도전한 후에야 합격할 수 있었다는 분들이 꽤 많았다. 그래서인지 시험을 앞두고 엄청난 긴장감과 초조감에 맞서야 했다. 각종 예상 질문을 대비하여 나의 경험과 생각이 담겨 있는 몇십 페이지 분량의 맞춤형 스터디 가이드를 직접 준비했고 기억해 두어야 할 요점도 단단히 외워 두었다. 시험 당일도 하루 종일 너무 떨려서 적어 둔 성경 구절을 몇 번이나 꺼내 읽었고 마음속으로 내 자신을 수도 없이 응원하고 달래 가며 간신히 버텼다. 10시간 동안 무시무시한 시험과 믿기지 않을 정도의 화려한 스펙을 자랑하는 동료 수험자들 가운데서 자신감과 담대함을 유지한다는 것은 결코 쉬운 일이 아니었다.

그날 나와 함께 시험을 치렀던 지원자 가운데는 변호사, 뉴스 앵커, 국제 사업가, 고등학교 선생님, 국방부 공무원, 그리고 국회의원 선거 캠페인 매니저 등 모두 화려한 경력을 자랑하는 사람들뿐이었다. 나이도 30대 초반에서 대학생 자녀가 있는 분까지, 모두 나보다 성숙하신 분들이었다. 그것도 모자라, 그날 아침 시험 장소까지 태워다 줄 예약 택시는 몇 분이 지나도 오지 않았고, 간신히 탄 일반 택시는 현금 결제만 가능하다는 것이었다. 지갑에 있는 것은 단돈 5달러, 시험 시작까지 남은 시간은 딱 5분.

결국 학생증을 운전사에게 맡기고 뛰어 들어가서 처음 보는 그 스펙 좋은 동료 지원자들에게 15달러를 급히 빌렸다. '첫인상 하나 화끈하게 남겼겠다'라고 생각하며 손수건으로 땀을 닦는데 아래를 보니 스타킹이 무릎부터 발목까지 길게 찢어져 있었다.

그렇게 시작된 길고 긴 하루 끝에 다행히도 합격 소식을 들을 수 있었지만, 내 생에 가장 어려운 시험으로 기억에 남게 되었다.

치열한 지원 과정 외에도 국무부 외교관들의 공통점은 몇 가지 더 있다.

### 철저한 자기 관리만이 국무부 직원의 생명

먼저 하루하루 일과가 매우 바쁘며, 일찍 출근해서 늦게 퇴근한다는 점이다. 어쩌면 당연한 일인지도 모르겠지만, 때로는 외교관 또한 공무원이고, 공무원들은 모두 여유로운 환경에서 일한다는 엉뚱한 논리를 적용하는 사람들이 많아 이렇게 대변해 본다.

어느 도시, 또는 어느 부서에서 일을 하느냐에 따라 업무량이 조금씩 다른 것도 사실이다. 하지만 내가 만난 외교관들은 주로 이른 아침에 출근해서 저녁에 퇴근했고, 몇 시간만 방치해 두어도 이메일 보관함이 무서운 속도로 빼곡히 채워질 정도로 바빴다.

휴대폰과 이메일에 시달려 사는 게 현대인의 운명이라 하지만, 이메일과 블랙베리Blackberry, 휴대폰 외에도 국무부 외교관들에게 없어서는 안 될 두 가지가 있다. 달리기, 그리고 국무부 본사 앞 푸드 트럭. 철저한 자기 관리가 생활의 중심에 있는 외교관들은 하나 같이 정기적인 운동 팬이다. 요가이든 사이클링이든, 사람에 따라 추구하는 운동은 다르지만, 국무부에서는 유난히 달리기를 선호하는 사람들이 많다. 퇴근 전후 조깅은 물론, 때로는 '주말에 이런저런 마라톤에 참가했는데, 아직도 허벅지가 안 풀려서 고생이야' 같은 달리기 마니아들의 대화가 복도에서 자주 들리곤 한다. 이것은 비단 국무부에서만 찾을 수 있는 특징은 아닌 듯하다. 워싱턴이란 곳 자체가 달리기 천국이다. 여기서 안 뛰는 사람 있으면 나와 보라고 해! 최근에는 워싱턴 인근 버지니아에 있는 대형 쇼핑몰을 다녀왔는데, 23년 사는 동안

미국 곳곳에서 인기를 얻고 있는 푸드 트럭과 길게 줄서서 기다리는 국무부 직원들

매장에 그렇게 많은 러닝머신을 진열해 놓은 곳은 처음 봤다. 모르긴 몰라도, 트레드밀$^{treadmill,\ 러닝머신}$이 미국 전역에서 가장 잘 팔리는 도시가 워싱턴 아닐까?

### 푸드 트럭 피크닉을 즐기는 수수한 외교관들

미국엔 최근 몇 년간 푸드 트럭이 대세이다. 미국 곳곳에서 인기를 누리고 있는 푸드 트럭이란, 그야말로 커다란 트럭형 자동차를 개조해 움직이는 키친으로 변신시킨 것을 말한다. 한인이 시작한 불고기 타코 푸드 트럭부터 인도 카레와 중동식 팔라펠 트럭까지…… 기존의 핫도그와 햄버거를 떠올린다면 큰 오산이다. 하지만 한적한 고급 레스토랑의 셰프 추천 메뉴만 먹을 것 같은 외교관들이 솔직히 위생 상태도 믿을 수 없는 트럭 음식을 먹는다고? 그렇다. 이분들, 입맛이 의외로 수수하다. 12시가 가까워질 무렵, 그날의 푸드 트럭 부대가 국무부 건물 근처 공원 앞에 하나둘씩 도착한다. 그리고 그 다음으로 등장하는 것은? 바로 기나긴 줄. 여름에도 정장 차림에 땀을 삐질삐질 흘려 가며 줄을 서서 음식을 기다리는 국무부 직원들. 평소엔 줄 서서 기다리기를 꽤나 싫어하는 나이지만, 과연 얼마나 맛있는지 한 번 먹어 보기로 했다. 당장이라도 〈미슐렝 가이드〉에 소개하고 싶은 맛은 아니었지만, 잠시 사무실에서 나와 푸른 잔디와 나무 사이에서 맛나고 특이한 점심을 기대하는 여유를 느끼기에는 충분했다. 외교관들의 푸드 트럭 피크닉을 경험해 보고 싶다면? 점심시간에 워싱턴 DC 국무부 길 건너 에드워드 J. 켈리 파크를 찾아라. 21st Street NW & E Street NW

## "해님! 꼭 이루세요!"

그해 여름은 정말 치열했다. 동일본 대지진이 발생한 후 게이오 유학 생활이 예고 없이 끝나고 매섭게 추운 2월의 서울을 위해 준비한 여행 가방 하나로 7월의 워싱턴을 살아가고 있었다. 겨울방학 여행 패션에는 당연히 포함되지 않았던 정장 슈트를 다시 장만할 형편도 아니었다. 일단 의상부터 국무부 워싱턴 본부 첫 출근은 삐걱거렸다.

10주 동안 각 부서에서 수습 근무를 하며 외교관 생활에 처음 발을 내딛는 피커링 장학생들. UCLA 졸업식이 끝나자마자 비행기를 타고 워싱턴에 도착한 후, 국무부에서 시작한 첫 근무는 너무 떨렸다. 기대와 열정으로 두근거렸다고 말하고 싶지만, 솔직히 그냥 너무 떨렸다. 물론 우리 모두 따끈따끈한 사회 초년생들이니 그들도 많이 떨리고 부쩍 긴장했겠지만, 나의 피커링 동료들은 왠지 국무부 생활에 익숙해 보였다.

심지어 우아하게 유머 감각을 발휘하며 모든 선배 외교관들의 관심을 한몸에 받고 있는 동료들도 있었다. 동부에 있는 대학 출신인지라 나보다 한 달이나 일찍 국무부에 합류한 덕인지, 아님 주변 선배나 가족 중에 베테랑 워싱토니언이 있어서 그런지, 다른 피커링 펠로들은 신참답지 않게 침착하고 멋져 보였다. 저 멀리 캘리포니아에서 정보도, 연줄도, 돈도, 심지어 여름옷조차도 없이 온 동양인 아이는 매일매일이 새롭고 낯설 뿐이었다.

국무부라는 거대한 조직 속의 다양한 부서에서 근무하는 피커링 펠로들이지만, 며칠에 한 번씩 특별 세미나나 선배 외교관들과의 친목 미팅 등에서 우리는 자주 마주쳤다.

몇 년 전 피커링 최종 인터뷰에서 만난 학생들이 생각났다. 최종 면접과 필기시험을 위해 국무부가 보내 준 비행기표로 워싱턴에 도착한 40명의 학생 중 절반은 불합격했다. 비록 불합격했지만 그들 20명의 스펙은 엄청 화려했었다. 요르단에서 유학하던 중 밤 비행기를 타고 온 학생은 아랍어에 능숙했고, 똑 소리 나는 아이비리그 명문대 학생들도 많았다. 각자의 학교를 대표하는 스타급 우등생인 것은 기본이고 여가 시간에는 화려한 솜씨의 바이올리니스트 또는 리더십 강한 육상 캡틴으로 변신하는 다재다능한 인재들이었다. 최근 워싱턴에서 실시된 '피커링 장학 프로그램 20주년 기념행사'에서 힐러리 클린턴 장관도 피커링 펠로들의 재능과 국무부 내에서의 꾸준한 활약에 대해 아낌없이 칭찬했다. 안 그래도 익숙지 않은 직장 생활과 매일 소화해야 하는 어마어마한 양의 새로운 업무 덕분에 한껏 긴장한 상태였다.

### 꿈의 고비 때마다 커다란 힘이 되어 준 마법의 주문

그 와중에 그렇게 능력 있는 피커링 동료들과 치열한 경쟁을 하자니, 쉽지 않았다. 몸과 마음이 너무 지쳐서 무너져 버릴 것만 같았던 순간, 나를 버티게 해준 말이 있다.

"해님! 꼭 이루세요!"

대학교 1학년, 한창 꿈을 가지고 UCLA 캠퍼스를 누비던 겨울에 이창동 감독이 내게 친필 사인과 함께 남겨 주신 응원의 메시지이다. LACMA Los Angeles County Museum of Art, LA카운티미술관 에서 열리는 영화 〈밀양〉의 특별 상영회에 이창동 감독이 직접 참석한다는 정보를 듣고 나는 급히 인터넷으로 참가자 신청을 했다.

관객과의 대화가 있다고 들었다. 나에게 만약 질문할 기회가 온다면 어떤 것을 질문할지 고심 끝에 내용까지 미리 준비해 갔다. 그리고 떨리는 마음으로 팔을 올렸는데 정말 나에게 마이크가 주어졌다. 참 어수룩한 질문이었고, 많이 부족한 질문자였을 텐데, 행사가 끝나고 사인을 요청하러 감독님에게 다가갔을 때 그렇게 멋진 문구를 적어 주신 것이다. 집에 가는 길에 그 글을 읽고 가슴이 얼마나 벅찼는지…… 들고 다니던 평범한 공책에 남겨진 그 글은 액자에 담아, 내가 세계 어디를 가든 책상 위에 꼭 세워 두는 필수품이다. 꼭 꿈을 이루겠다는 의지와 내가 아무리 초라하게 느껴질 때라도 자신감과 힘을 실어 주는 마법과 같은 주문이다.

그해 워싱턴에서의 여름도 예외는 아니었다. 내가 너무 부족하고 약하다고 느껴질 무렵, 비록 액자는 아직 도쿄의 기숙사 방에 남겨져 있었지만 '해님! 꼭 이루세요!'는 내 마음속에 울려 퍼졌다. 아무리 지금은 부족하더라도 매일매일 내가 할 수 있는 최선을 다해 주어진 업무를 수행했다. 그러다 보니 어느덧 여름은 저물어 가고 본부 근무의 마지막 주가 다가왔다. 그리고 나를 기다리고 있었던 것은 너무 감동적인 피날레였다.

### 국무부 3개 부서에서 열어 준 감동적 피날레

내가 가장 자주 일했던 3개 부서에서 모두 송별회를 열어 준 덕분에 행복하면서도 바쁜 1주일을 보냈다. 내게는 너무 높고 중요한 위치들에 있는 멋진 외교관 선배님들이 나를 응원해 주고 칭찬해 주시다니 너무 감사하고 감격적인 순간들이었다. 낯선 환경 속에서 어리둥절한 채 근무를 시작했을 때는 'Thank you Grace'라고 내 이름이 새겨진 멋진 케이크와 여름 동안의 내 업무에 대해 감사패까지 받을 것이라고는 감히 상상조차 못했었다. 부족한 나를 넓은 이해심과 따뜻한 인내로 이끌어 준 국무부 선배님들과 동료들에게 또 한 번 감사드린다.

## 힐러리 클린턴을 만나다,
존 케리를 말하다

　　　　　　　　　　LA에서 산다고 하면 할리우드 스타를 자주 보느냐고 물어보듯이, 국무부에서 근무하면 힐러리 클린턴을 만나느냐고 많이들 궁금해 한다. 대답은 예스. 내가 워싱턴 본부에서 근무했을 당시에는 피커링 장학생으로 여름방학 동안 수습을 하고 있었다. 그리고 여름 동안만 일했는데도 불구하고 힐러리 클린턴 전 국무장관을 무려 네 번이나 뵐 수 있었다. 내가 몸담고 있던 부서가 담당하는 행사를 통해 클린턴 장관과 각국의 외교부장관, 고위 공무원, 국방부 관리들을 볼 수 있는 기회가 몇 번 있었다. 10년 넘게 국무부에서 근무를 해도 국무부장관을 한 번도 만나지 못한 분들도 있다고 하니, 참 운이 좋았던 것 같다.

　뉴스만 읽어도 클린턴 장관이 얼마나 바쁘신 분인지 명백하게 드러난다. 2009년 취임 이후로 힐러리 클린턴 전 국무부장관은 무려 400일 가까이 출장 중이었으며 110개가 넘는 나라를 방문해 미국 역사상 가장 많은 나라를 방문한 국무부장관이 됐다. 그해 여름 세계적인 리더이자 수많은 여성의 롤 모델인 힐러리 클린턴과 악수를 하고, 기념사진을 찍으며 대화를 나누었던 시간이 얼마나 소중한 순간이었는지 지금도 생생하다.

하루는 힐러리 클린턴 전 국무부장관의 사진 한 장을 보고 놀란 적이 있다. 내부가 군사용

재임 기간 중 110여 개국을 방문한 힐러리 클린턴 전 국무장관

헬리콥터같이 생긴 곳에서 앞 책상에 서류를 몇 더미씩 쌓아 놓은 채 그녀가 스마트폰을 사용하고 있는 모습이었다. 시차 극복을 며칠에 한 번씩 하고 이동 중에도 어마어마한 양의 문서를 검토하며 국무부라는 거대한 조직과 한 나라의 외교 정책을 이끈다는 것은 거의 슈퍼히어로다운 일이라고 생각한다. 그녀도 인간이기에 결국 피로가 누적되어 회복의 시간을 가져야 했지만 그 후 미국의 주요 언론은 모두 힐러리 클린턴의 더욱 밝고 에너제틱한 모습에 놀라움을 표했다. 과연 힐러리 클린턴이었다.

앞으로 그분은 또 어떤 도전을 하고 어떤 영향력을 선사할지 기대가 된다. 그리고 그녀가 떠난 국무부는 어떨까?

다음에 본부로 돌아가서 근무할 때가 되면, 나는 그리고 워싱턴은 또 어떻게 변해 있을까?

가장 눈에 띄는 변화는 아마도 오바마 대통령과 바이덴 부통령 옆에 걸린 사진일 것이다.

## '나 자신을 불쌍히 여기지 말자'는 케리 장관의 명언

새로운 국무부장관으로 취임한 존 케리 전 상원의원은 내게 특별한 의미가 있는 분이다. 물론 그분은 모르시겠지만, 고등학생 시절 나는 투표권도 없으면서 당시 대통령 후보였던 존 케리를 지지했던 적이 있다 <sub>겨우 책가방에 동그란 캠페인 핀을 달고 다니는 것밖에 못했지만</sub>. 그 후 인턴으로 참석했던 두 개의 상원 인준 회의에서 멀찌감치나마 뵙기도 했다. 하지만 내가 가장 의미를 두는 것은 바로 케리 국무부장관의 유년 시절 에피소드에서 비롯된 어록 하나이다. 학창 시절 케리 장관이 성경에 기록된 바울의 편지들을 읽으며 깨달은 것이 바로 '나 자신을 불쌍히 여기지 말자'라는 것이었다고 한다.

'나 자신을 불쌍히 여기지 말자'라는 그의 다짐은 시간이 흘러도 유독 나의 기억 속에 남아 있었다. 물론 그 누구도 케리 장관을 슬픈 비운의 주인공이라고 하지는 않겠지만, 우리 모두가 그렇듯이, 그 또한 인생이라는 롤러코스터에 탑승해 30년 가까운 정치 생활을 펼치며 다양한 고난을 겪었을 것이다. 대통령 선거에서 패배했을 때도, 그는 결코 자기 자신을 불쌍히 여기지 않았을 것이라는 상상을 해본다. 나 또한 지난 몇 년간 상상도 못했던 고난을 겪게 된 일이 몇 번 있었고, 나의 의지와는 상관없이 바뀌어 버린 나의 상황들을 원망했었다. 그 후유증으로 언젠가부터 나 자신을 몹시 불쌍히 여기고 있었다. 이 책이 증명해 주듯이, 나의 부족함에도 불구하고 나에게 감사할 이유가 너무나도 많이 찾아 왔는데도 말이다. 그럴 무렵 인터넷 기사로 읽게 된 케리 장관의 '나 자신을 불쌍히 여기지 말

명언을 통해 특별한 의미로 다가온 존 케리 현 국무장관

자' 라는 명언은 나의 마음을 쿡 찔렀다. 이 문장이 나에게는 두 가지 의미를 상기시켜 주었다. 하나는 자신을 불쌍히 여기는 사람은 절대로 최선을 다해 꿈을 쫓을 수 없다는 것이다. 자신을 불쌍히 여기는 것은 에너지 낭비일뿐더러, 좋은 사람과 기회를 부르는 긍정적 사고와 자신감의 천적이라고 생각한다.

오히려 객관적이지 못한 판단과 생산성 없이 비뚤어지기만 하는 시각을 낳을 때가 많다.

성공한 사람들, 멋진 삶을 살아온 그들의 첫 번째 공식이 바로 '자기 자신을 불쌍히 여기지 않는 것이 아닐까' 하는 생각이 들었다.

그리고 두 번째는 항상 나보다 더욱 내가 신경 써서 도와야 할 사람들을 기억하는 것의 중요성이었다. 김난도 교수의 베스트셀러 《아

프니까 청춘이다》에도 소개되어 있듯이, '죽도록 힘든 내 오늘도 누군가에게는 염원'이니까 말이다.

### 두 국무장관처럼 세계를 위해 땀 흘리는 외교관이 되고 싶다

외교관이라는 직업은 다른 나라의 인사들과 소통하는 것도 중요한 임무이지만, 국내 정부 기관과 단체들과 효율적으로 일하는 것도 빼놓을 수 없는 과제다. 따라서 30년 가까운 국회의원 경력을 가지고 국무부장관의 임무를 수행하고 있는 케리 장관처럼 나도 기회가 된다면 국회나 백악관, 그리고 그 외의 정부 기관들과 멋지게 협력할 수 있는 인재가 되기를 꿈꾼다. 또 무엇보다 국무부 외교관으로서 다양한 나라와 부서에서 경험을 쌓으며 동료들과 함께 평화와 협력을 위해 세계 곳곳에서 열심히 땀 흘리고 싶다.

### 진정한 리더는 모두를 행복의 방향으로 끌어올리는 사람

하지만 정말 내가 되고 싶은 것이 있다면 바로 어떤 형태로든 진정한 '리더'가 되는 것이다. '리더'라는 단어의 기본적인 뜻은 '이끄는 행위'에서 비롯된 것이고 '팔로워'는 기초적인 의미로 '따르는 자'를 뜻하는 것이라고 생각해 보자. 그렇다면 리더의 첫 번째 임무는 바로 다른 이들을 함께 끌고 가는 것이 아닐까? 끌고 가는 방향은 더 나은 미래를 위해 앞으로, 또는 더 좋은 환경을 향해 위로 가는 길이 아닐까 생각한다. 소위 리더, 그리고 리더십을 떠올리면 왠지 '성공한 사람' 또는 '일인자'를 떠올리게 된다.

어떤 업계의 리더, 또는 눈부신 성과를 기적같이 이끌어 내는 리더십…… 하지만 진정으로 누군가에게 리더의 위치가 주어진 이유는 바로 그가 있는 그 높은 곳으로, 또는 그보다도 더 좋고 높은 곳으로, 나머지 사람들을 이끌라는 의무에서 비롯된 것이라고 생각한다. 꿈을 꾸며 멋진 포부를 가지고 달려가고 있는 우리들. 잊지 말자. 그냥 '높은 곳'에서 지시하거나 누리는 것이 리더가 아님을. 그리고 실수하지 말자. 그저 올라가는 것 자체가 목표가 되어 긴 세월과 많은 희생 끝에 허탈함만 남는 날을 향해 달리지는 말자.

가장 개발된 사회들까지도 가난, 불평등 그리고 빈부차로 아파하고 있는 오늘. 나는 '가난한 사람이 끝까지 잊혀지는 일은 없으며, 억눌린 자의 꿈도 결코 헛되지 않을 것이다 시편 9:18' 라는 말씀을 주신 리더 중의 리더 주하나님을 경외하며, 나 자신을 불쌍히 여기기보다는 더 많은 사람을 앞으로, 그리고 위로 이끌어 가는, 그런 유해님이 되기를 꿈꾼다.

에필로그  Bangkok, Thailand

## 세계를 무대 삼는 '이 빠진 동그라미'

아주 어렸을 적 서울에서 엄마랑 관람한 어린이 연극이 있다. 주인공은 누군가 몰래 파이 한 조각을 먹어 버린 듯한, '이 빠진 동그라미'였다. 해피엔딩으로 끝났고, 하나도 무섭지 않은 이야기였지만, 충격 아닌 충격을 받았던 기억이 난다. 디테일한 이야기는 전혀 기억나지 않는다. 그냥 그 이 빠진 동그라미가 왠지 슬프게 느껴졌던 모습만 뚜렷이 떠오른다.

### 카멜레온을 꿈꾸는 아메리칸 외교관······ 그레이스 유

어느새 나는 세상에서 가장 맛있는 '리치-로즈 소다'를 마주 보고 있다. 토요일 오후, 쨍쨍한 방콕 하늘 아래 에카마이라는 동네를 헤맸다. 바삭한 닭고기 튀김은 폭풍 흡입한 지 오래였고, 정신을 차리

미 국무부 수습 과정을 밟기 위해 도착한 태국의 방콕

  고 에필로그라는 것을 써보려 한다. 방금 전 젊은 태국인 웨이터가 소다를 서빙해 주며 물어봤다. "웨어 아 유 프롬?" 그래도 내가 태국 사람이 아닌 것을 눈치챈 것에 +1점. 미국에서 왔지만 한국계라고 설명하니, 일본 사람인 줄 알았단다. 아, 아쉽게도 0.5점 감점입니다.
  피커링 면접에서 나는 카멜레온이 되겠다고 말했다. 방콕에서는 태국에 사는 화교인 줄 알았다는 말을 들었고, 도쿄 할머니들은 당연한 듯 나에게 길을 물어왔다. 정작 내 고향 캘리포니아에서는 한국 유학생이나 대만 관광객으로 오해 받을 때도 있다. 대신 나는 지하철에 말없이 앉아 있으면 웬만한 아시아 국가에서는 무난하게 배경 화면으로 사라질 수 있다. 외국인을 찾아나선 사기꾼들의 표적이 될 염려도 백인 친구들에 비해 훨씬 덜하다. 한국어로 책을 쓸 수 있고, 꼼장어와 소주 한잔의 기쁨을 알 수 있어서 기쁘다. 하지만 나는 평생을 한국에서 보낸 이들과 공유되지 못하는 것이 너무나도 많다. 동시에 남가주 이민 가정 문화가 아닌, 미국 지도층의 문화라는 것을 아직 익히는 중이라고밖에 말할 수 없다. 코리안 아메리칸이란, 어쩌면 이것도 저것도 아닌, '이 빠진 동그라미'일지도 모른다. 동시에 이가 하나 더 달려 있는 동그라미, 즉 파이 한 조각을 더 달고 사는 동그라미일 수도 있다. 나는 한국계 미국인이기 때문에 자라면서 자연스럽게 한국어를 익혔고, 일본어와 중국어도 다른 미국인들보다 쉽게 습득할 수 있었다고 자부한다. 동아시아학을 공부하고 한국과 일본에서 뜻 깊은 유학 생활을 하는 데도 도움이 되었을 것이다. 그리고 이 모든 요소들이 미국 외교관이라는 길에 더욱 가까워질 수 있는 역할을 했을 것이다.

우리가 사는 세상이란, 태국인인 줄 알고 접근했던 사람은 한국계 미국인 외교관이고, 그 옆에 있던 빨강 머리의 백인 친구는 능통한 태국어로 대답을 대신 해주는, 그런 요지경 세상이다. 나는 그런 세상 속에서 커뮤니케이터가 되고 싶다. 동그라미와 늘어나고 있는 동그라미 번외편들을, 또는 동그라미들과 세모 네모 친구들 사이에서 서로의 세계에 대하여 더욱 흥미롭고 의미 있게 나눌 수 있게 하는 떠돌이 말이다. 더 많은 사람들이 자신에게 어울리는 소통 방식을 통해 더 많은 것을 나누고 공유할 수 있는 세상을 향해 나의 힘을 쓰고 싶다.

### 공직 외교관으로서 모든 이들과 소통하는 사람으로……

한창 전 세계 뉴스를 달군 두 인물이 있다. 미국 공화당 부통령 후보 폴 라이언(Paul D. Ryan) 하원의원과 〈배트맨〉 영화 상영 중 총으로 12명을 살해한 제임스 홈스(James E. Holmes). 그들에 관한 기사들을 읽으며 어느 날 문득 떠오른 생각이 있다. 네트워킹의 신 폴 라이언과 평소에도 대화를 주로 한 단어로 매듭짓던 제임스 홈스. 28세에 하원의원이 되고 미국 공화당의 일약 스타가 된 한 남자와, 정신병을 앓으며 결국 끔찍한 살인범이 되어 버린 23세 대학원생. 그들 사이에 존재하는 차이점의 핵심은 바로 소통을 잘 활용하는 사람과 소통 장애가 있는 사람이라는 사실 아닐까? 개인의 사회적 성공과 일상의 행복에 있어 소통은 아주 중요한 영향을 끼친다고 생각한다. 나아가서, 국가의 평화와 번영을 이루고 지키는 일에도 공공외교라는 소통력이 매우 중요하다고 굳게 믿는다. 우리는 흔히 수다 떨기를 좋아하거나 언제 어디서나 지인들에게 둘러싸인 사람을 소통 잘하는 사람이라고 착각하는 것 같다. 나는 우리 모두에게 공통되게 어울리는 소통 방식이 있고, 그 방식은 가지각색이라고 생각한다. 소통은 절대 입으로만 이루어지는 것이 아니다. 공직 외교관으로서, 아님 어떤 다른 형태로든, 계속해서 새로운 영감과 시각을 대중과 나누며, 다양한 방식으로 소통하는 사람이 되고 싶다.

### 따뜻하고 밝은 해님의 의무를 다하는 외교관으로……

이 책도 나에게는 세상과 나누는 소통 방식 중 하나이다. 솔직히 나는 미래의 나의 소통 범위와 영향력이 컸으면 좋겠지만, 그것보다 더욱 중요한 것은 그 영향력이 따뜻하고 밝아야 한다는 것이다. 나는 앞으로 국무부 외교관으로서 '해님'의 사명을 다하도록 열심히 빛을 뿜어 낼 것이다.

동양인의 얼굴을 가진 20대 초반의 여자가 미국 외교관으로서 공적 업무를 위해 세계 곳곳에서 근무하며, 세상은 점점 따뜻하게 바뀌어 가고 있다는 메시지를 전달하고 싶다. 더 나아가, 국적이나 정체성을 불문하고 '세상 모든 청춘들'에게 승리와 변화에 대한 희망이 있다면 언제든 베팅(betting)해 보라고 권하고 싶다. 나의 언어 능력과 문화적 이해를 활용해 미국과 아시아의 협력을 리드하고, 동북아시아 지역의 평화와 번영에 기여하고 싶다.

### '세상 모든 청춘들'에게 승리와 변화에 도전할 것을 권한다

그렇게 그럴싸한 소망들이 아니더라도 내가 하고 싶은 것은 너무나도 많다. 클래식 작곡가들과 20세기 서양 미술사에 대해 빠삭해지고 싶고, 미치도록 좋아하는 야구팀을 찾아서 광팬이 되고 싶기도 하다. 영화 〈툼레이더〉를 연상시키는 지프차에서 정말 멋진 정장 차림으로 내려서 생뚱맞게 선지 해장국을 먹으러 가고도 싶다. 가야금도 다시 도전해 보고 싶고, 검도도 열심히 해서 1단을 따보고 싶다. 사원증과 담배 냄새가 잘 어울리는 30대 직장인과 연애도 해보고 싶고, 계획 따위에는 얽매이지 않는, 자유롭지만 사정이 넉넉하지 않은 아티스트와 사귀어 보고도 싶다. 뮤지컬을 제작해 보고 싶고, 더 많은 관객들이 사랑해 줘야 할 멋진 영화를 발굴해서 전 세계에 배급도 해보고 싶다. 짧게 정리하자면 엉뚱하고, 욕심 많고, 근질근질하다.

듣는 순간 심장을 콱 찔렀던 명언이 있었다. 일본판 〈악마는 프라다를 입는다〉 같은 드라마를 즐겨 본 적이 있다. 카리스마 상사 캐릭터가 따끔하게 조언한다.

"Have to가 아닌, want to를 생각해."

### 해야만 하는 인생 말고, 원하는 인생을 살자

여기까지 읽어 주신 당신이 고민에 빠진 수험생이든, 자리 잡은 직장인이든, 이것도 저것도 아닌 소파에 누워서 '나도 이 빠진 동그라미가 아닐까' 고민 중인 사람이든, 우리는 모두 우리 자신에게 소홀했다. 나의 기름기 쫙 뺀 'want to'와 'have to'는 무엇인가? 적절한 나르시시즘은 필수이다. 하루, 아니 한 시간만이라도 오직 나에 대해 조용히, 혼자서 성찰해 보는 것이 필요하다. 정기적으로 하면 효과가 더욱 크다고 생각하는 편이다. 하루 종일 내 생각을 하며 살고 있는 듯하지만, 영양가 있는 성찰의 시간과 점심으로 덮밥을 먹고 싶은데 직장 동료를 어떻게 설득하는지 고민하는 것과는 분명 차이가 있다. 이메일, 문자 메시지, 소셜 미디어, 면접, 회의, 팀워크, 네트워킹으로 둘러싸인 일상 속에서 나 자신을 정확히 판단하려면 나만의 시간이 필요하다. 부모의 나, 애인의 나, 회사의 나, 후배들의 나가 아닌, 나만의 나. 그리고 want to와 have to를 확실히 구별해서 알아 볼 수 있을 때에, 비로소 want to에 도달하기까지의 필수품, 방해물 등이 파악되고 드디어 그곳을 향해 항해할 수 있는 것이 아닐까?

물론 나도 want to가 우선인 삶을 살았다고 자신 있게 말할 순 없다. 오히려 have to에 정신이 팔려 살아 왔던 날이 압도적으로 많았던 게 사실이다. 원하는 것이든, 해야만 하는 것이든, 목적지에 도착하기까지는 그렇게 쉽지 않다. 그래서 우리는 변함없이 하루가 피곤하고 밤이 되면 모두 잠을 자며 쉬어야만 하는가 보다. 원하는 것을 정하고, 열심히 추구하기로 결단한 후에도 크고 작은 고생들이 기다리고 있다. 어쩌면 엄청난 고난이 어느 날 갑자기 한꺼번에 문을 두드릴 수도 있다.

### 모든 도전엔 풍파와 열정이 따른다

나는 소리 없이 혼자 방에서 눈물을 끊임없이 흘릴 정도로 힘든 상황이 되면, 꼭 눈을 돌리는 곳이 있다. 책상 앞 벽에 붙여 놓은 너덜너덜한 종이 한 장. 몇 년 전 아빠가 전해 준《고도원의 아침 편지》에 소개된 글이다.

> 니체는 '인생의 목적은 끊임없는 전진이다. 앞에는 언덕이 있고, 냇물이 있고, 진흙도 있다. 먼 곳으로 항해하는 배가 풍파를 만나지 않고 조용히 갈 수는 없다. 풍파는 언제나 전진하는 자의 벗이다'라고 말한다. 따라서 우리는 고통을 싫어하면서도 고통을 느낄 수 있는 것을 고맙게 여겨야 한다.
> _ 김광수의 〈둥근 사각형의 꿈, 삶에 관한 철학적 성찰〉

지금은 방콕에 있는 미국 대사관의 경제부서에서 수습 과정을 모두 마치고 워싱턴으로 복귀했다. 첫 정식 근무지로 발령될 곳이 어디일지는 아무도 모른다. 그곳에서 어떤 부서의 일을 맡을지, 떠나기 전 어느 나라의 언어를 훈련받을지, 어떤 동네에서 누구와 어울리며 생활할지는 상상으로밖에 할 수 없다. 참을 수 없는 눈물이 뚝뚝 떨어지는 힘든 순간은 또다시 찾아오겠지만, 그 고통을 느낄 수 있다는 것을 고맙게 여기면서 지구 어딘가에서 끊임없이, 즐겁게 전진할 것이다.

Grace Haenim Yoo